I0818856

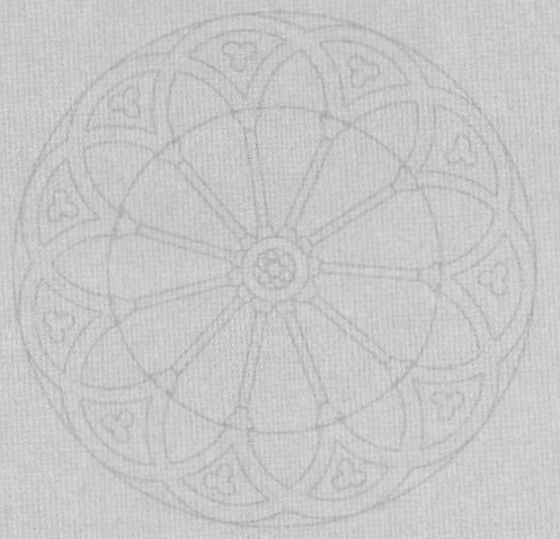

Puglia in cucina
The flavours of Apulia

A cura di Edited by William Dello Russo
Fotografie di Photographs by Colin Dutton

SIME BOOKS

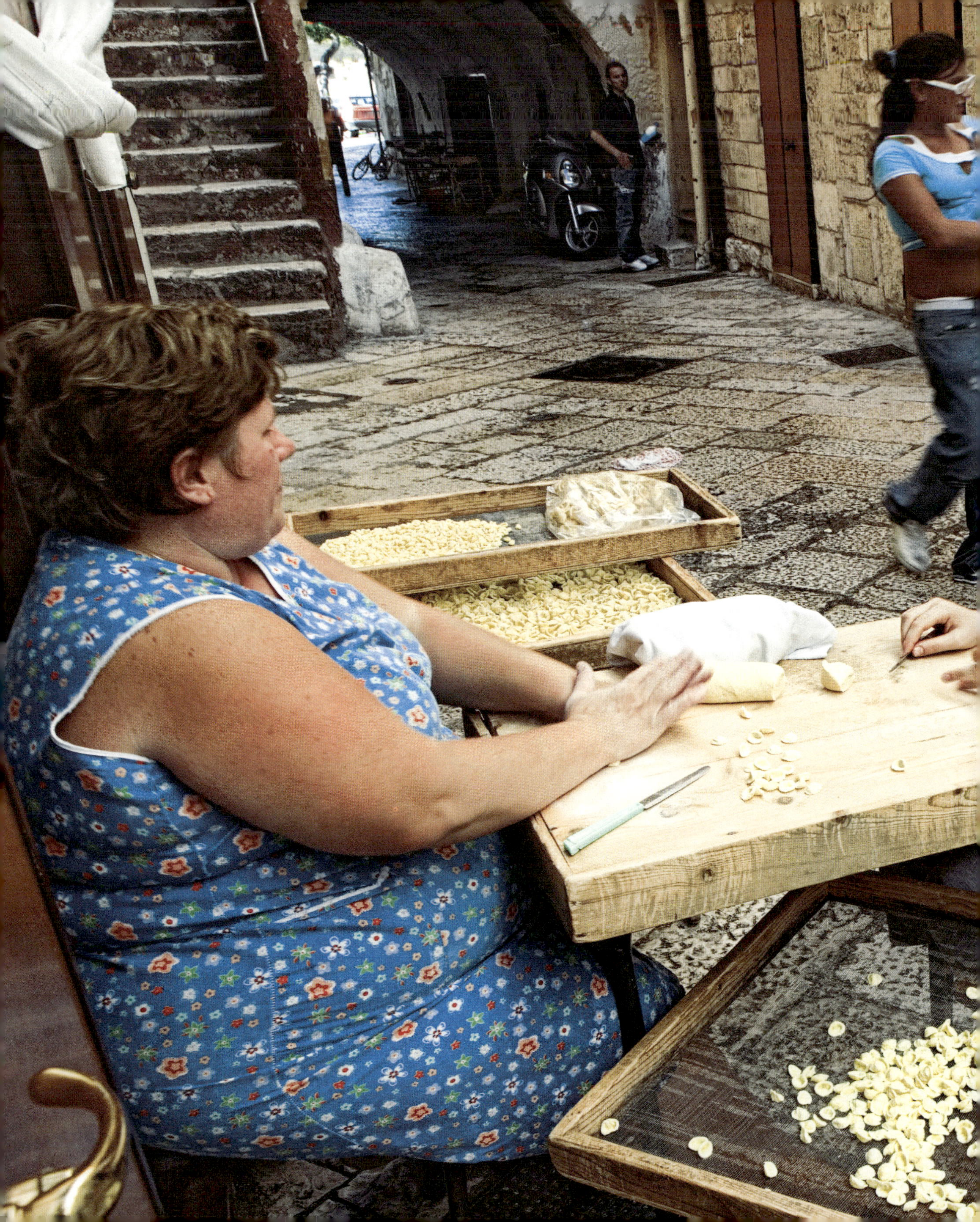

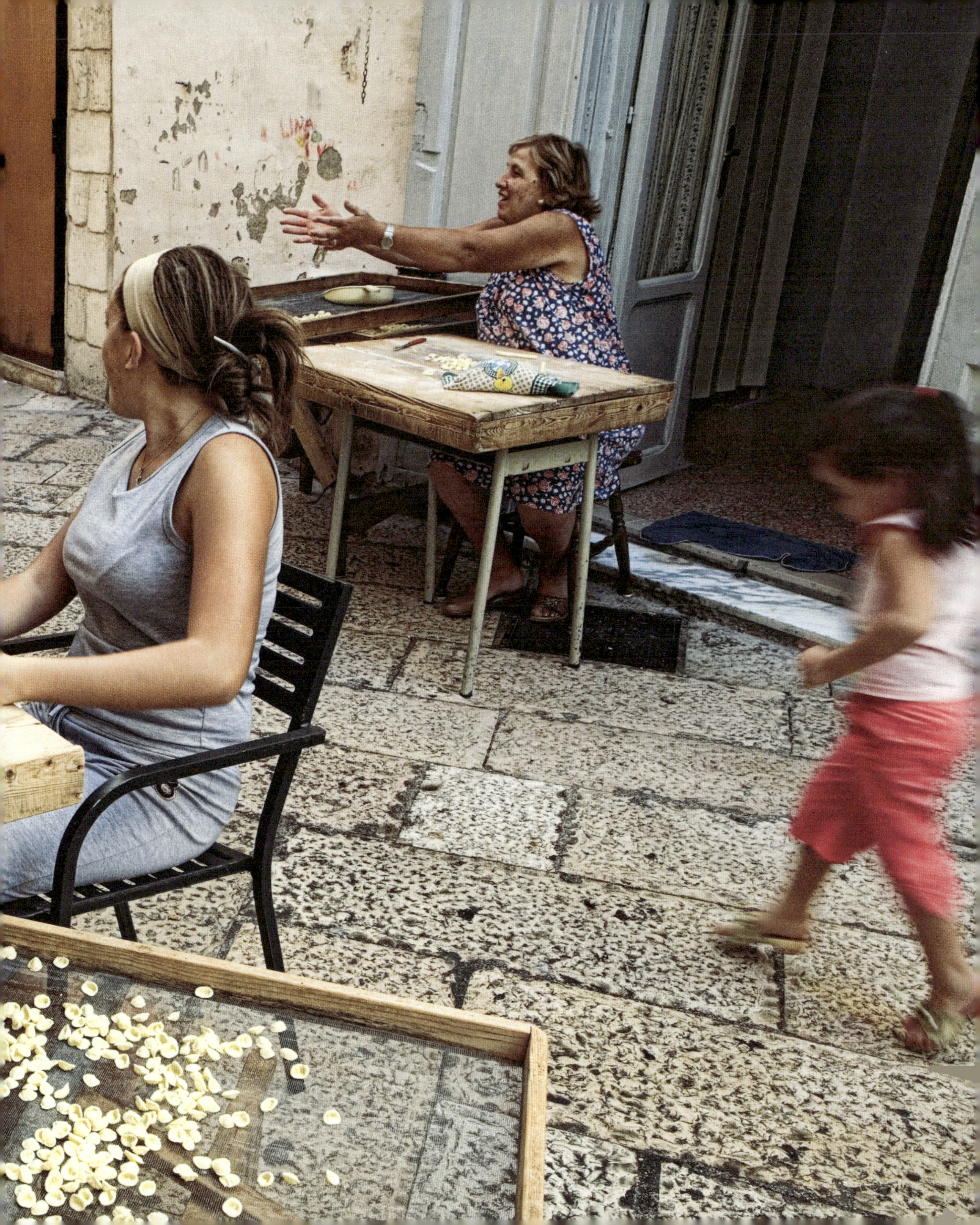

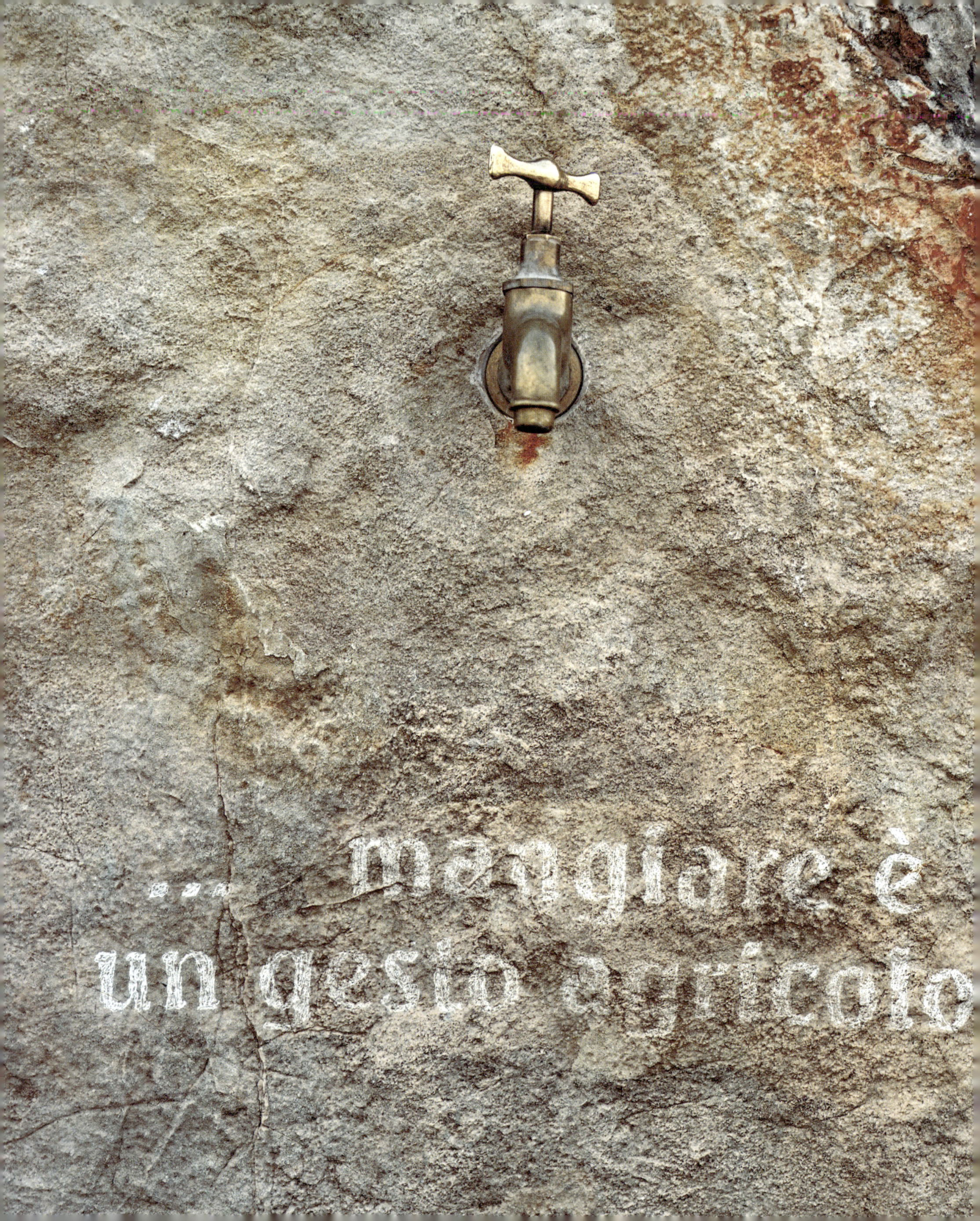
... mangiare è
un gesto agricolo

Sommario - Contents

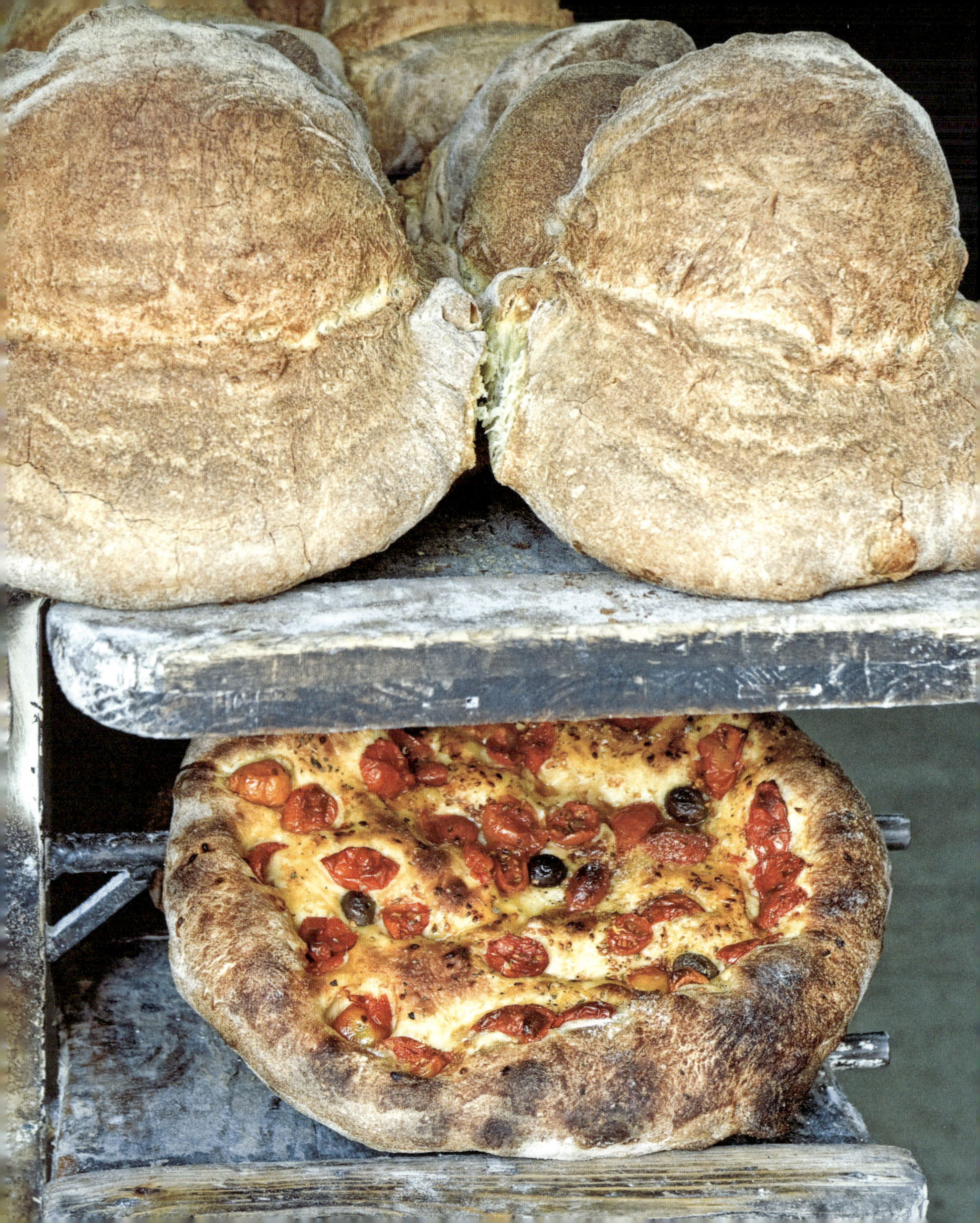

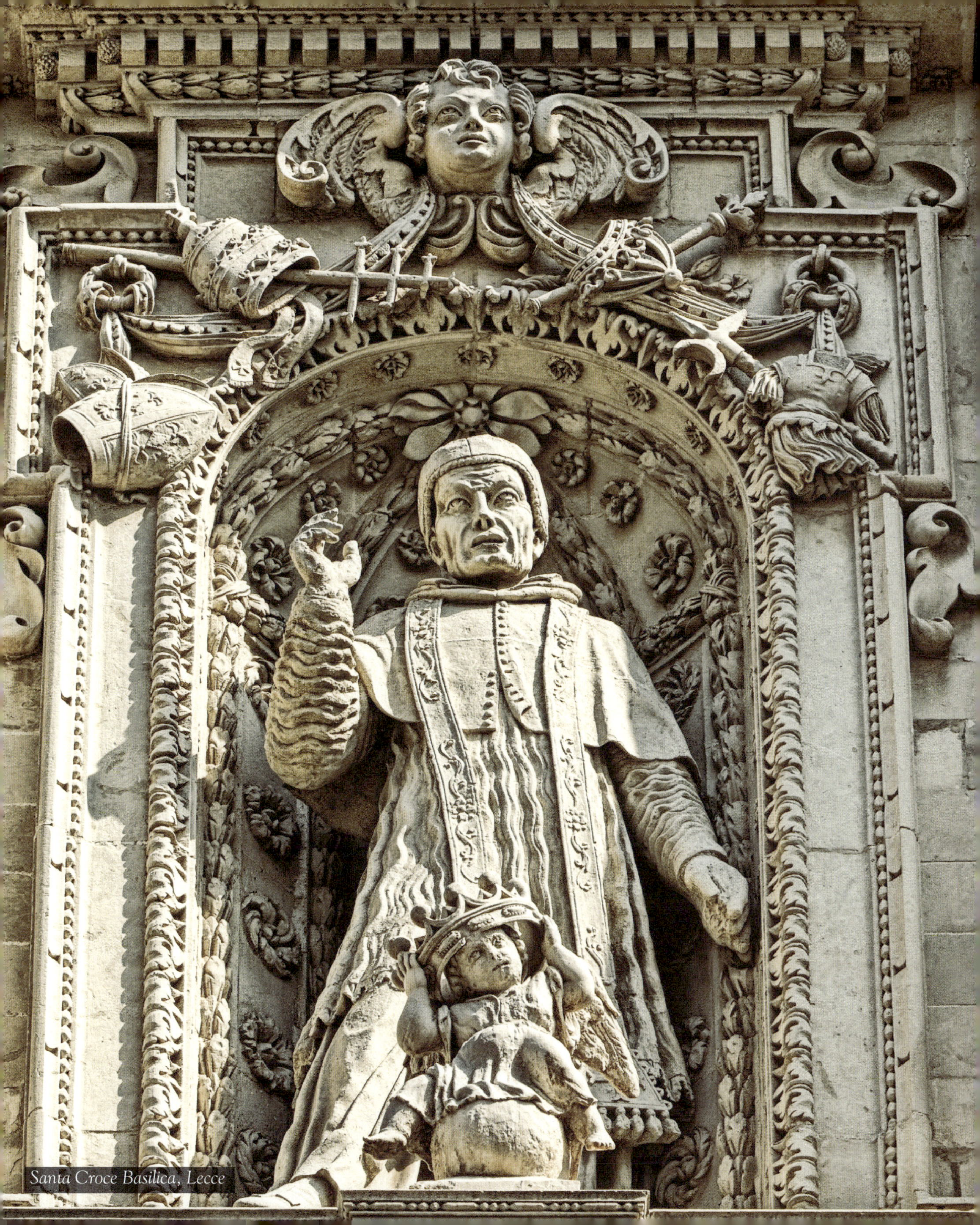

Santa Croce Basilica, Lecce

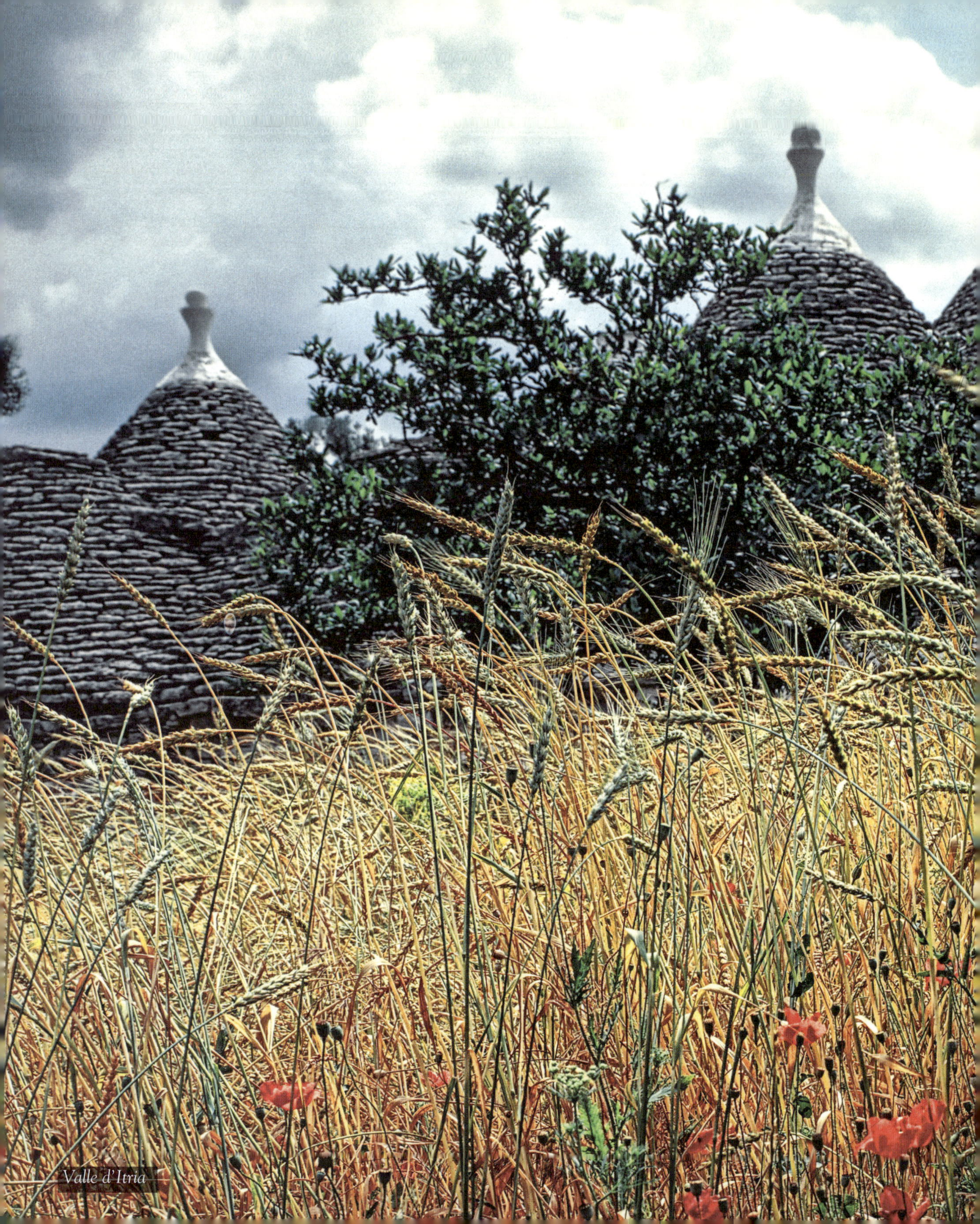

Valle d'Itria

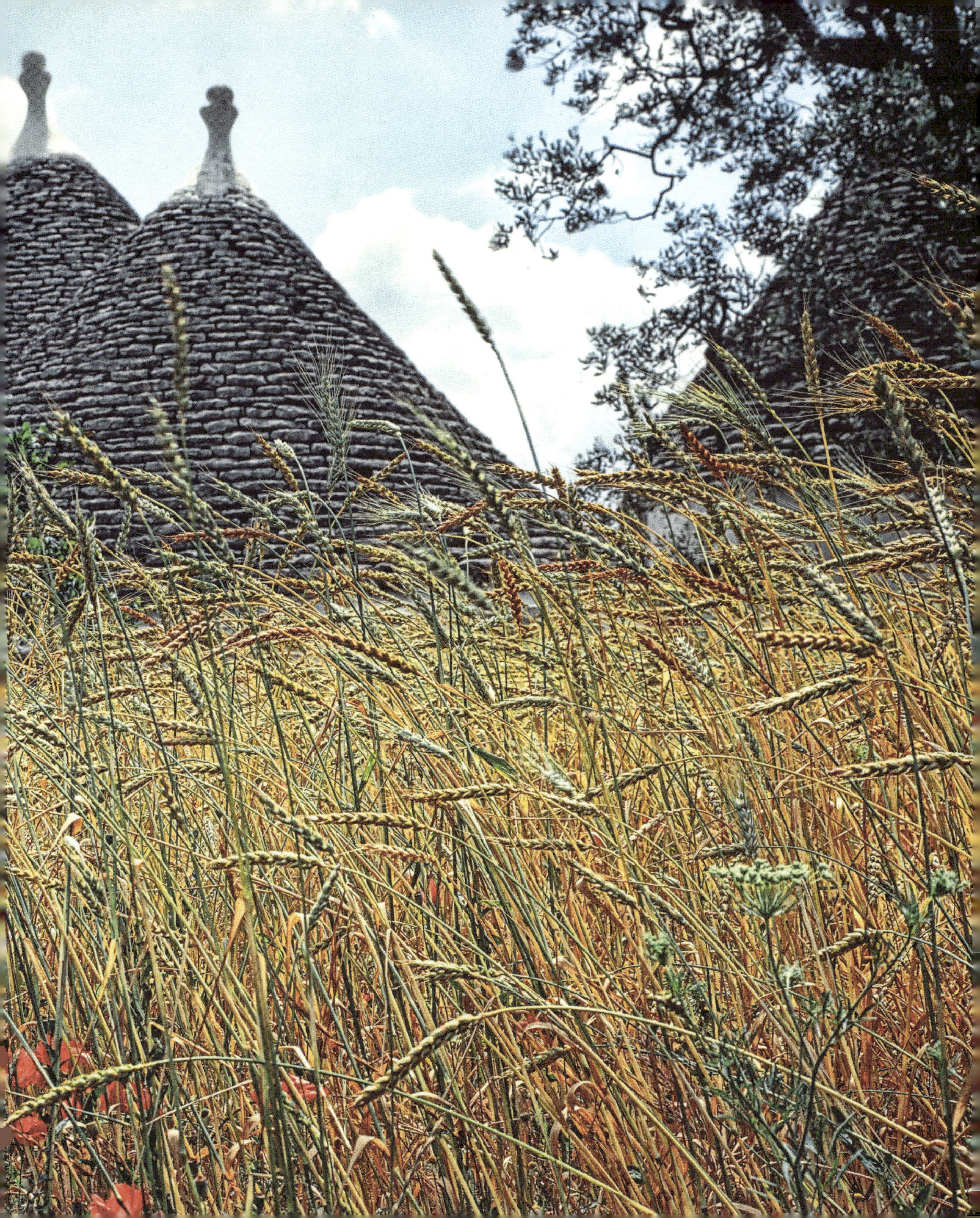

Tra terra e mare

Between land and sea

Quella pugliese è una cucina insieme contadina e marinara, basata sulle materie prime legate alla conformazione del territorio, e "povera" nel senso più nobile del termine. La qualità degli ingredienti di base è garantita da una tradizione agricola e marinaresca plurimillenaria e la vocazione "contadina" alla base delle preparazioni assicura, nella maggior parte dei casi, la loro semplicità di esecuzione.

I frutti della terra...
Non è soltanto la quantità, pure molto considerevole nel panorama nazionale, ma è la grande varietà a colpire quando si parla di frutta e ortaggi pugliesi. Non c'è fazzoletto di Puglia che non ostenti orgogliosamente la sua "chicca" in fatto di prodotti della terra e molti di essi hanno ottenuto riconoscimenti di alti livelli qualitativi (DOP, IGP, Presìdi Slow Food...) e sono ricercati dai gourmet: tra essi, le dolci e succose **clementine del Golfo di Taranto**, le inimitabili **ciliegie Ferrovia**, la delicata **cipolla rossa di Acquaviva**... e poi le **fave di Carpino**, le **mandorle di Toritto**, le **arance** e i **limoni garganici**, il **carciofo di San Ferdinando**.
Ma si farebbe un gran torto alla storia culturale e gastronomica della regione

The cuisine of Puglia comes from both the land and sea. Its ingredients reflect the nature of the region, coming together in dishes that are 'simple' in the noblest sense of the world. The quality of these ingredients stems from farming and fishing traditions that are thousands of years old. And since so many of the dishes have the most humble origins, they are generally easy to prepare.

From the land...
While Puglia produces a sizeable proportion of Italy's fruit and vegetables, what is really remarkable is their variety. There's barely a patch of Puglia that isn't planted with the very best the land can produce, and much of this produce has earned DOP (protected designation of origin) and IGP (protected geographical indication) certification as well as the Slow Food stamp of approval. Gourmets are always on the lookout for the region's produce, such as the sweet, juicy **clementines** grown around the Gulf of Taranto, the unique **Ferrovia cherries**, the delicate **red onions** from Acquaviva, the **fava beans** from Carpino, the **almonds** from Toritto, the **oranges** and **lemons** from Gargano, the **artichokes** from San Ferdinando...

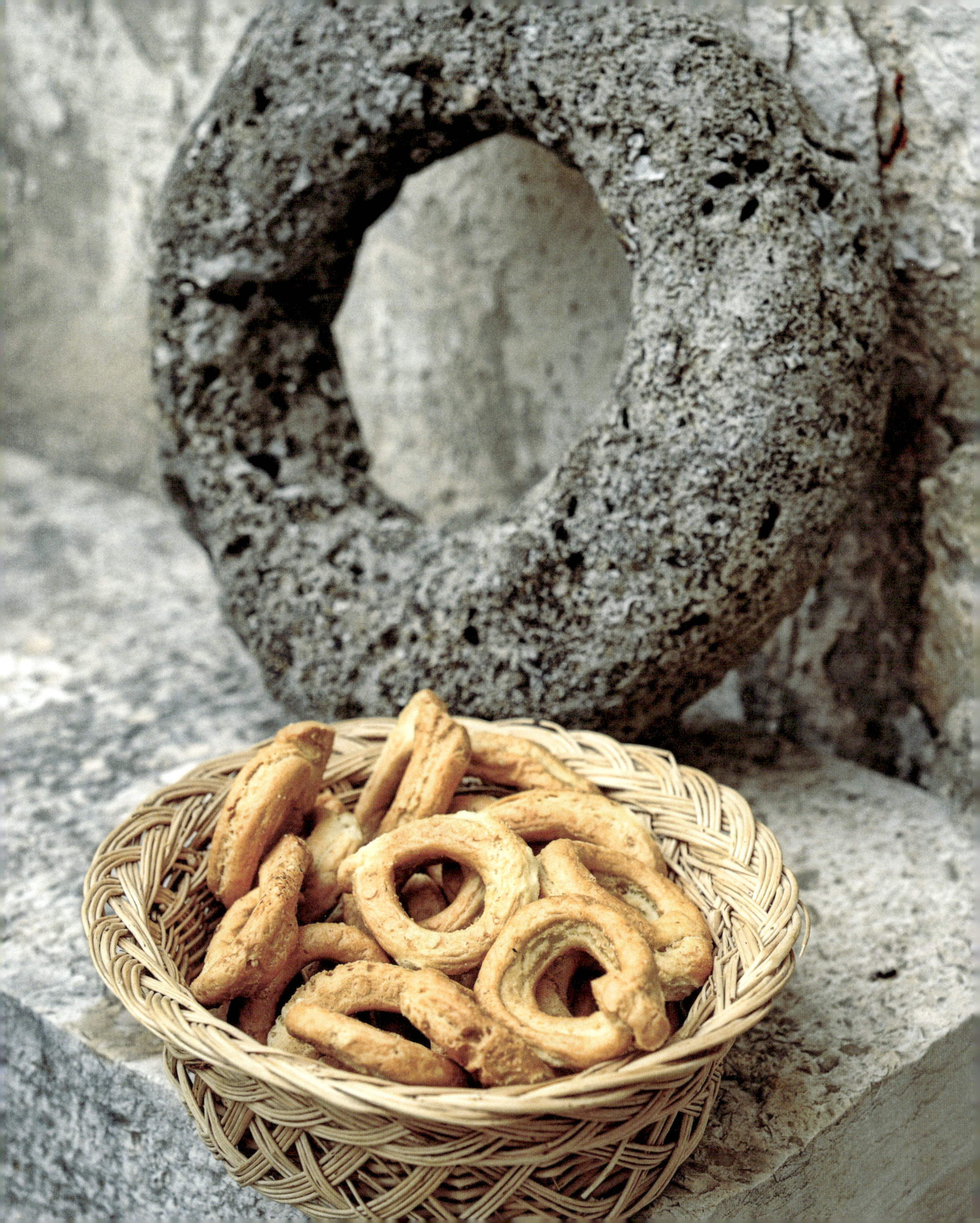

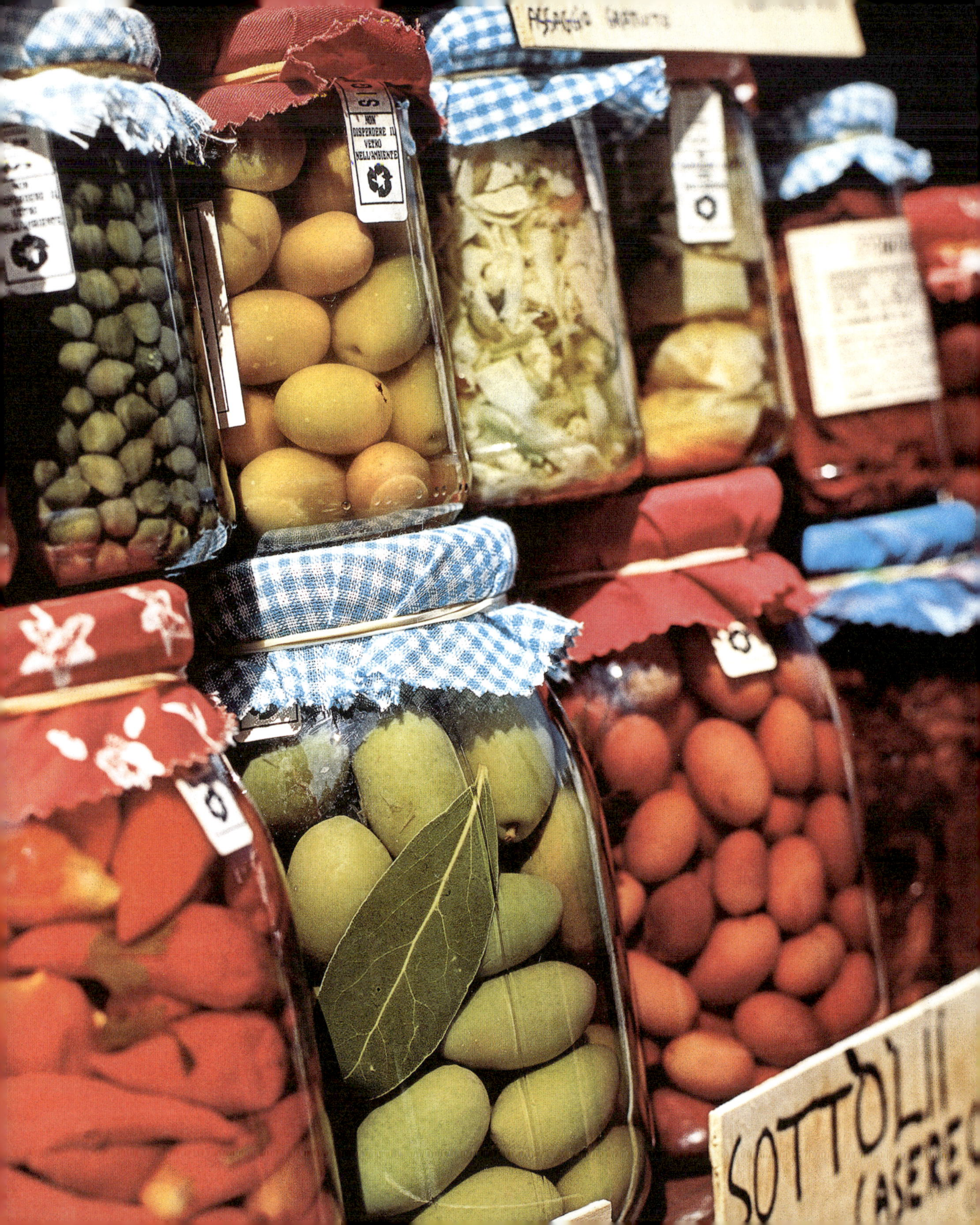
NON
DISPERDERE IL
VETRO
NELL'AMBIENTE
SOTTOLII

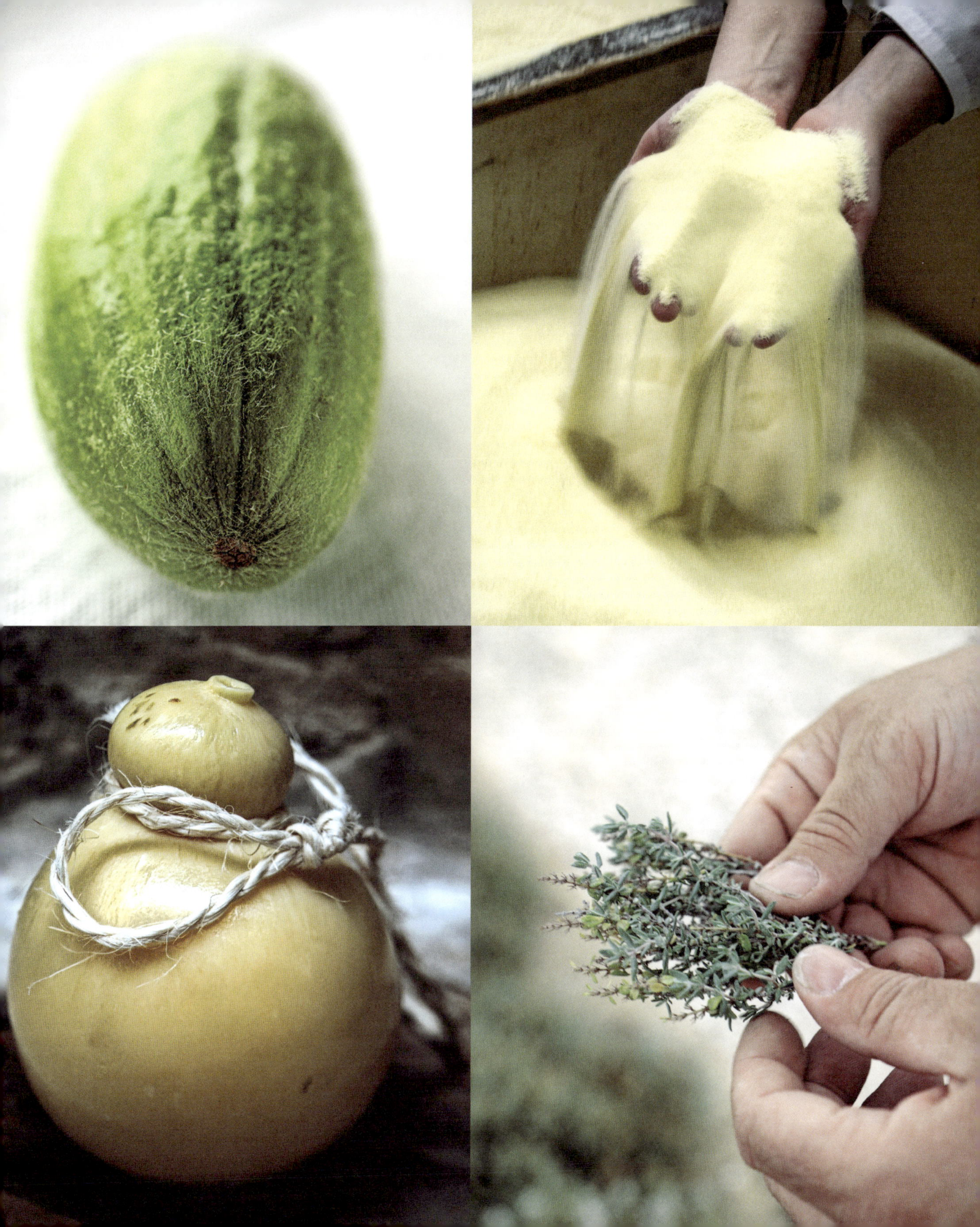

non citando almeno le immancabili **rape**, gli aspri **lampascioni**, i deliziosi **funghi cardoncelli**, la **cicoria**, verdura amarognola, i rari **caroselli** e **barattieri**, introvabili in altre parti d'Italia, i **mùgnuli**, simili ai broccoli, e l'**uva da tavola**. E dai peperoni alle zucchine, passando per le melanzane e i carciofi, quasi ogni ortaggio si presta a essere grigliato o fritto e condito con olio, oppure a essere conservato sott'olio... Quasi impossibile non citare le **olive**, come la celebre varietà Bella della Daunia, destinate alla salamoia (quelle verdi) e base per gli aperitivi, oppure da friggere (quelle nere). Dalle olive all'**olio** il passo è breve e la Puglia, terra per antonomasia degli ulivi e dell'olio, può vantare ben 5 DOP olearie, corrispondenti grossomodo alle 5 province storiche, e una produzione rilevantissima, tra le prime al mondo per quantità e qualità.

... e i frutti del mare

Non solo dalla terra, ma anche dal mare la Puglia, lingua di terra letteralmente adagiata tra Adriatico e Ionio, ha tratto buona parte della sua ricchezza culinaria. Celebrate sin dall'antichità sono le **cozze nere** del Golfo di Taranto, ma rinomati sono anche i **gamberi rossi** gallipolini

And it would be doing a great disservice to the culinary tradition of the region not to also mention its **turnips**, tassel hyacinth bulbs, delicious **king oyster mushrooms**, **chicory**, the broccoli-like **mùgnuli**, table grapes, and the rare **Caroselli** and **Barattieri** cucumbers, which grow nowhere else in the country. And from peppers to courgettes, aubergines to artichokes, almost every vegetable is beautiful grilled or fried with a splash of olive oil, or preserved in oil in a hundred different ways. Of course, olives are part of the way of life here, like the famous Bella della Daunia variety, which is preserved in brine (the green ones) and used in appetizers and fried (the black ones). It's a short step from olives to olive oil, and Puglia produces some of the finest in Italy, with no fewer than five oils with DOP (protected designation of origin) certification and production that places it among the first in the world both quantity and quality.

...and the sea

Occupying a strip of land between the Adriatic and Ionian Seas, much of Puglia's culinary richness comes from the sea. **Black mussels** from the

e le **anguille** del lago di Lesina. I **frutti di mare** pescati un po' ovunque – noci, ricci di mare, cozze pelose, ostriche, tartufi di mare, allievi (minuscole seppioline) ecc. – costituiscono la base per gli immancabili "crudi" degli aperitivi pugliesi, conditi esclusivamente con succo di limone.

La farina prima di tutto
È cosa nota che il "granaio d'Italia", ovvero il Tavoliere, rifornisca di grano buona parte d'Italia.
I farinacei rappresentano la base dell'alimentazione pugliese e grazie alla loro importanza hanno raggiunto quote di assoluta eccellenza, che oggi possono fregiarsi anche della valorizzazione di alcune preparazioni, come quelle a base di "grano arso".
Il **pane** prodotto ad Altamura, a Monte Sant'Angelo e a Laterza si è conquistato fama nazionale. Come accompagnamento fresco alle pietanze, ma anche, raffermo, come base per la bruschetta (la *fedda rosse*) e la *cialledda*, ovvero l'acquasale. Ma dire Puglia vuol dire anche **panzerotti** e **focacce**, **friselle**, **taralli**, **tarallini** e **scaldatelli**, **pucce** e **uliate**, **pìttule**: infiniti modi di combinare la farina con ingredienti semplici e gustosi.

Gulf of Taranto have been famous since antiquity, while nowadays the **prawns** from Gallipoli and the **eels** from Lake Lesina are equally famous. Caught more or less throughout the region, Puglia's seafood – razor clams, sea urchins, bearded horse mussels, oysters, Venus clams, baby squid... – are sometimes eaten raw as appetizers, with nothing but a squeeze of lemon.

Close to the grain
The Tavoliere Plain, Italy's 'grain store' in northern Puglia, supplies a large portion of the wheat eaten in the country. And bread and baked products are cornerstones of the Puglia diet, reaching the highest levels of quality and including curiosities like *grano arso* or 'burnt wheat'.
The **bread** baked in Altamura, Monte Sant'Angelo and Laterza is famous throughout the country, eaten fresh as an accompaniment to meals but also old as the basis for **bruschetta** and **acquasale**. But Puglia is also synonymous with **panzerotti**, **focacce**, **friselle**, **taralli**, **tarallini**, **scaldatelli**, **pucce**, **uliate** and **pìttule** – an infinite number of ways to combine flour with simple, tasty ingredients. The region is also the southernmost bastion of polenta,

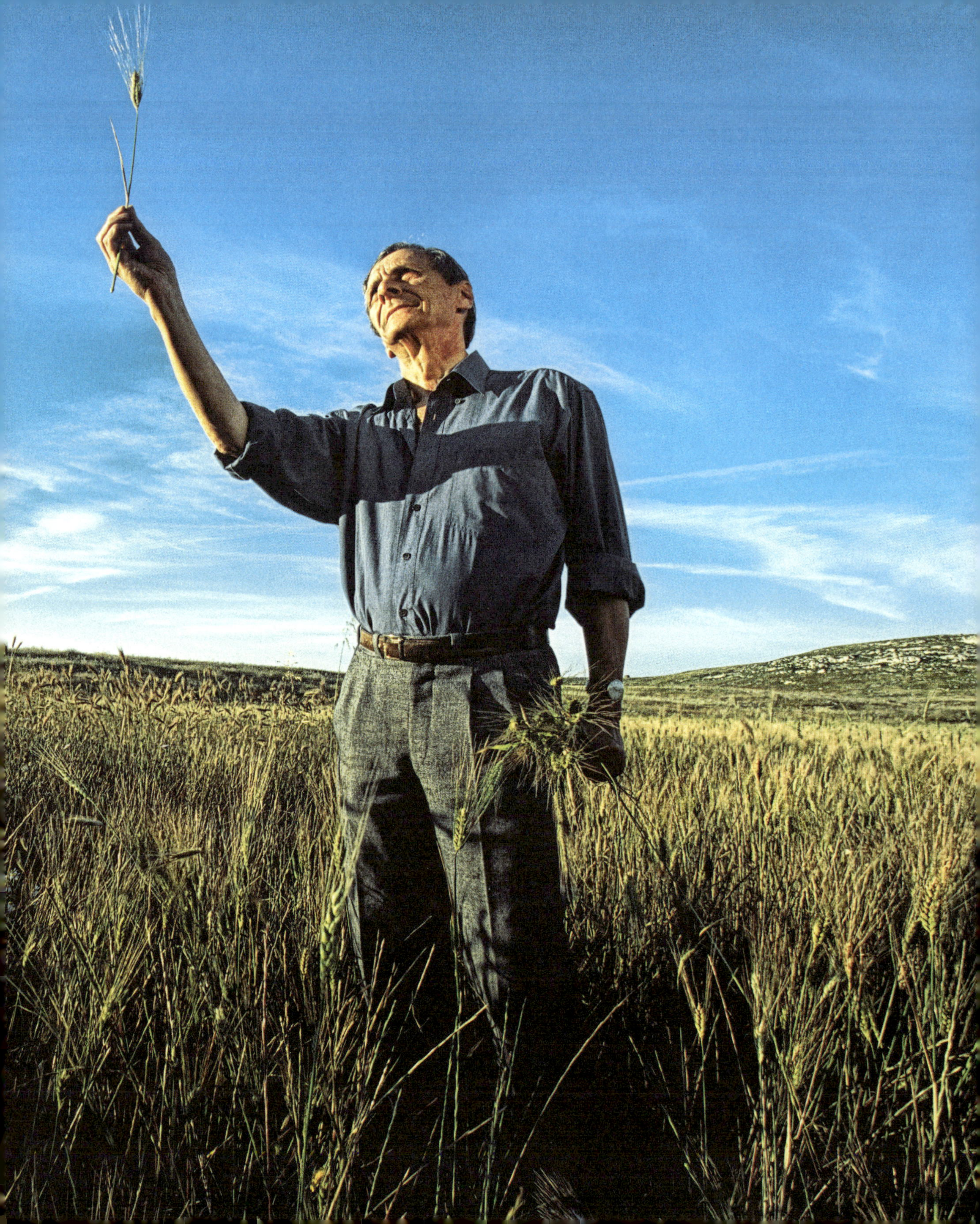

La regione rappresenta poi l'estremo "baluardo" meridionale della polenta, che si consuma fritta a tocchetti (*sgagliozze*). Regina delle tavole è la **pasta**, che assume i nomi più disparati a seconda della forma e della preparazione: le **orecchiette** regnano incontrastate, ma i sughi di condimento e le verdure si sposano alla perfezione anche con **strascinate, troccoli, cavatelli, sagne 'ncannulate, minchiareddhri...**

Un tripudio di latticini

Qual è il formaggio pugliese più celebre? Senza dubbio la **mozzarella**, ottenuta dalla filatura della pasta in varie forme (bocconcini, nodini, trecce...), ma chi può resistere al richiamo di una deliziosa **burrata**, che al suo interno cela un cuore di pasta filata mista a panna? È arduo orientarsi nella variegata galassia dei formaggi pugliesi: **cacio, caciocavallo, cacioricotta, pecorino, ricotta** e **scamorza** vengono prodotti un po' ovunque nella regione. Alcune aree hanno legato il proprio nome a produzioni d'eccellenza come la burrata, il **caciocavallo silano**, il **canestrato pugliese** (a marchio DOP) e il **caciocavallo podolico dauno**. Dal latte giungono poi tre autentiche "chicche": la **manteca**, col suo cuore

which is eaten here in fried cubes called *sgagliozze*. But the undisputed king of the table is **pasta**, which has as many different names as there are shapes. Orecchiette reign supreme here, but pasta sauces and vegetables also go perfectly with **strascinate, troccoli, cavatelli, sagne 'ncannulate, minchiareddhri...**

A dairy treasure chest

What's Puglia's most famous cheese? Definitely **mozzarella**, which is made by stretching curd into balls, braids and knots. But who can resist a delicious piece of **burrata**, with its core a mixture of stretched-curd cheese and cream. It is difficult to find your way around the galaxy of cheeses made in Puglia: **cacio, caciocavallo, cacioricotta, pecorino, ricotta** and **scamorza** are made more or less everywhere in the region. Some areas have had their names linked to their finest cheeses, such as burrata, **caciocavallo silano, canestrato pugliese** (with DOP, protected designation of origin certification) and **caciocavallo podolico dauno**. Milk is also used to make three of the region's culinary gems: **manteca**, with its heart of butter wrapped in a stretched curd; **giuncata**, a fresh cheese

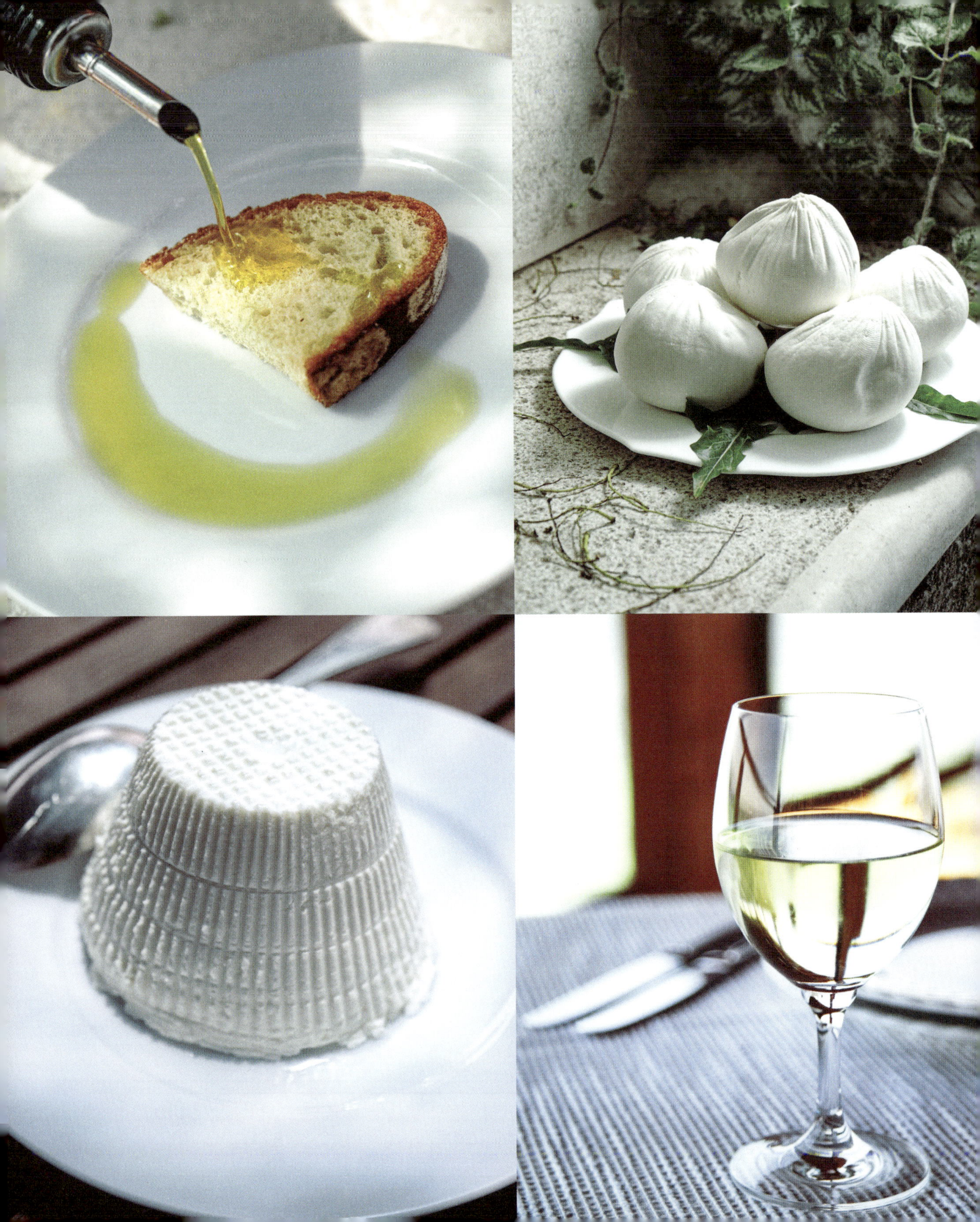

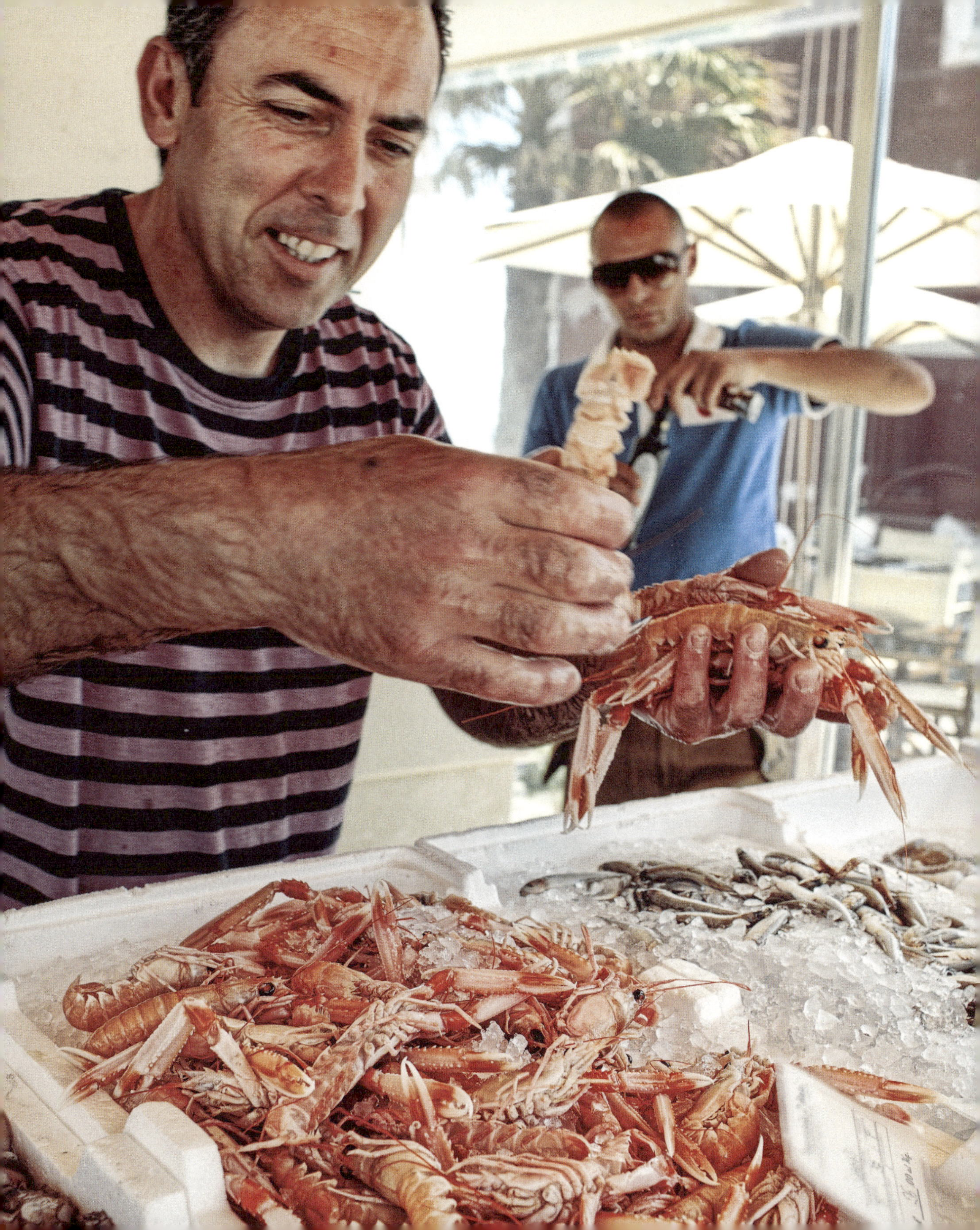

di burro racchiuso in una forma di pasta, la **giuncata**, formaggio freschissimo e dal sapore delicato, e la **ricotta skuant**, dal sapore forte e piccante.

Carni e salumi

Hanno sapori forti gli insaccati e le carni pugliesi: scuro è il **prosciutto di Faeto**, assai gustoso è il **capocollo di Martina Franca**. Un'esperienza culinaria che non si dimentica è quella di assaggiare nei "fornelli pronti" della Valle d'Itria e di Laterza la carne alla brace e i **turcinieddhi** (o **gnumerieddhe**), involtini di interiora di agnello e capra cotti alla brace. Sapori decisi hanno anche la **salsiccia a punta di coltello dell'Alta Murgia** e la **salsiccia salentina**. Parecchio diffuso è anche il consumo di **carne di cavallo**, sotto forma di braciole o di stufato, e di **agnello** e **capretto**, preparati in tiella o alla brace.

with a delicate flavour; and **ricotta skuant**, a strong and spicy cheese.

Meat and cold cuts

Sausages and meat in Puglia tend to have strong flavours. **Faeto prosciutto** is dark, while the **capocollo from Martina Franca** is delicious. An unforgettable dining experience is to eat at one of the *fornelli pronti* (butcher shops that also cook what they sell) in Valle d'Itria and Laterza, where they serve grilled meat as well as lamb and goat offal rolls known as **turcinieddhi** (and in some places **gnumerieddhe**). The **salamis from Alta Murgia** and the **sausages from Salento** are also known for their strong flavours. **Horsemeat** is also widely eaten here, as chops and in stews, as are **lamb** and **goat**, either roasted or grilled.

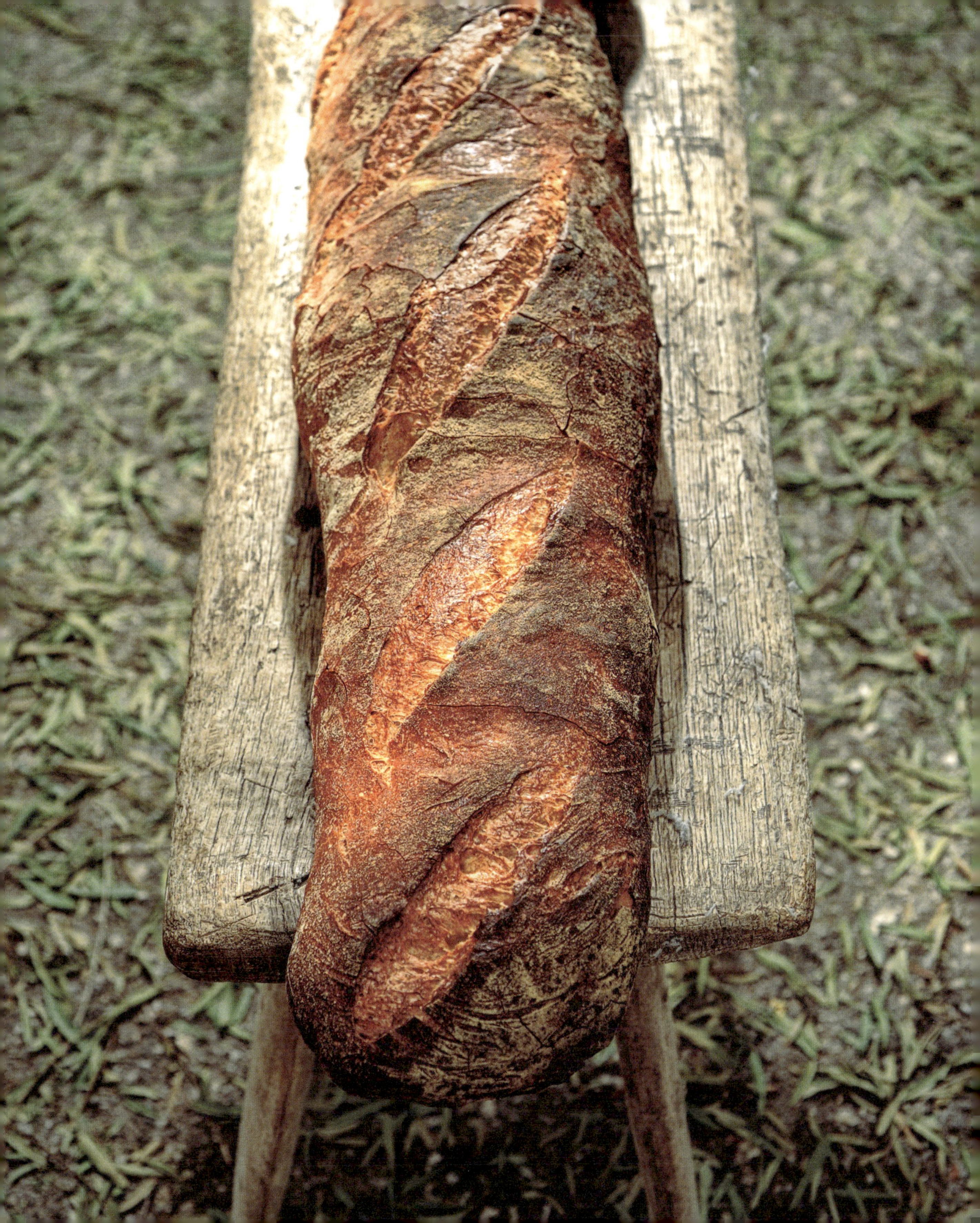

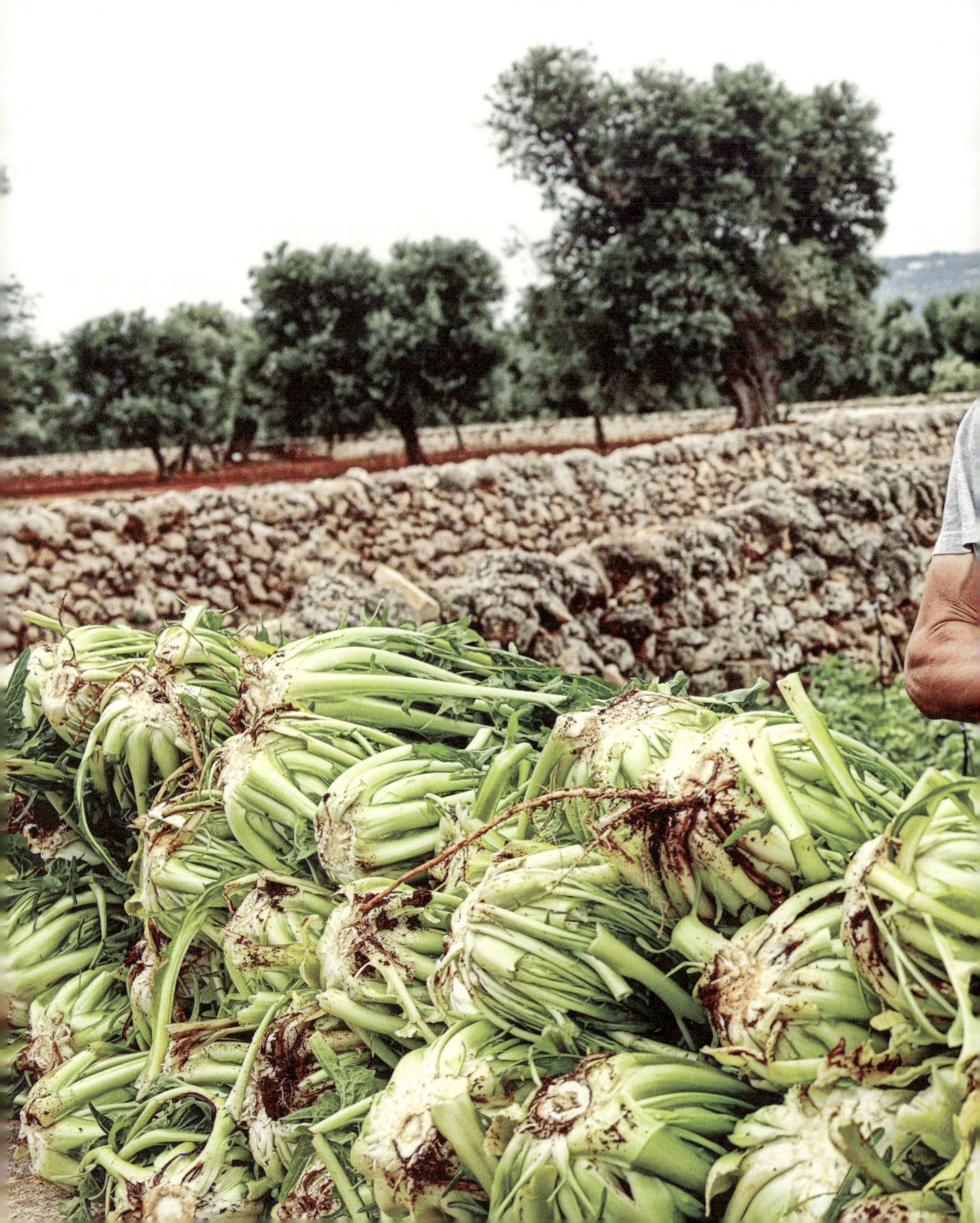

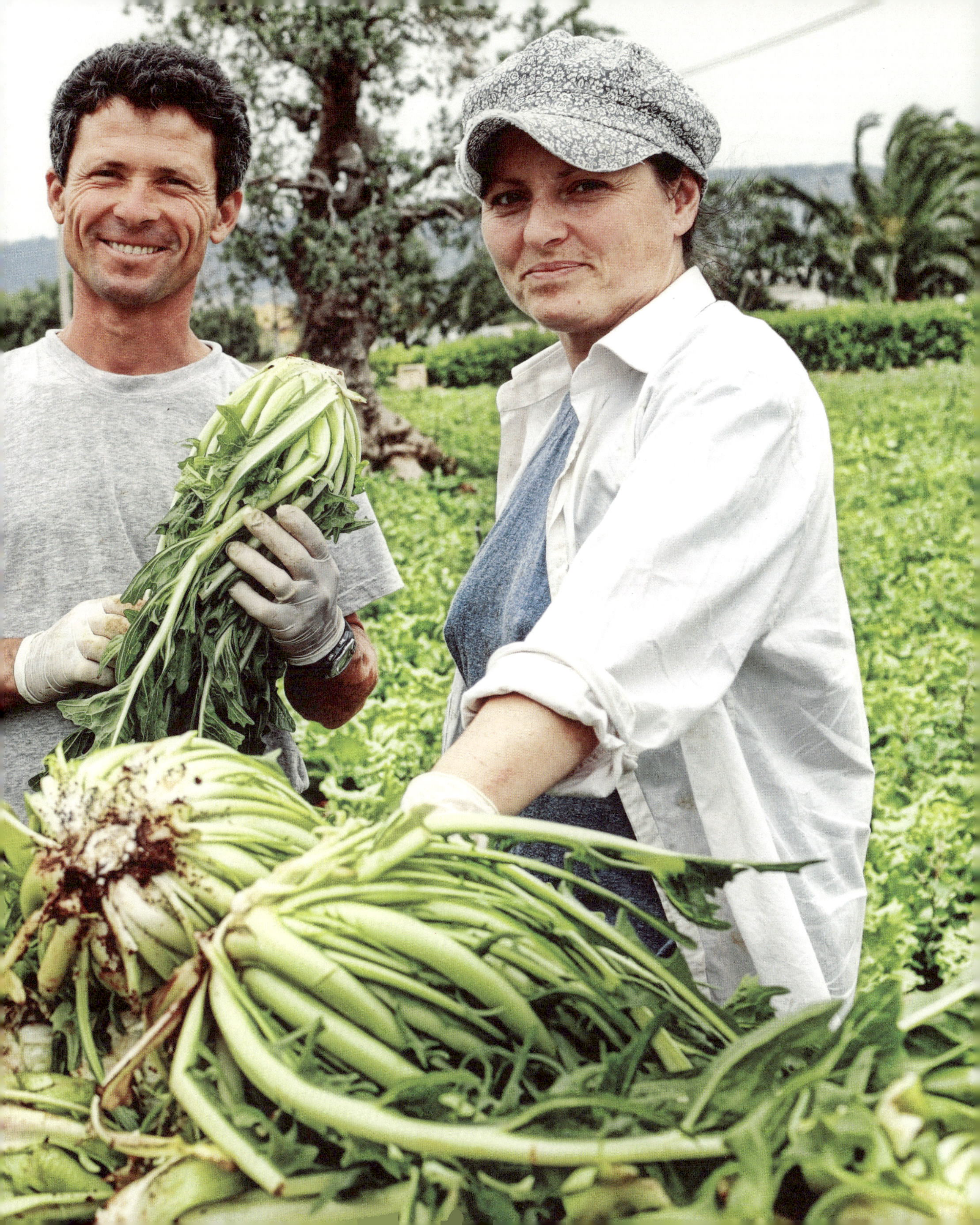

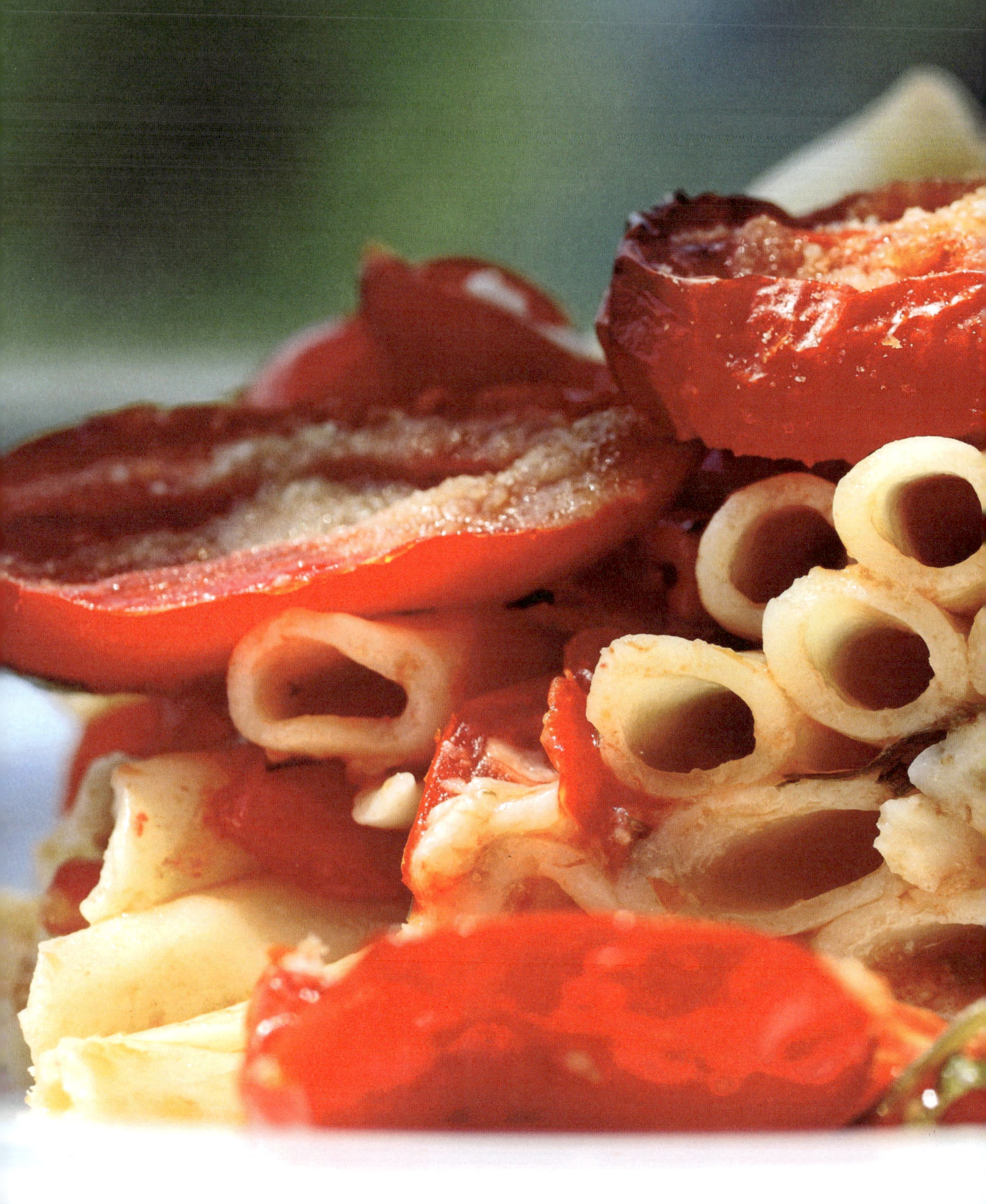

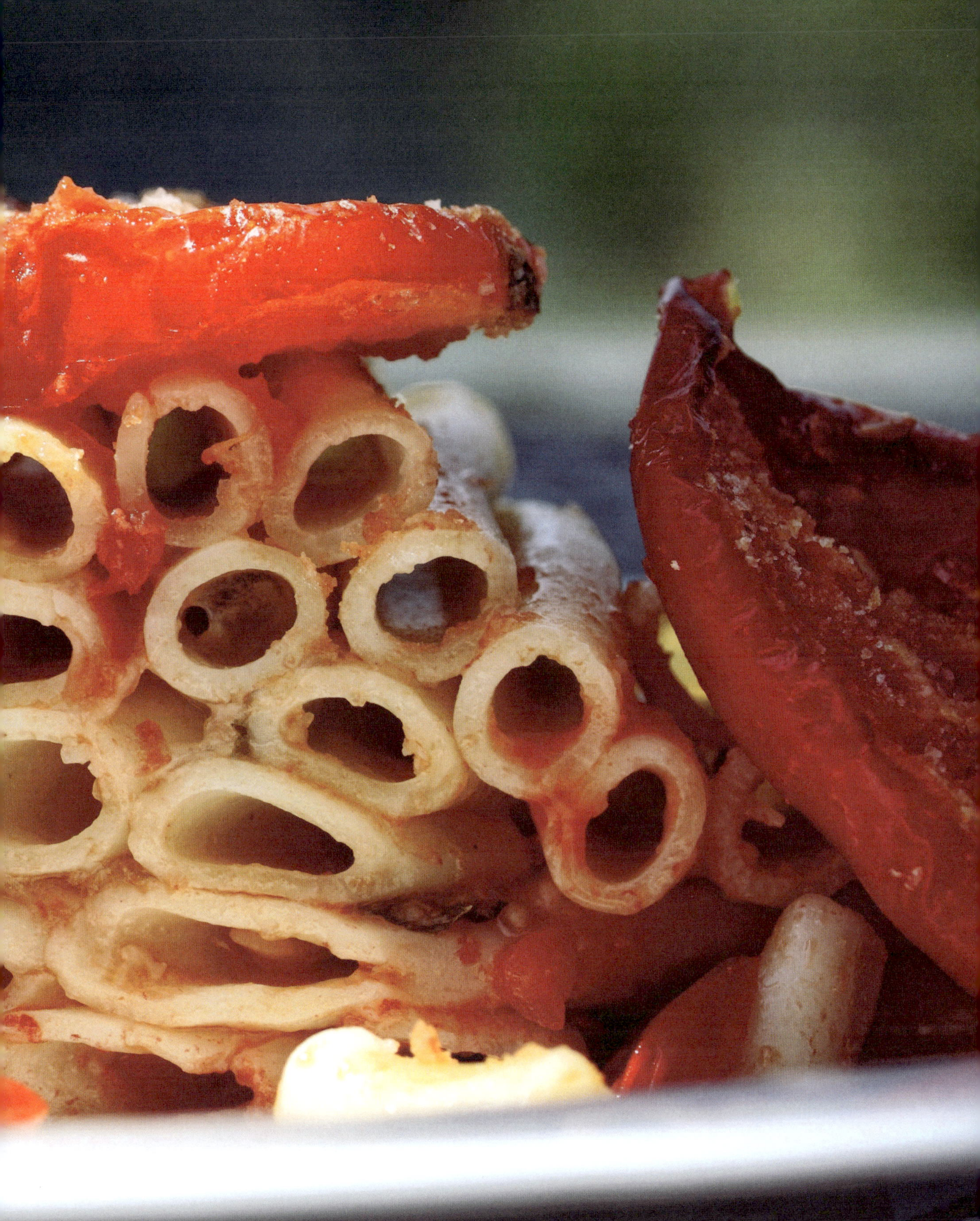

L'antipasto è entrato tardi nella tradizione gastronomica pugliese: quelli che prima erano piatti unici si sono trasformati, col tempo, in gustosi assaggi apripranzo...

Antipastos were a late arrival in the culinary tradition of Puglia, as dishes that were once eaten as main courses shrunk to tasty little mouthfuls...

27

Antipasti e focacce
Antipastos and focaccias

28 *Frisella al pomodoro*

Barley bread with tomato

Ingredienti per 4 persone
- **4 friselle d'orzo**
- **4 pomodori rossi maturi**
- **2 spicchi di aglio**
- **origano**
- **olio extravergine d'oliva**
- **sale**

Serves 4
- **4 friselle (barley bread rings)**
- **4 ripe red tomatoes**
- **2 garlic cloves**
- **oregano**
- **extra virgin olive oil**
- **salt**

Strofinare l'aglio sulla superficie asciutta della frisella.

Passare la frisella sotto un getto d'acqua fredda, avendo cura di non impregnarla troppo.

Strofinare sulla superficie il pomodoro e condire con olio, sale e origano.

A piacere, aggiungere della rucola fresca e della ricotta dura grattugiata.

Rub the garlic into the bread.

Dampen the bread under cold running water, being careful not to soak it too much.

Rub tomato into the bread and season with oil, salt and oregano.

Optionally top with fresh rocket and grated hard ricotta cheese.

Vino Wine:
"Amure" - Salento IGT Bianco

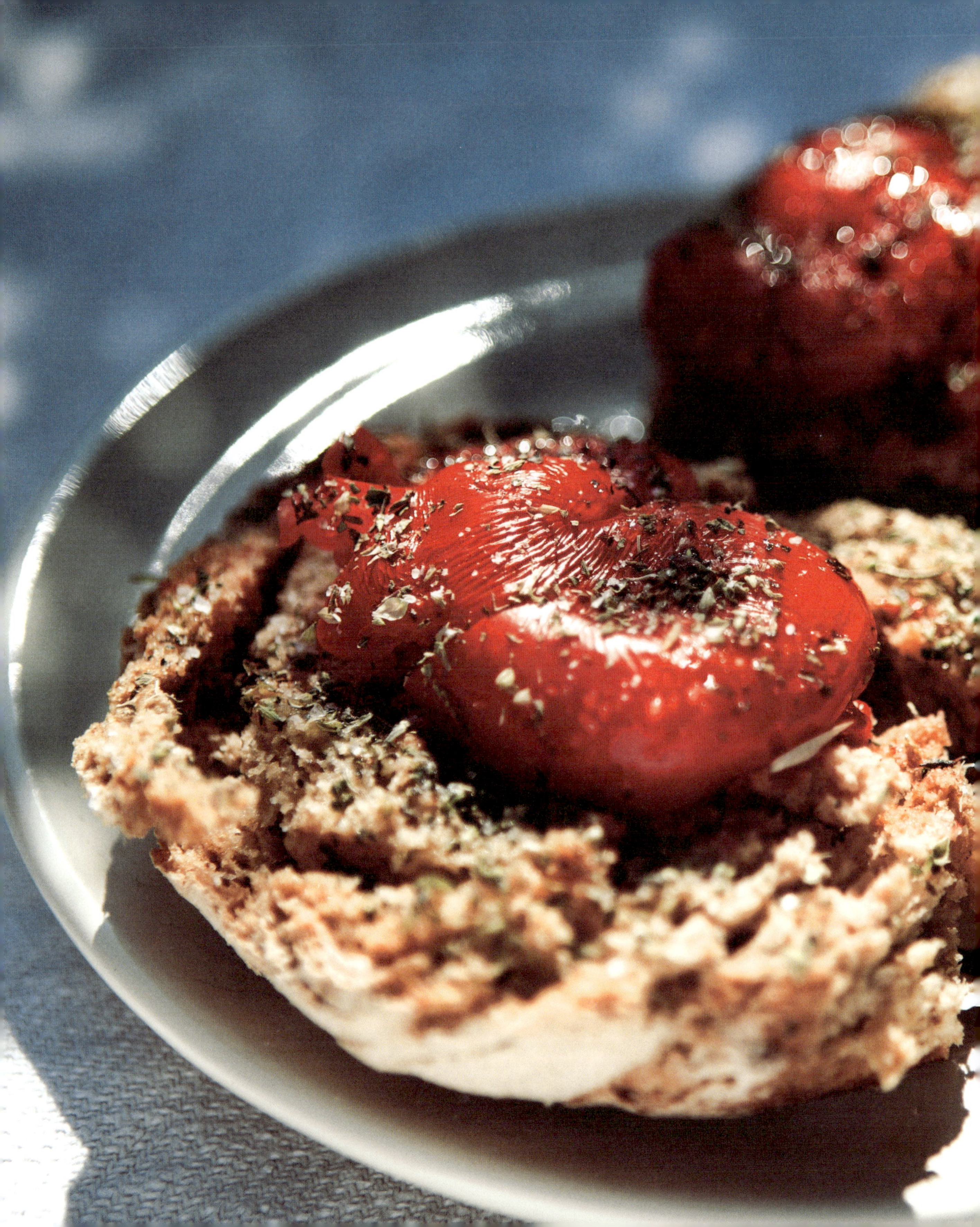

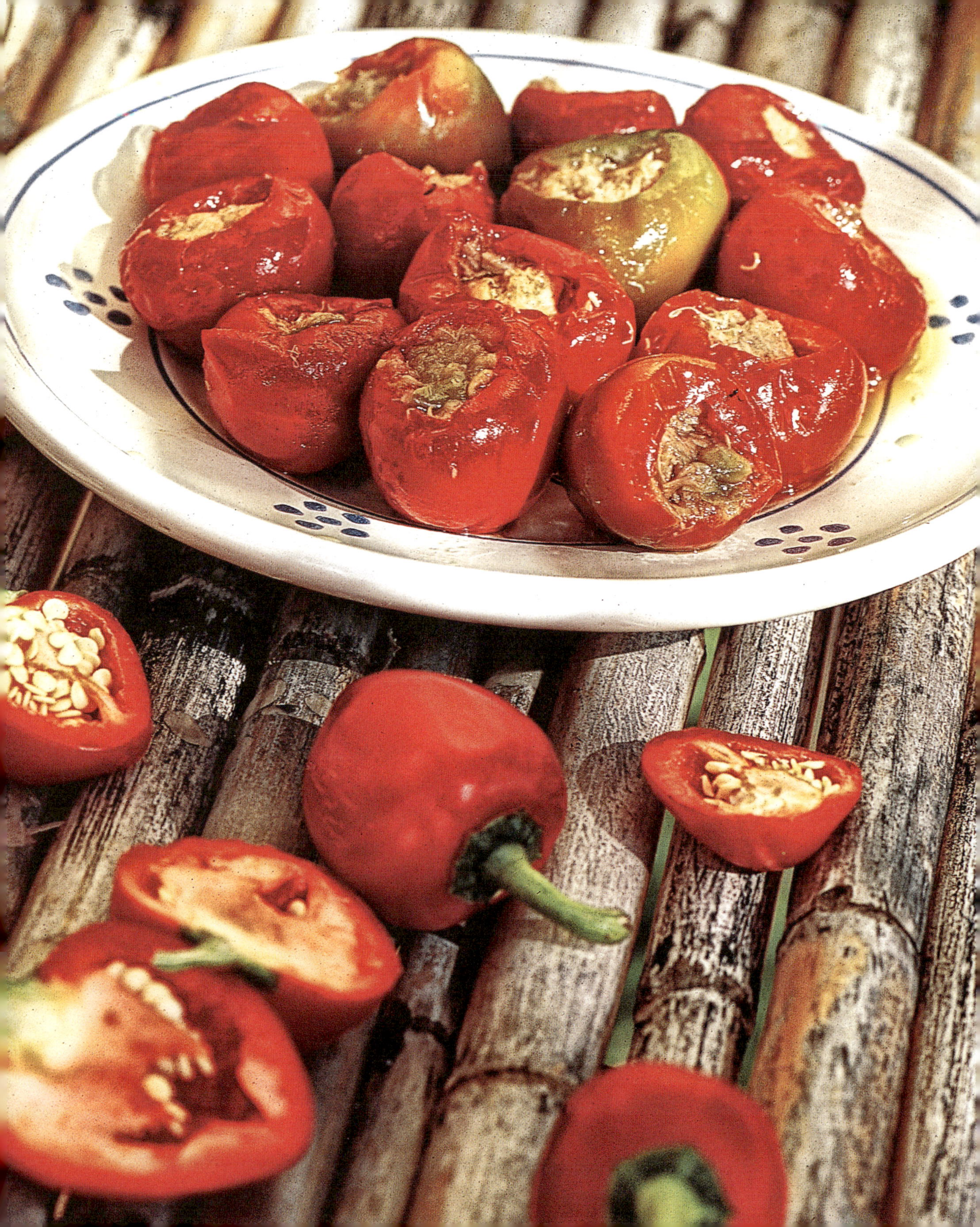

31

Peperoncini ripieni sott'olio

Stuffed chilli peppers in oil

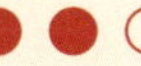

Ingredienti:

- 500 g di peperoncini piccanti tondi
- 200 g di tonno sott'olio sgocciolato
- 5 acciughe sott'olio o sotto sale
- 2 cucchiai di capperi
- 3 grani di ginepro
- 3 chiodi di garofano
- 6 grani di pepe misto
- 250 ml di vino bianco
- 250 ml di aceto di vino bianco

Ingredients:

- 500g (18 oz) round hot chilli peppers
- 200g (7 oz) tuna in oil, drained
- 5 anchovies in oil or salt
- 2 Tbsps capers
- 3 juniper seeds
- 3 cloves
- 6 mixed peppercorns
- 250ml (1 cup) white wine
- 250ml (1 cup) white wine vinegar

Eliminare il picciolo dai peperoncini lavati e svuotarli completamente con un coltellino appuntito e un cucchiaino.

Versare in una casseruola il vino e l'aceto, aggiungere le spezie e il sale e portare tutto a ebollizione. Al primo bollore, unire i peperoncini e lasciarli cuocere per 3/4 minuti a fuoco dolce.

Estrarre i peperoncini e porli ad asciugare completamente su un canovaccio o su carta assorbente per qualche ora (possibilmente per tutta la notte).

Preparare il ripieno sminuzzando il tonno, i capperi e le acciughe. Servendosi di un piccolo cucchiaino, riempire con cura i peperoncini.

In vasetti di vetro sterilizzati, disporre i peperoncini, avendo cura di posizionarli con il foro per il ripieno verso l'alto.

Riempire il vasetto di olio fino a copertura completa, quindi tappare e riporre in un luogo fresco, asciutto e buio.

Consumare dopo 3 mesi.

Wash the chillies and remove the stems. Using a pointed knife and small spoon, fully empty.

Pour the wine and vinegar into a saucepan, add the spices and salt, and bring to the boil. As soon as the liquid starts to boil, add the chilli peppers and cook for 3–4 minutes over a low heat.

Remove the chilli peppers and let them dry thoroughly on a cloth or kitchen towel for a few hours (preferably overnight).

Make the filling by mincing the tuna, capers and anchovies together. Using a small spoon, carefully fill the chilli peppers.

Put the chilli peppers in sterilized glass jars, making sure that the hole faces upwards.

Cover completely with oil, then seal, and store in a cool, dry and dark place.

Ready to be eaten after 3 months.

32

Pane all'acquasale

Acquasale bread

●○○

Ingredienti per 4 persone
- 4 fette di pane raffermo
- 200 g di pomodori freschi
- 1 cipolla rossa
- 1 spicchio di aglio
- 1 cucchiaino di origano
- qualche foglia di basilico
- olio extravergine d'oliva
- sale

Serves 4
- 4 slices old bread
- 200g (7 oz) fresh tomatoes
- 1 red onion
- 1 garlic clove
- 1 tsp oregano
- a few basil leaves
- extra virgin olive oil
- salt

Tagliare i pomodori in 4 parti.

Tritare la cipolla e l'aglio.

Disporre in un piatto le fette di pane e ricoprirle con i pomodori, la cipolla e l'aglio tritati, il basilico, l'origano, il sale e un filo d'olio.

Servire dopo 30 minuti circa.

Quarter the tomatoes.

Chop the onion and garlic.

Place the slices of bread on a plate and cover with tomatoes, chopped onion and garlic, basil, oregano, salt and a drizzle of olive oil.

Serve after approximately 30 minutes.

Vino Wine:
"Posta Arignano" - San Severo DOC Bianco

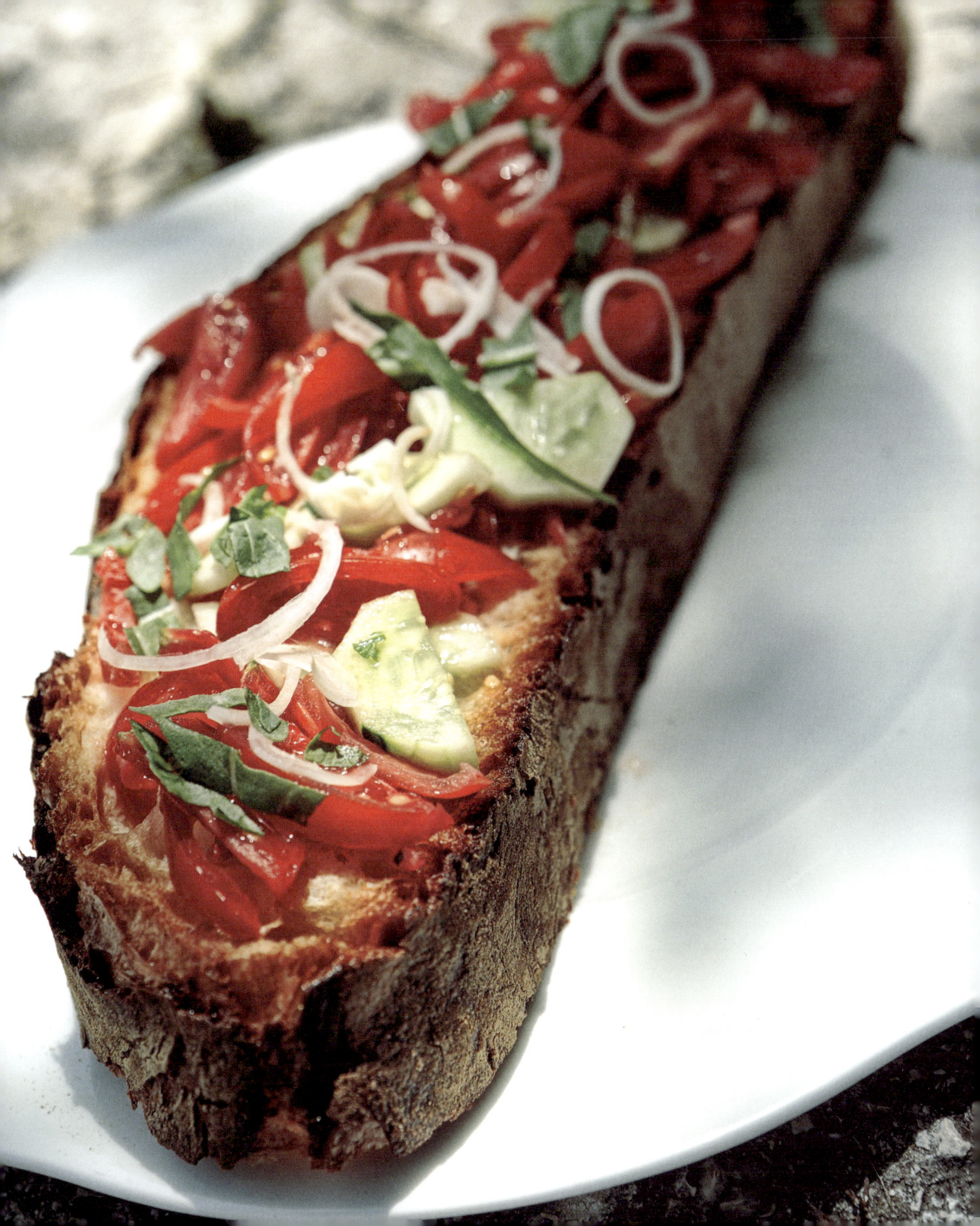

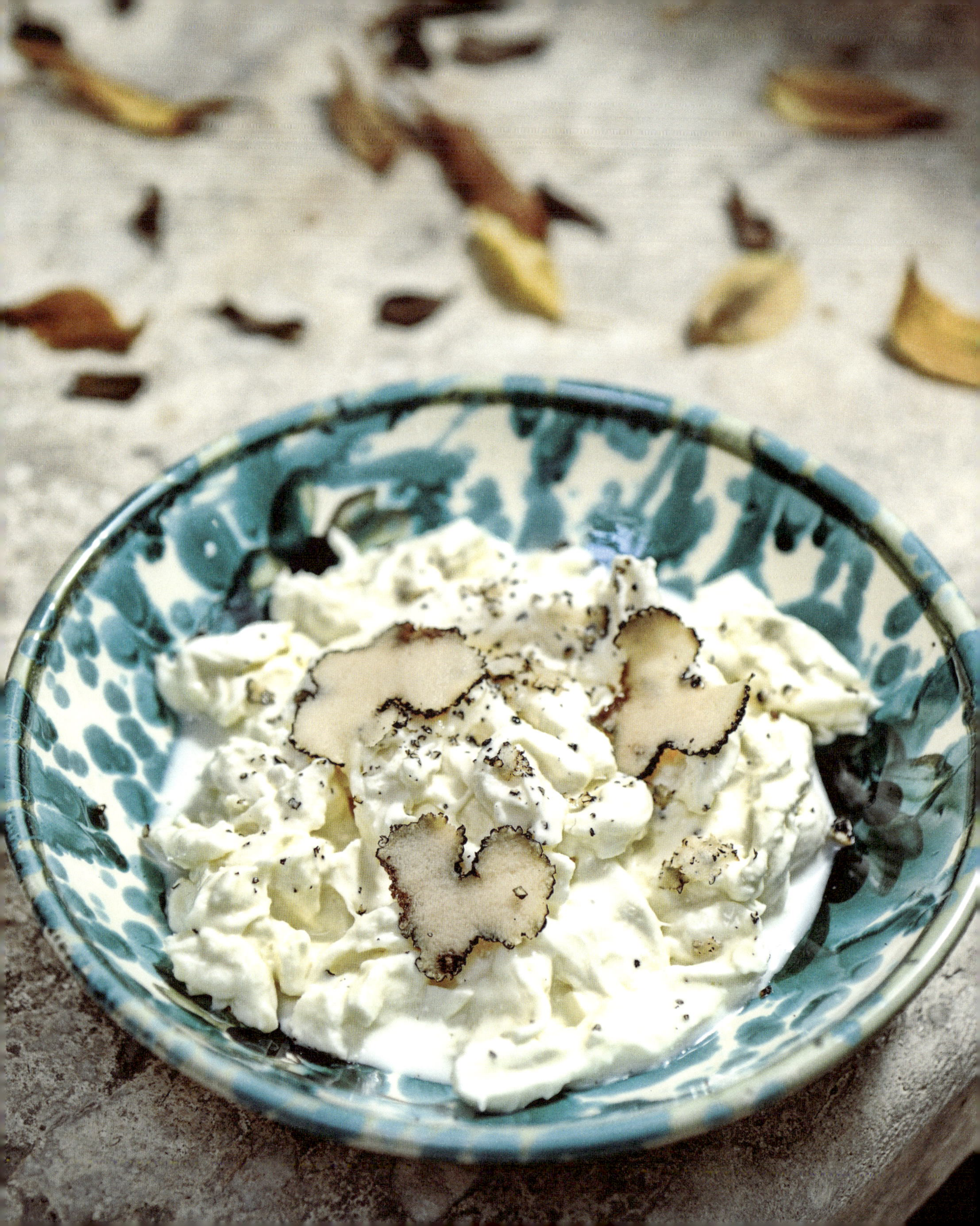

35

Burratina con tartufo della Murgia

Burrata cheese with truffle

●○○

Ingredienti per 4 persone

- **200 g di burrata di mucca sfilacciata**
- **10 g di tartufo a scaglie**

Serves 4

- 200g (7 oz) cow's milk burrata cheese, shredded
- 10g (⅓ oz) shaved truffle

Sfilacciare la burrata in una terrina.

Aggiungere le scaglie di tartufo.

Servire fredda.

Shred the burrata cheese into a bowl.

Add the shaved truffle.

Serve cold.

Vino Wine:
"Taranta" - Salento IGT Rosato

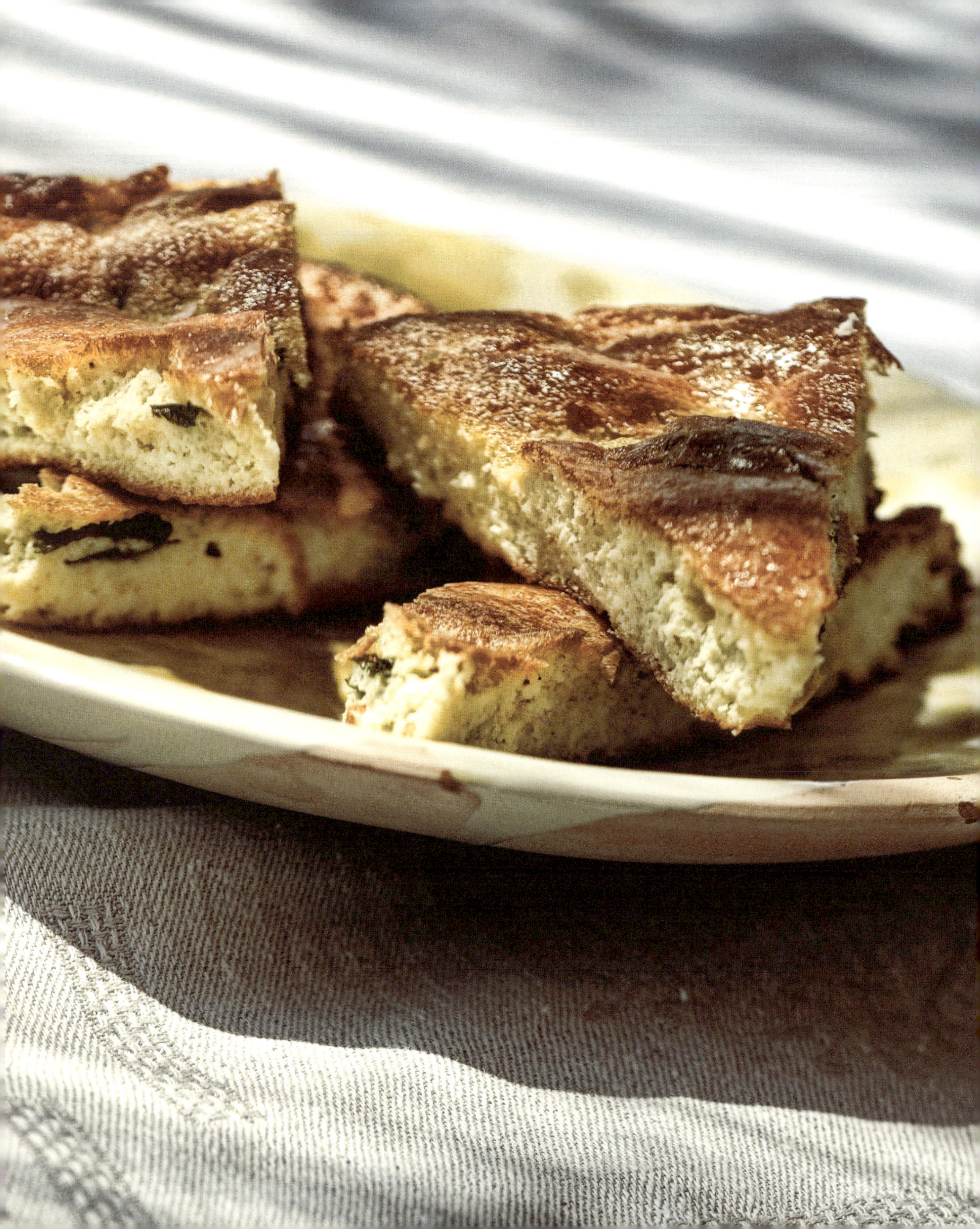

37

Frittatina alla menta

Mint frittata

●○○

Ingredienti per 4 persone
- **4 uova**
- **1 cucchiaio di pecorino grattugiato**
- **una decina di foglie di menta fresca**
- **olio extravergine d'oliva**
- **sale**

Serves 4
- 4 eggs
- 1 Tbsp grated pecorino
- a dozen or so fresh mint leaves
- extra virgin olive oil
- salt

Separare gli albumi dai tuorli e sbattere questi ultimi con un pizzico di sale e il formaggio.

Aggiungere le foglie di menta.

A parte, montare a neve gli albumi e unire al composto.

Friggere in una padella con poco olio, rigirando la frittata a metà cottura.

Separate the eggs and beat the yolks with a pinch of salt and the cheese.

Add the mint leaves.

Separately, beat the egg whites to peaks and then add to the mixture.

Fry in a pan with a little oil, turning when half cooked.

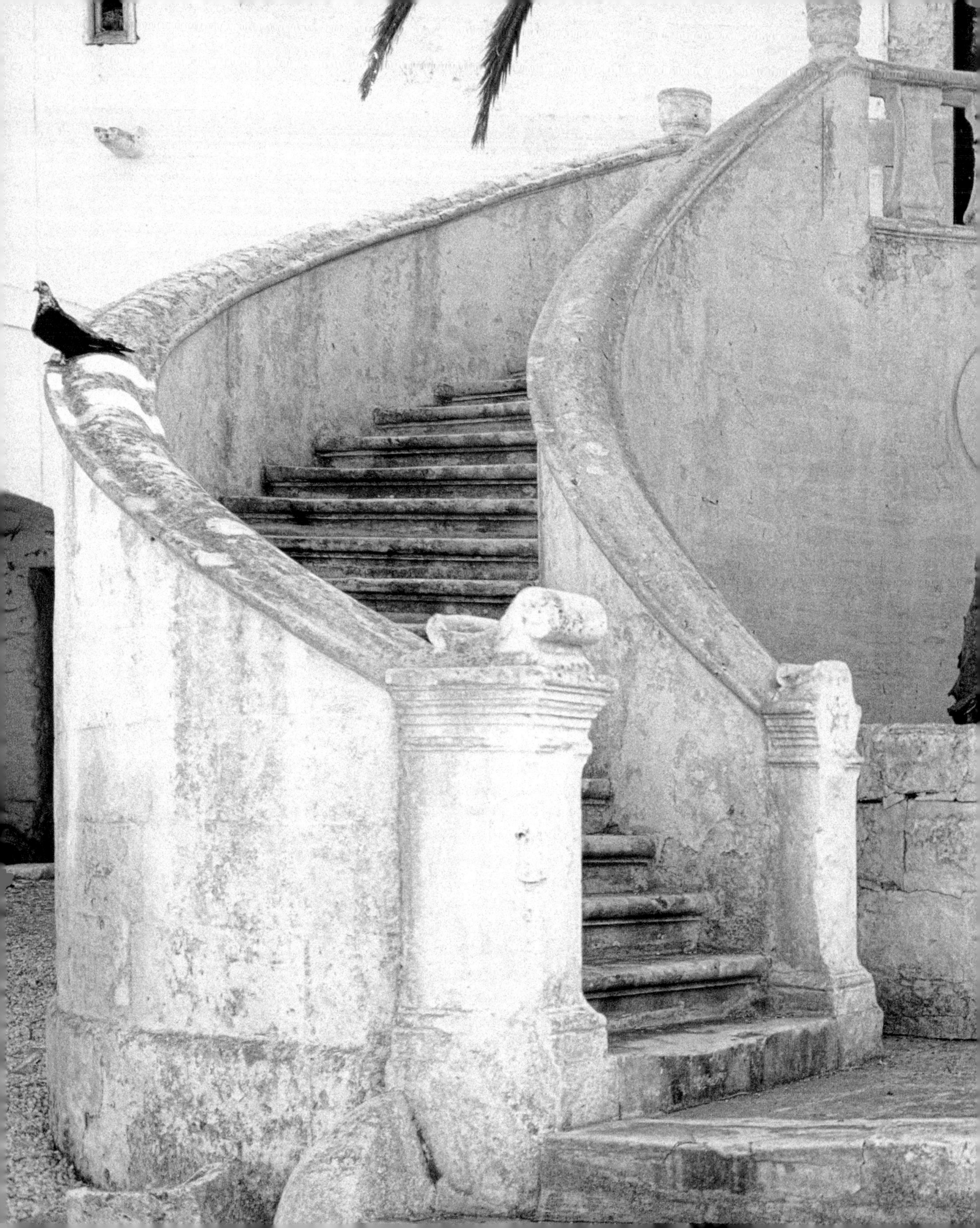

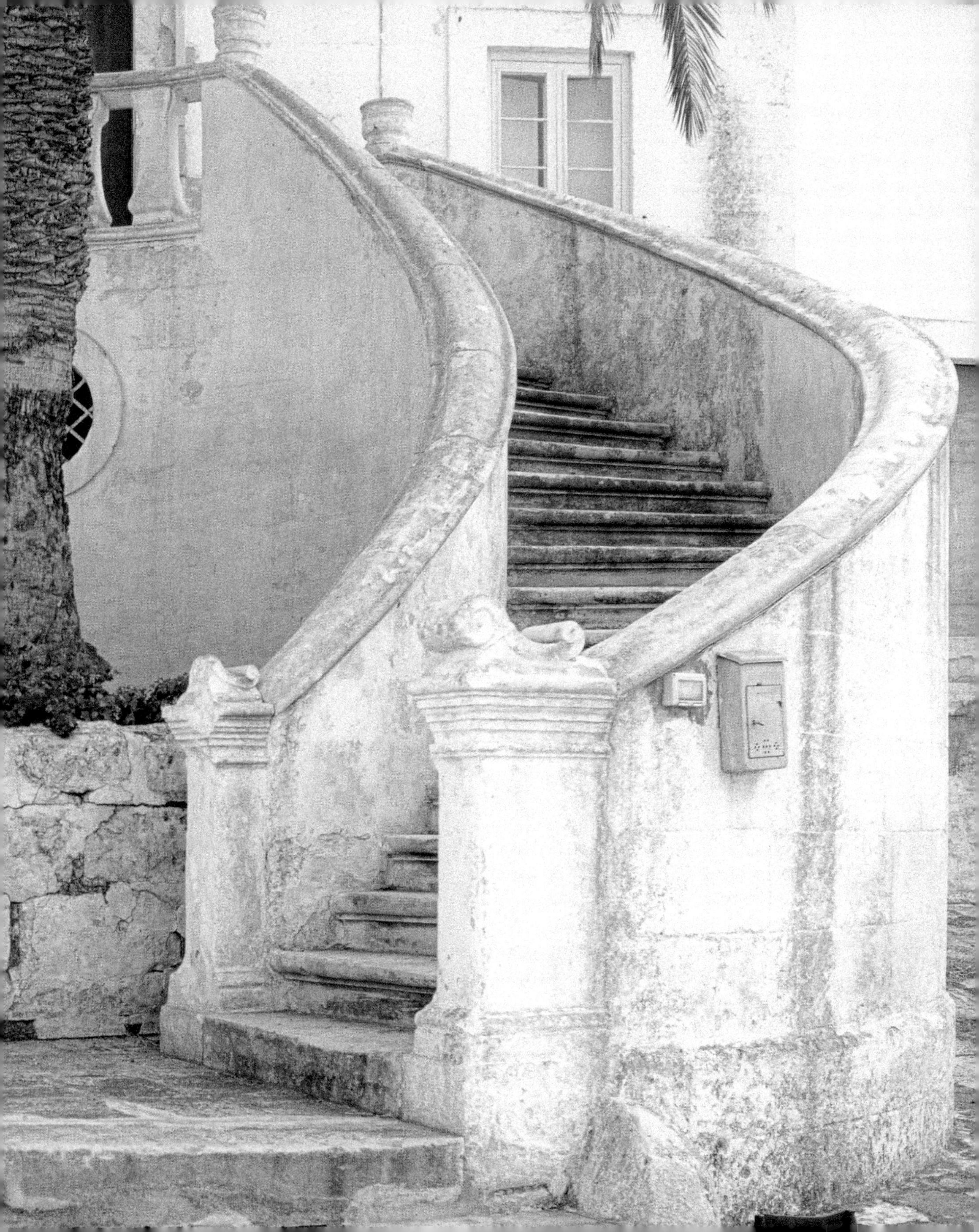

40 Melanzane grigliate
Grilled aubergines

●○○

Ingredienti per 4 persone
- **600 g di melanzane**
- **aglio**
- **prezzemolo**
- **menta**
- **sale**
- **pepe**
- **olio extravergine d'oliva**
- **aceto di vino bianco**

Serves 4
- 600g (1⅓ lbs) aubergines (eggplants)
- garlic
- Italian parsley
- peppermint
- salt
- pepper
- extra virgin olive oil
- white wine vinegar

Tagliare le melanzane in fette di 0,5 cm di spessore, salarle da entrambi i lati e disporre in un vassoio.

Dopo 1 ora circa risciacquare con cura, quindi asciugare le fette.

Arrostire su griglia o su piastra rovente da ambo i lati.

Condire con un trito di aglio e prezzemolo, foglioline di menta, pepe, una spruzzatina di aceto e irrorare con abbondante olio.

Cut the aubergines into 0.5cm thick slices, salt both sides and place on a tray.

After approximately 1 hour, rinse the slices thoroughly then dry.

Cook both sides on a grill or hot plate.

Sprinkle with chopped garlic and Italian parsley, peppermint leaves, pepper, a dash of vinegar and a generous amount of oil.

41

Melanzane sott'olio

Aubergines in oil

●●○

Ingredienti:
- **melanzane**
- **spicchi d'aglio**
- **qualche fogliolina di menta fresca**
- **peperoncino**
- **olio extravergine d'oliva**
- **aceto di vino bianco**
- **sale grosso**

Ingredients:
- **aubergines (eggplants)**
- **garlic cloves**
- **a few fresh peppermint leaves**
- **chilli pepper**
- **extra virgin olive oil**
- **white wine vinegar**
- **coarse salt**

Lavare le melanzane, eliminare la cima e il fondo, sbucciarle e tagliarle a fette non troppo sottili oppure a striscioline.

Immergerle in una bacinella con acqua e aceto per pochi minuti, estrarle e strizzarle con cura.

Disporle in un vaso di vetro a bocca larga, intervallando ogni 2 o 3 strati con aglio, menta, peperoncino e sale grosso.

Servendosi di un peso pressare il tutto il più possibile per almeno 24 ore.

Eliminare l'acqua formatasi, capovolgendo ed evitando con cura lo spostamento delle melanzane.

Aggiungere aceto bianco, mantenendo il peso e, dopo 2 o 3 ore, scolare nuovamente e aggiungere olio fino a colmare del tutto.

Da consumare dopo un mese.

Wash the aubergines then remove the top and bottom. Peel and cut into fairly wide slices or strips.

Place in a bowl of water and vinegar for a few minutes, remove and thoroughly squeeze dry.

Layer in a flat-bottomed wide-mouth jar, making a layer of the garlic, peppermint, pepper and coarse salt every 2 or 3 layers of aubergines.

Using a weight, press the finished layers as much as possible for at least 24 hours.

Remove the water by carefully upending the jar, ensuring that the aubergines do not move.

Keeping the weight in place, add the white wine vinegar and, after 2 or 3 hours, drain again. Then cover completely with oil.

Ready to be eaten after a month.

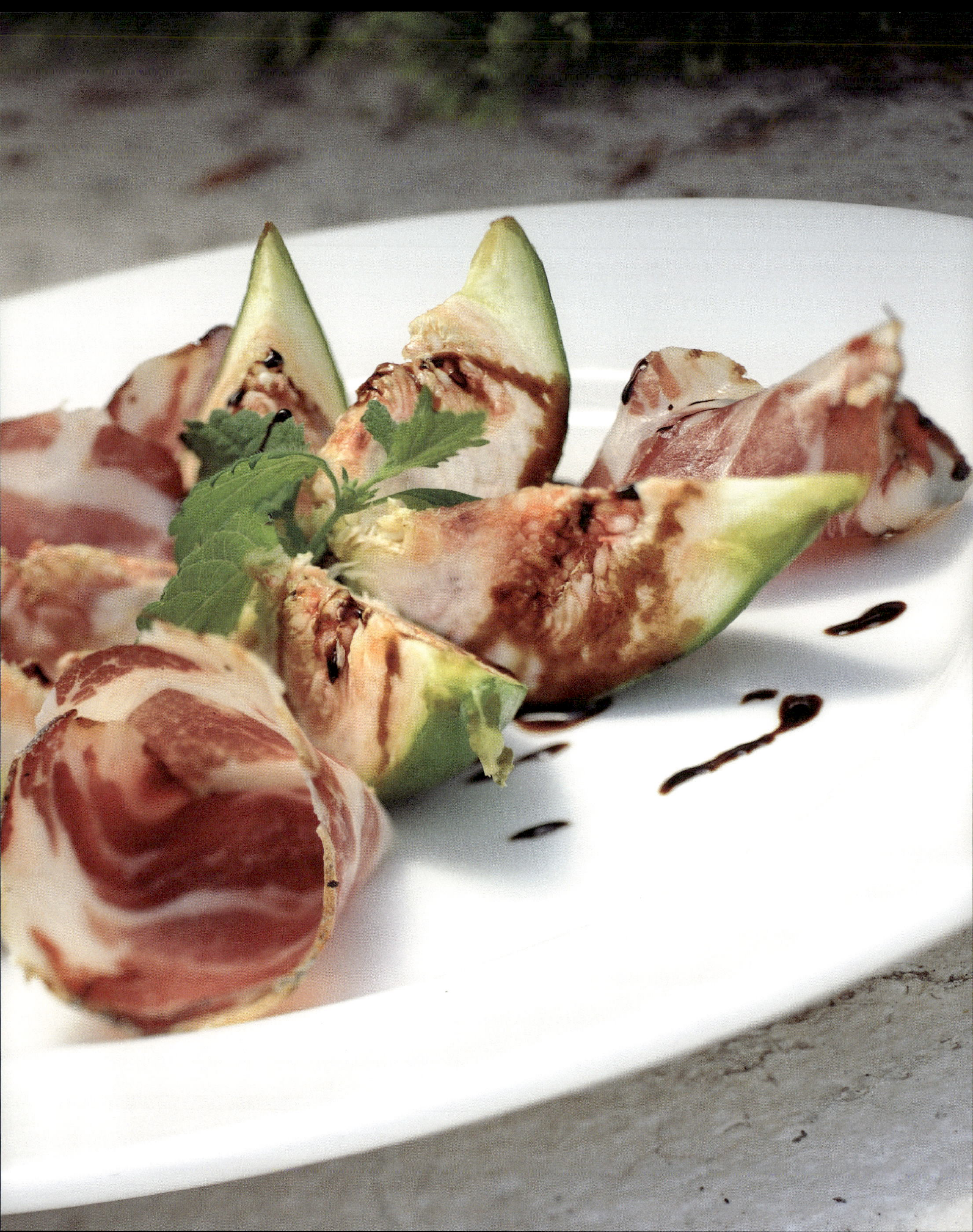

43

Stella di fichi e capocollo

Fig and capocollo star

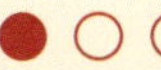

Ingredienti per 4 persone
- **4 fichi**
- **16 fette di filetto di capocollo**
- **riduzione di mosto cotto**
- **1 ciuffo di melissa**

Serves 4
- 4 figs
- 16 slices capocollo (dried and salted pork shoulder)
- reduced mosto cotto (cooked grape must)
- 1 sprig lemon balm

Pulire i fichi con un panno umido e sciacquare la melissa.

Tagliare i fichi in 6 spicchi e disporli in un piatto.

Con le fette di capocollo formare dei coni e disporli uno al centro e gli altri ogni due spicchi di fichi.

Decorare il piatto con la riduzione di mosto cotto e la melissa al centro.

Wipe the figs with a damp cloth and wash the lemon balm.

Cut the figs into 6 wedges and arrange on a plate.

Form cones with the capocollo and place one at the centre of the plate and the rest between each two fig slices.

Garnish the plate with the reduction of mosto cotto and place the lemon balm in the middle.

Vino Wine:
"D'Arapri" - Spumante Brut

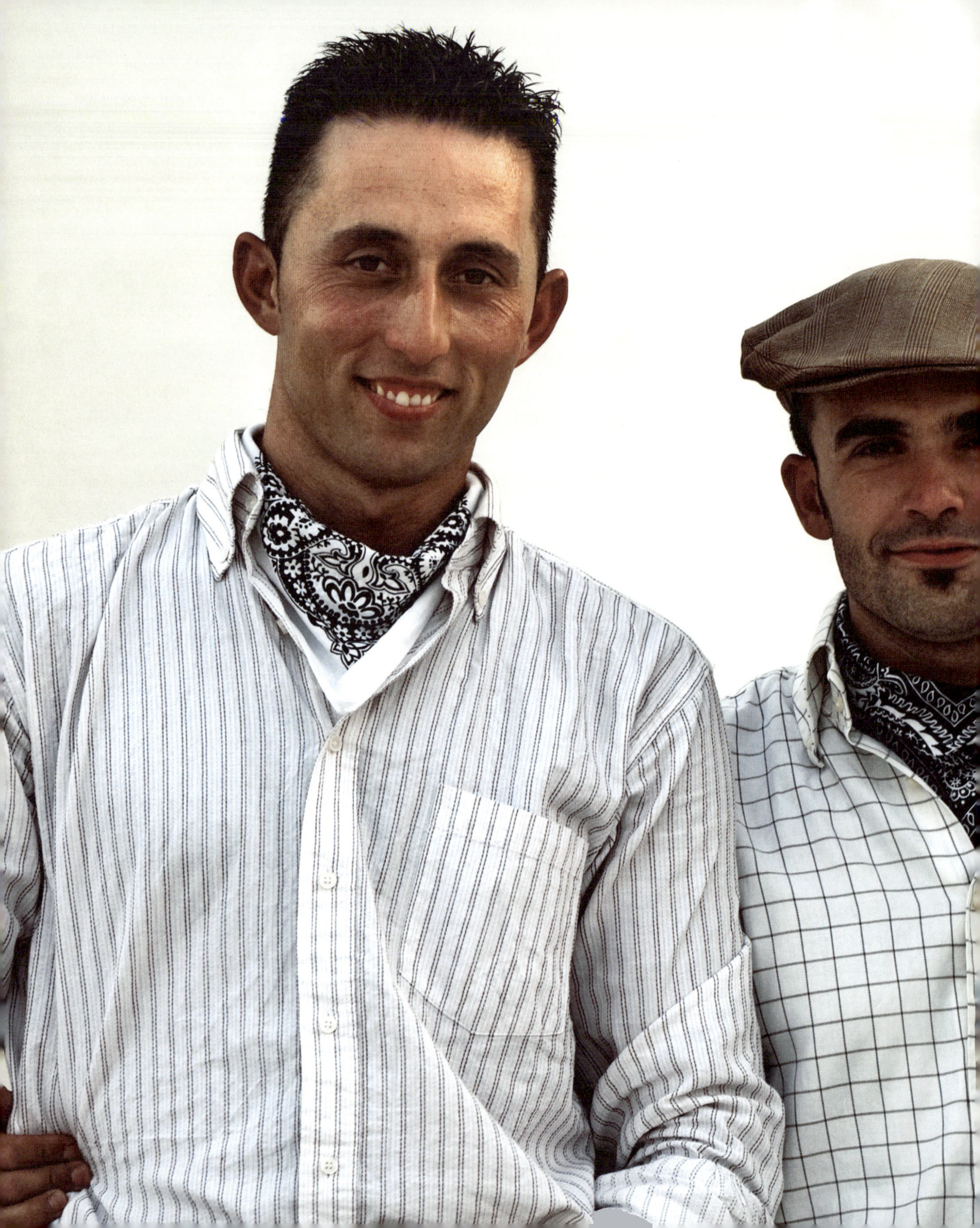

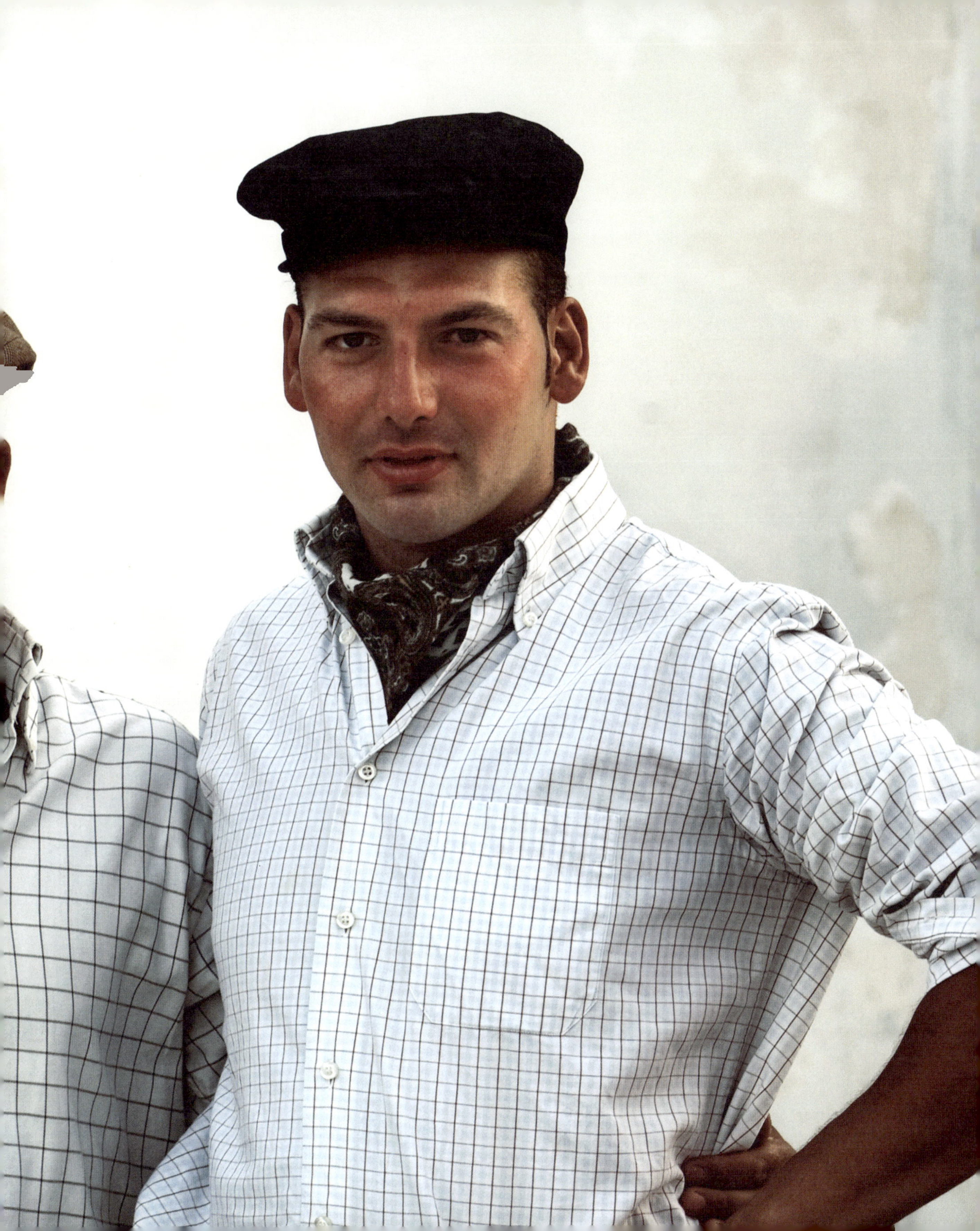

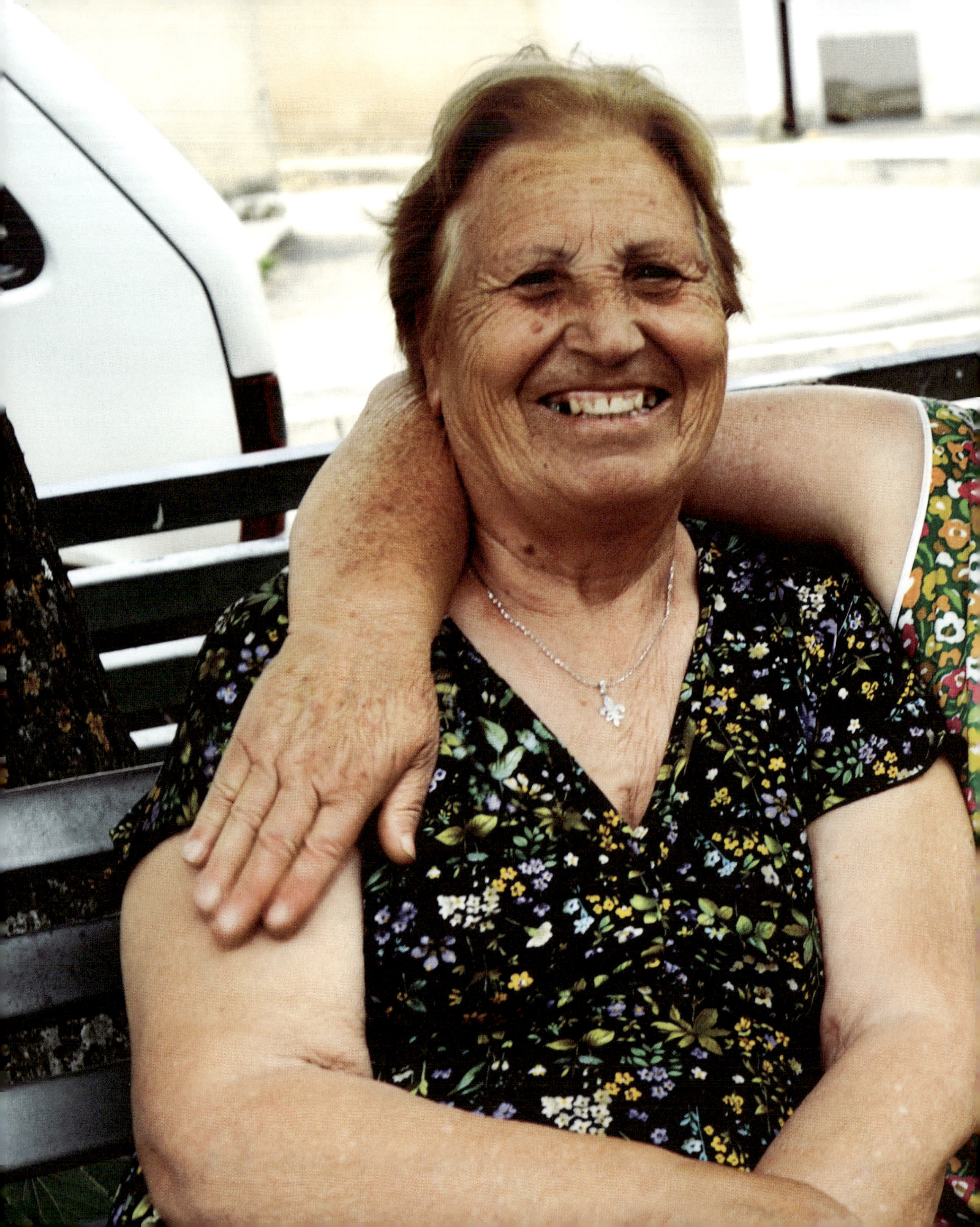

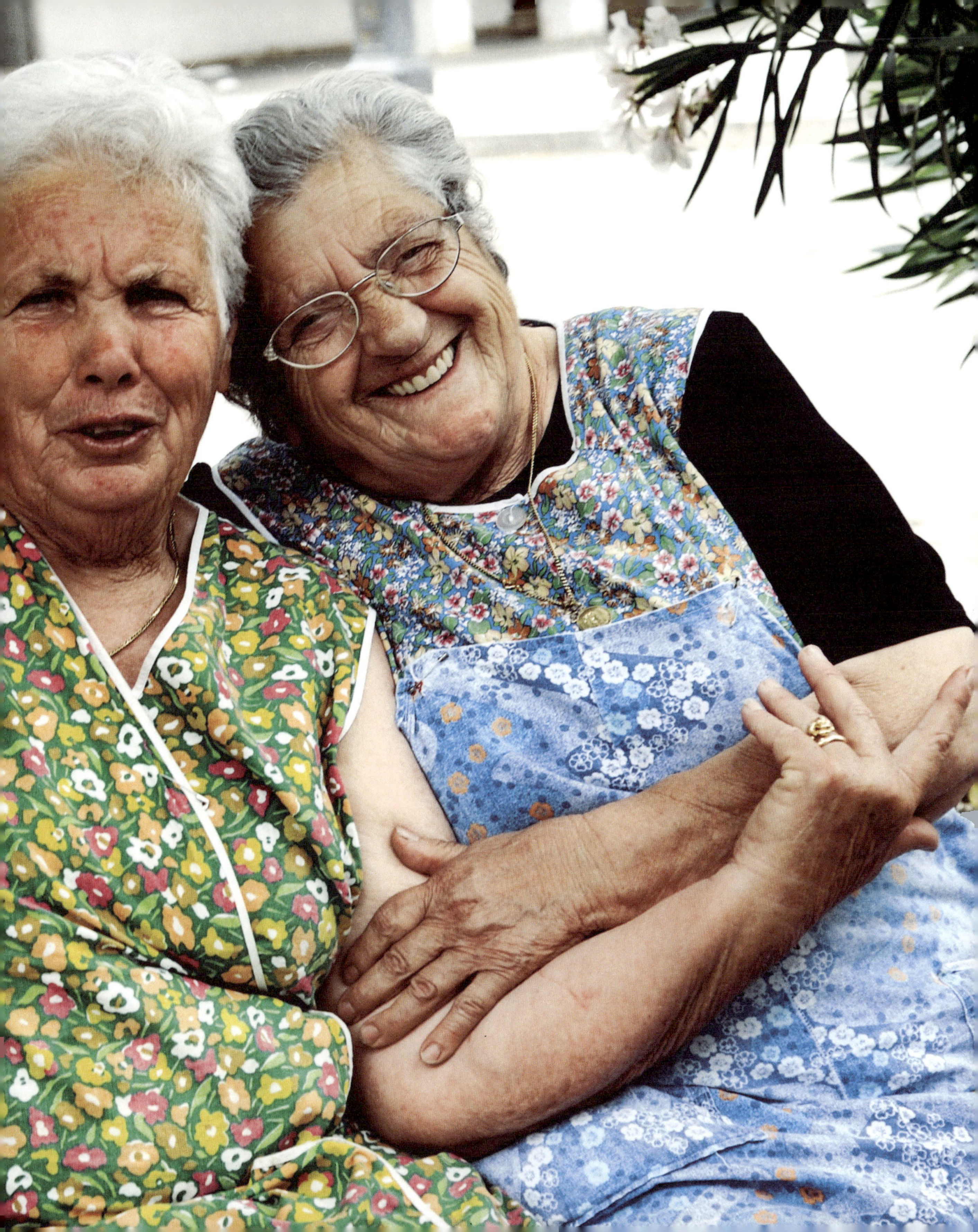

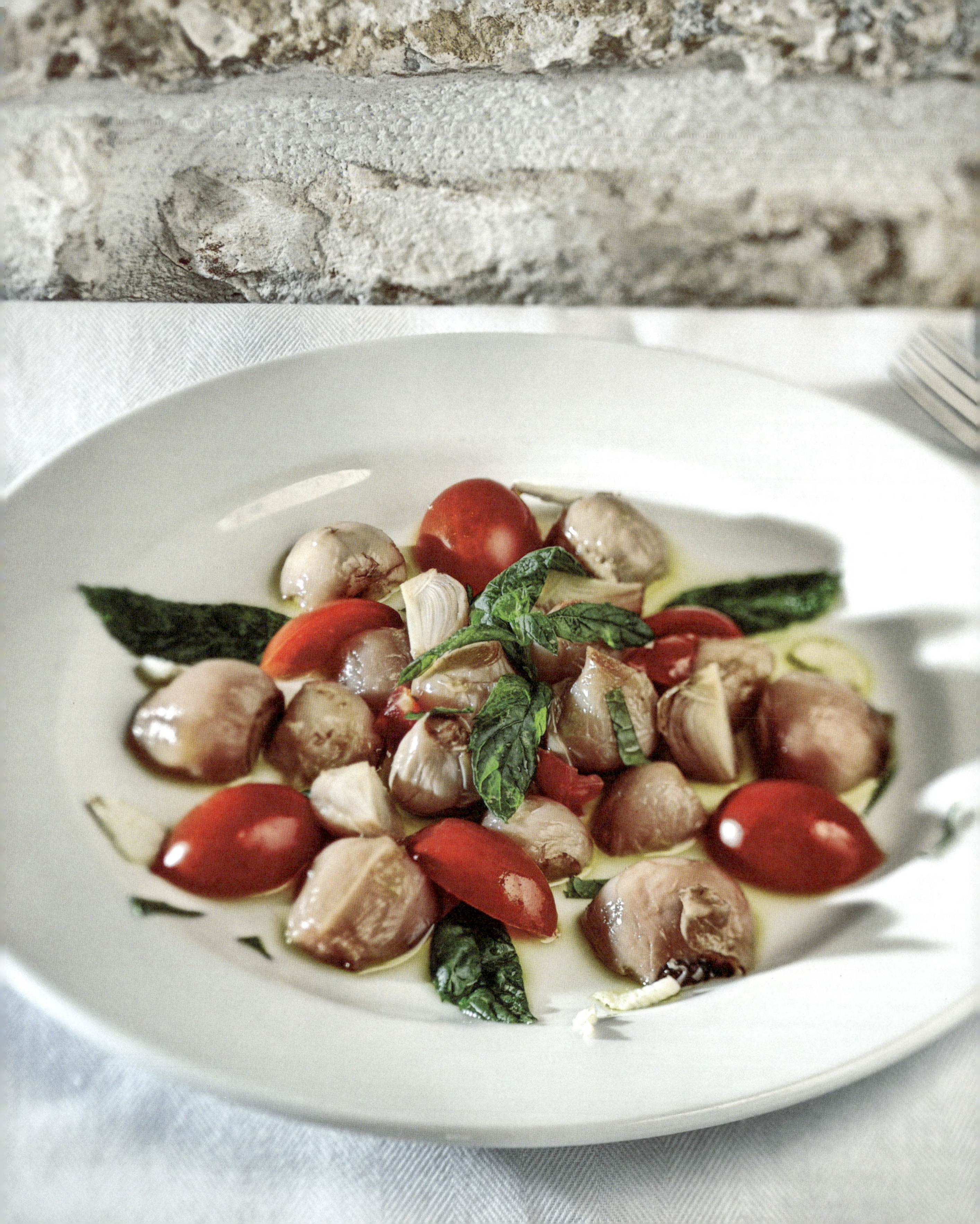

49

Insalatina di lampascioni

Hyacinth bulb salad

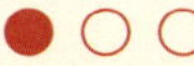

Ingredienti per 4 persone
- 250 g di lampascioni
- 5 pomodori fiaschetto (o a grappolo)
- 3 foglioline di menta
- 1 spicchio d'aglio
- qualche cappero
- olio extravergine d'oliva
- aceto di vino bianco
- sale
- pepe

Serves 4
- 250g (9 oz) tassel hyacinth bulbs
- 5 fiaschetto tomatoes (similar to small Roma tomatoes)
- 3 peppermint leaves
- 1 garlic clove
- a few capers
- extra virgin olive oil
- white wine vinegar
- salt
- pepper

Pulire i lampascioni, lessarli per almeno 1 ora e tagliarli in 4 pezzi.

Tagliare i pomodori, i capperi, l'aglio e le foglioline di menta.

Mettere tutto in una ciotola e aggiungere olio, sale, pepe e aceto.

Clean the hyacinth bulbs, boil for at least 1 hour then cut in quarters.

Slice the tomatoes, capers, garlic and peppermint leaves.

Place in a bowl and add oil, salt, pepper and vinegar.

Vino Wine:
"Le Pozzelle" - Salice Salentino DOC Rosato

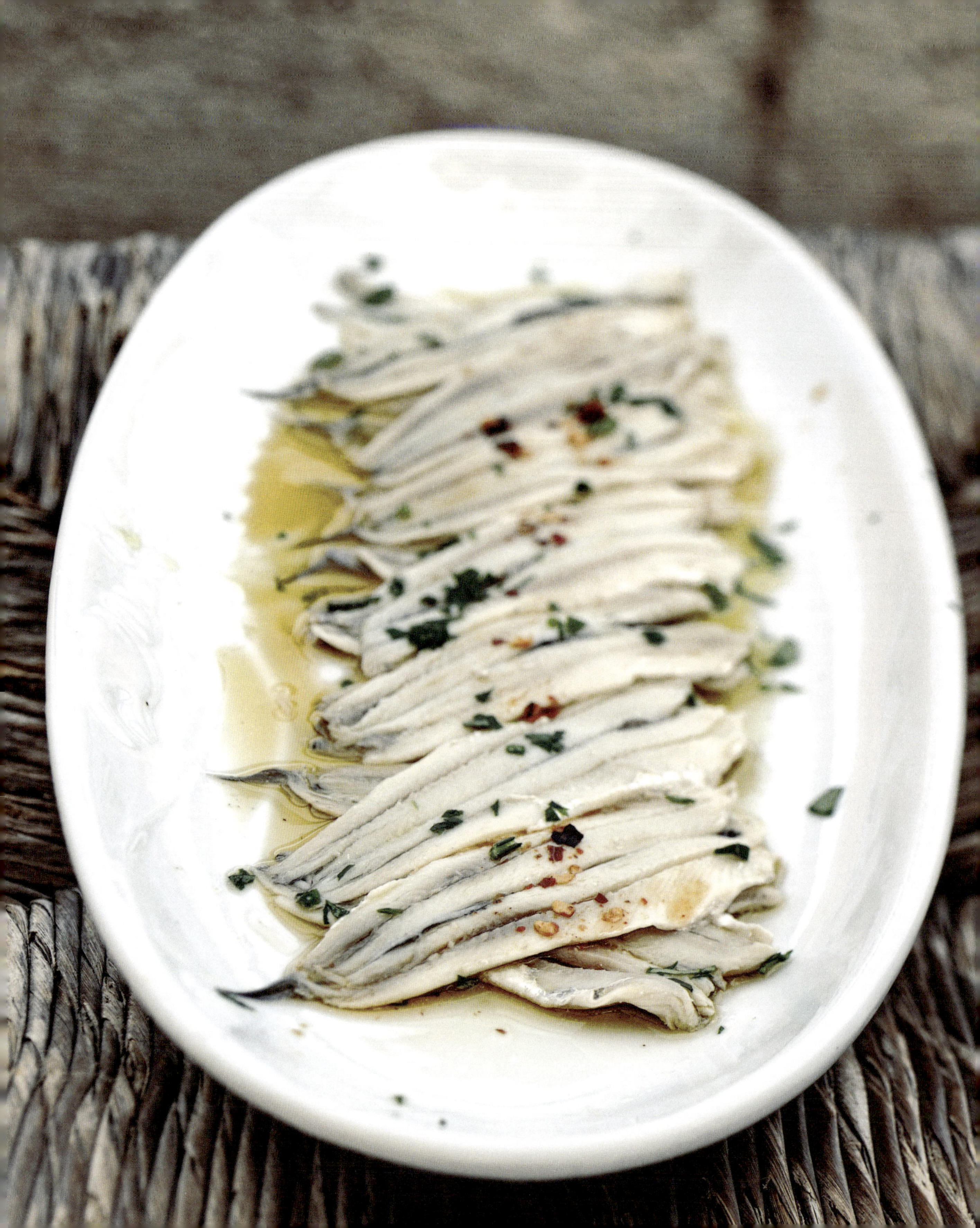

51

Alici marinate

Marinated anchovies

Ingredienti per 4 persone
- 1 kg di alici fresche
- 2 bicchieri di aceto di vino bianco
- 1 mazzetto di prezzemolo
- aglio
- olio extravergine d'oliva
- sale

Serves 4
- 1kg (2¼ lbs) fresh anchovies
- 2 glasses white wine vinegar
- 1 small bunch Italian parsley
- garlic
- extra virgin olive oil
- salt

●○○

Lavare le alici, diliscarle e privarle della testa, quindi aprirle senza separare le due parti.

Lavarle sotto acqua corrente e asciugarle con un panno.

Marinare in aceto e sale, lasciando in frigorifero per 2 ore circa.

Scolare e risciacquare, condire con un trito di aglio e prezzemolo e, a piacere, peperoncino e irrorare con olio.

Wash the anchovies. Bone and head them, then open without separating the two sides.

Wash under running water and pat dry with a cloth.

Marinate in vinegar and salt, refrigerating for approximately 2 hours.

Drain and rinse. Season with chopped garlic and parsley, chilli pepper (optional), and drizzle with oil.

Vino Wine:
"Bolina" - Salento IGT Bianco

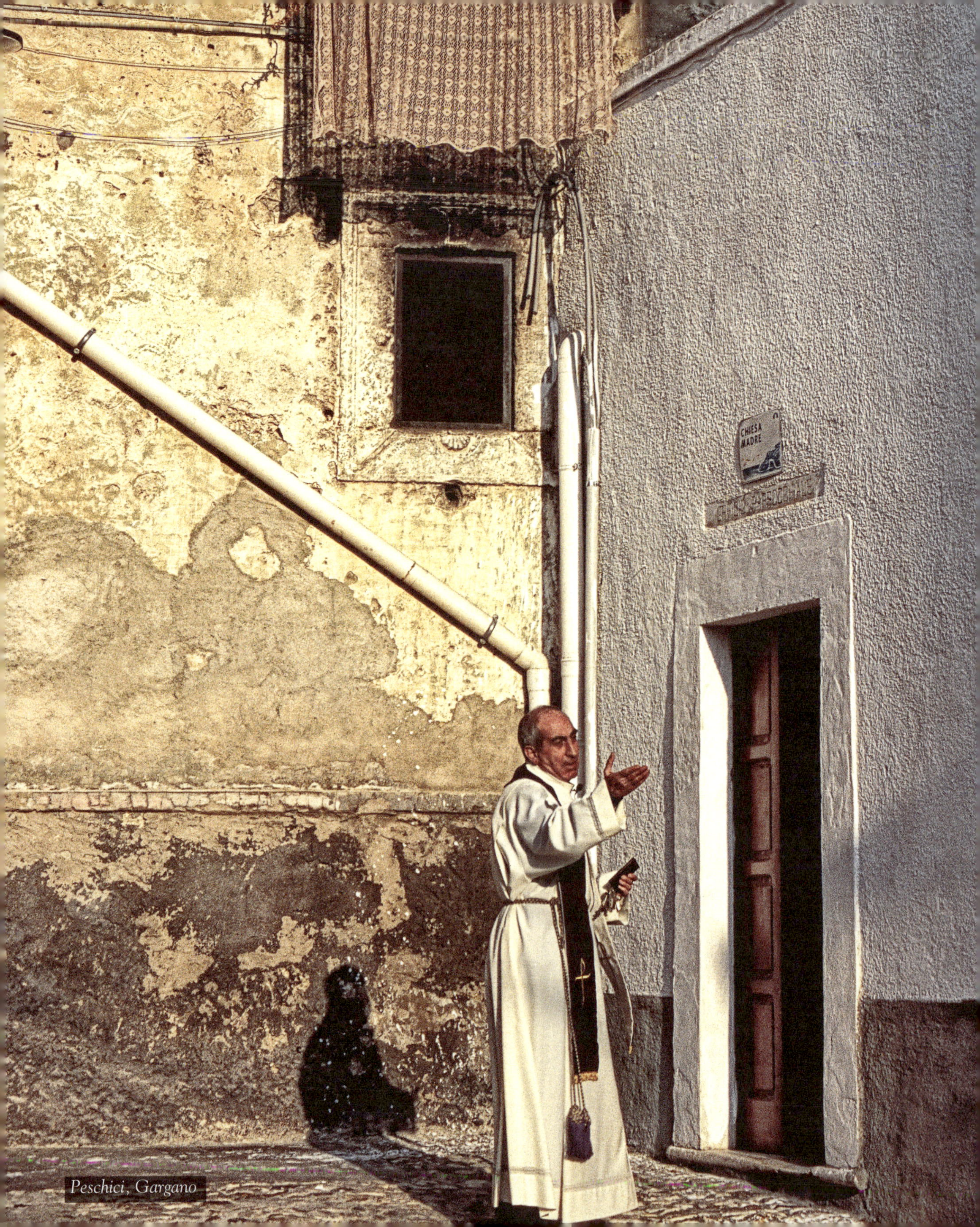

Peschici, Gargano

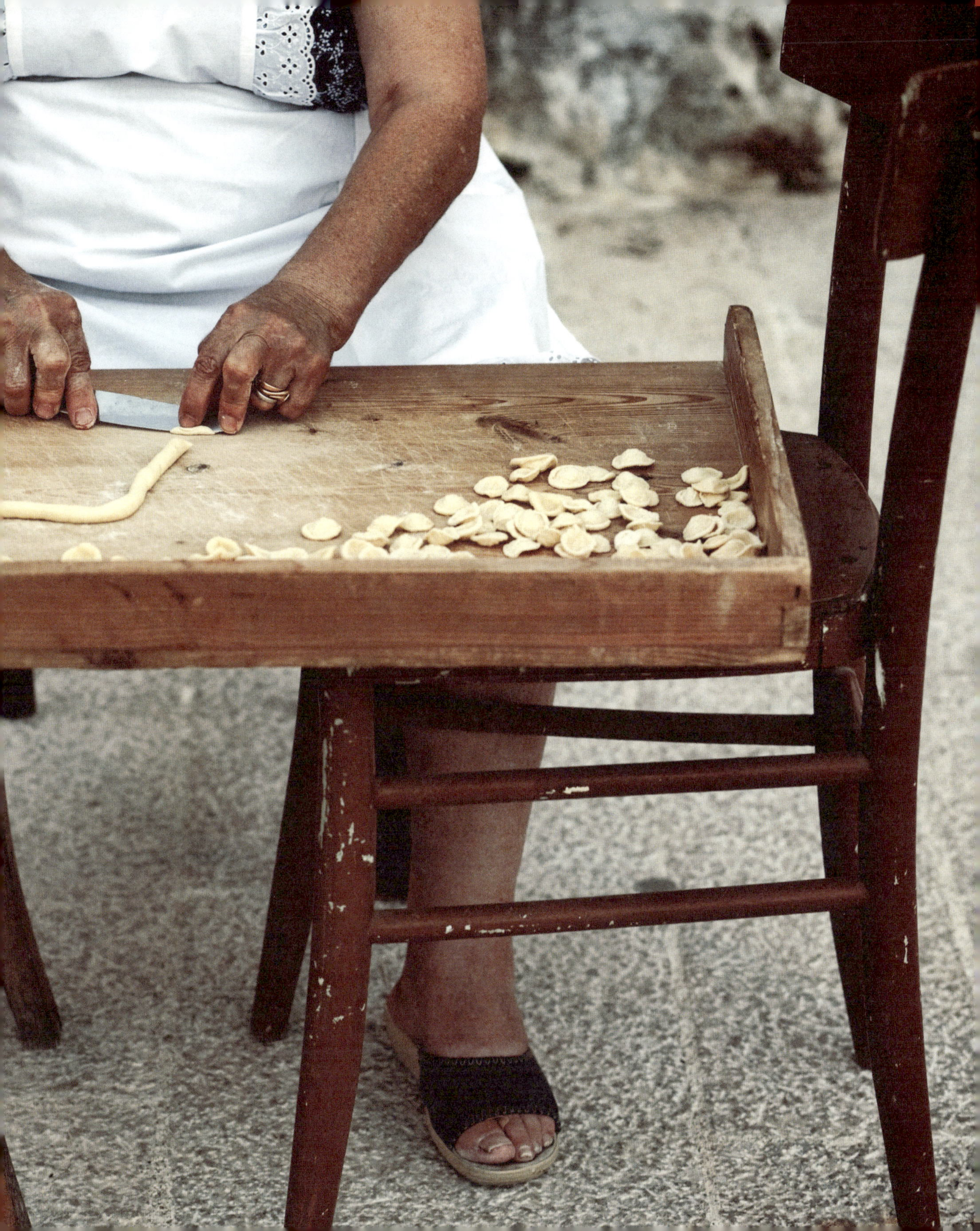

54

Sformatino di asparagi selvatici

Wild asparagus flan

●○○

Ingredienti per 4 persone

- 1 mazzetto di asparagi selvatici
- 2 uova
- 2 cucchiai di pecorino grattugiato
- prezzemolo
- aglio
- olio extravergine d'oliva
- sale
- pepe

Serves 4

- 1 bunch wild asparagus
- 2 eggs
- 2 Tbsps grated pecorino
- Italian parsley
- garlic
- extra virgin olive oil
- salt
- pepper

Mondare gli asparagi, selezionando solo i germogli, e lavarli.

A parte preparare un battuto di uova, unendo il formaggio, il prezzemolo, l'aglio, l'olio, il sale, il pepe e per ultimi gli asparagi.

Versare in un coccio di terracotta precedentemente oliato.

Cuocere per 15 minuti a fuoco lento.

Clean the asparagus, retaining only the soft tips, and wash.

Separately, beat the eggs, adding the cheese, parsley, garlic, olive oil, salt and pepper. Finally, add the asparagus.

Pour into an oiled earthenware pot.

Cook for 15 minutes on a low heat.

Vino Wine:
"Teresa Manara" - Salento IGT Bianco

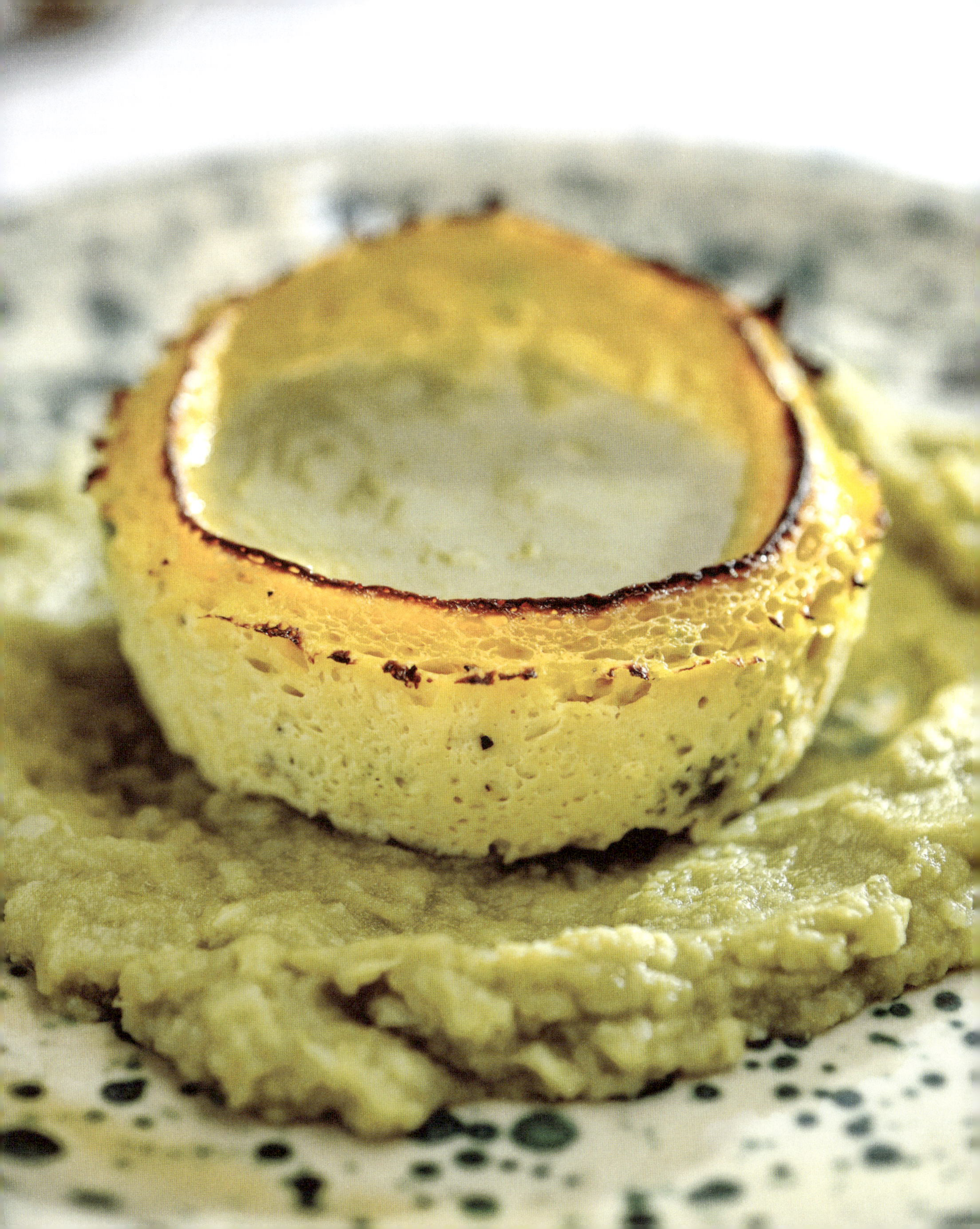

56

Ostriche alla tarantina

Oysters Taranto style

●○○

Ingredienti per 4 persone
- **16 ostriche fresche**
- **1 ciuffetto di prezzemolo**
- **pangrattato**
- **olio extravergine d'oliva**
- **sale**
- **pepe**

Serves 4
- **16 fresh oysters**
- **1 small bunch Italian parsley**
- **breadcrumbs**
- **extra virgin olive oil**
- **salt**
- **pepper**

Aprire le ostriche e lavarle rapidamente in acqua salata; eliminare la valva vuota.

Tritare finemente il prezzemolo e cospargere le ostriche dopo averle collocate in una teglia.

Spolverare con pangrattato e pepe e irrorare con olio.

Mettere in forno già caldo a 200 °C e cuocere per 10 minuti circa.

Open the oysters and wash them quickly in salted water. Discard the empty half of the shell. Place the oysters in a baking dish.

Finely chop the parsley and sprinkle over the oysters.

Sprinkle with bread crumbs and pepper, and drizzle on some oil.

Place in a preheated oven at 200°C (400°F) for approximately 10 minutes.

Vino Wine:
"Vindemiatrix" - Spumante Brut

57

Bruschetta con ricotta forte e pomodorini

Bruschetta with ricotta forte and cherry tomatoes

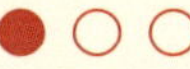

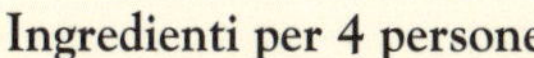

Ingredienti per 4 persone

- **4 fette di pane possibilmente cotto al forno a legna**
- **100 g di ricotta forte**
- **8 pomodorini fiaschetto**

Serves 4

- **4 slices bread (preferably baked in a wood oven)**
- **100g (3½ oz) ricotta forte cheese**
- **8 fiaschetto tomatoes (similar to small Roma tomatoes)**

Tostare il pane.

Servire con la ricotta forte spalmata e con i pomodorini.

Toast the bread.

Spread on the ricotta forte and squashed tomatoes and serve.

Vino Wine:
"Arcione" - Brindisi DOC Rosso

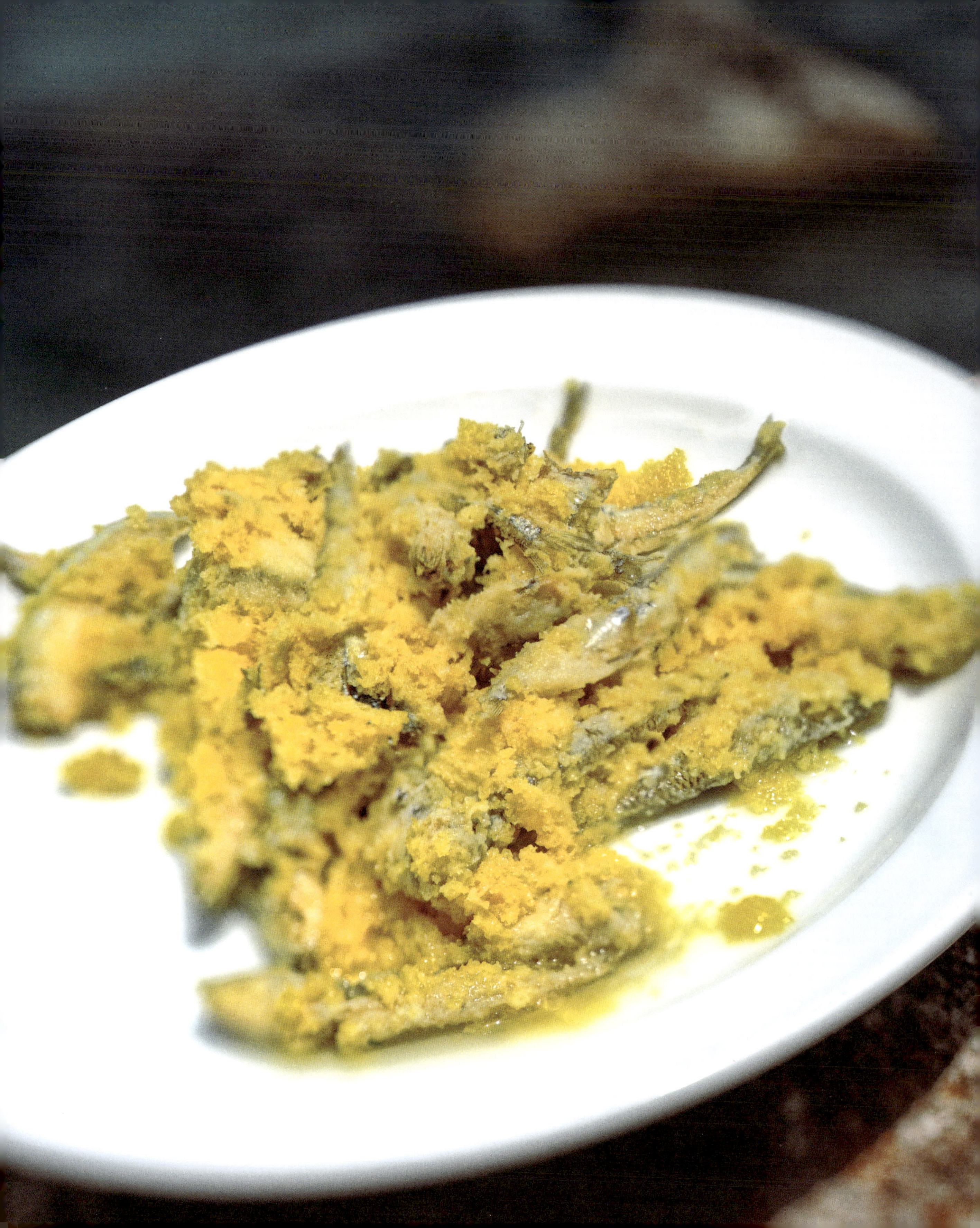

59

Scapece gallipolina

Sweet-and-sour fish Gallipoli style

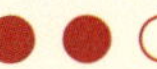

Ingredienti:
- 1 kg di pesci piccoli (pupiddi o latterini)
- 2 bustine di zafferano
- farina
- pangrattato
- olio extravergine d'oliva
- 1 l di aceto di vino bianco

Ingredients:
- 1kg (2¼ lbs) small fish (e.g. whitebait)
- 250mg (⅛ tsp) powdered saffron
- flour
- breadcrumbs
- extra virgin olive oil
- 1l (2 pts) white wine vinegar

Pulire con cura i pesciolini, passarli nella farina e friggerli in una padella con abbondante olio caldo.

In un recipiente bagnare il pangrattato con aceto in cui sia stato sciolto lo zafferano.

Disporre i pesci fritti a strati in un recipiente, intervallando con pangrattato bagnato e procedere fino all'orlo.

Lasciare marinare per qualche giorno prima di servire.

Thoroughly clean the fish, dip in flour and fry in a pan with ample hot oil.

In a bowl, dissolve the saffron in the vinegar. Wet the breadcrumbs in the mixture.

Arrange the fried fish in layers in a bowl, interspersed with the moistened breadcrumbs, filling to the top edge.

Allow to marinate for a few days before serving.

Vino Wine:
"Cappello di Prete" - Salento IGT Rosso

60

Sfogliatina con burrata e cicorie

Burrata cheese and chicory parcel

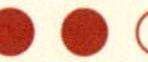

Ingredienti per 4 persone
- **1 rotolo di pasta sfoglia**
- **250 g di cicoria pulita**
- **200 g di burrata**
- **1 spicchio di aglio**
- **peperoncino**
- **olio extravergine d'oliva**
- **sale**

Serves 4
- **1 sheet puff pastry**
- **250g (9 oz) chicory, cleaned**
- **200g (7 oz) burrata cheese**
- **1 garlic clove**
- **chilli pepper**
- **extra virgin olive oil**
- **salt**

Lessare la cicoria, quindi ripassarla in una padella in cui sia stato soffritto l'aglio. Unire un pizzico di peperoncino e regolare di sale.

Eliminare l'aglio e il peperoncino e lasciare raffreddare la verdura.

Distribuire la cicoria e la burrata sfilacciata nella pasta sfoglia srotolata e richiudere a mo' di nido.

Infornare a 200 °C in forno già caldo e cuocere per 30 minuti circa, fino a doratura della pasta.

Boil the chicory, then toss in a pan in which the garlic has been sautéed. Add a pinch of chilli pepper and salt to taste.

Remove the garlic and chilli and allow the vegetables to cool.

Arrange the chicory and the shredded burrata cheese on the puff pastry sheet. Form into a nest shape.

Bake at 200°C (400°F) in a preheated oven for approximately 30 minutes, until the pastry is golden brown.

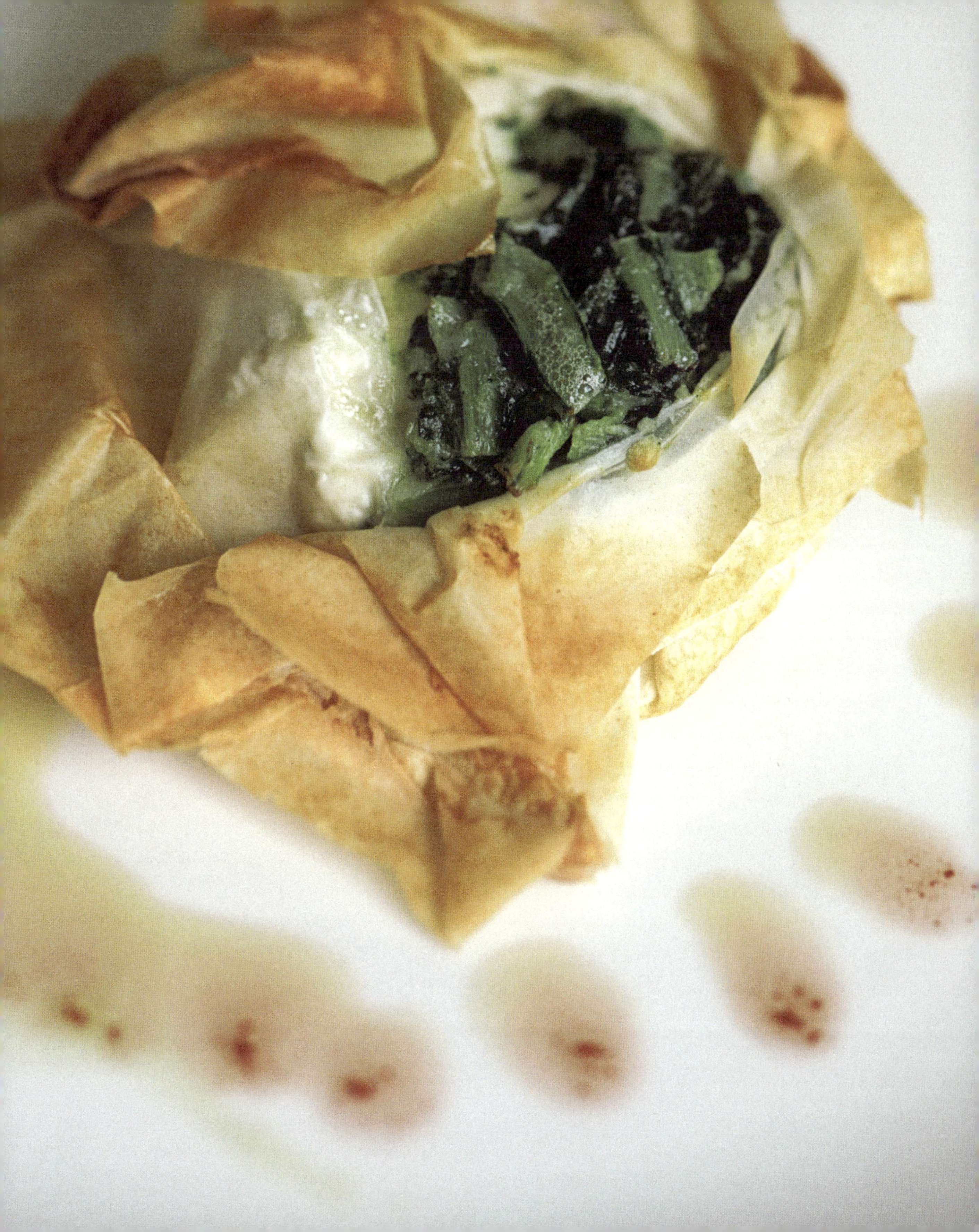

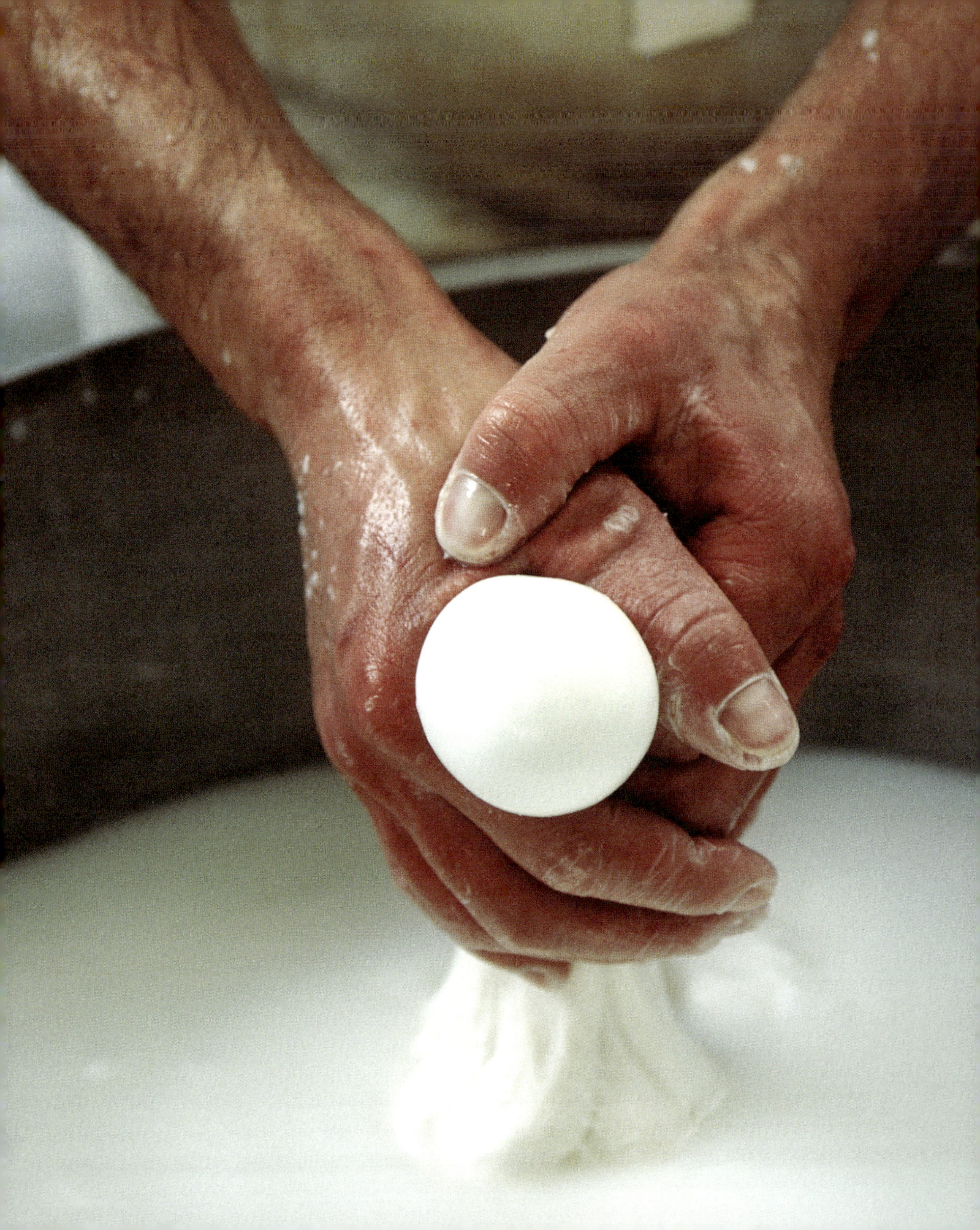

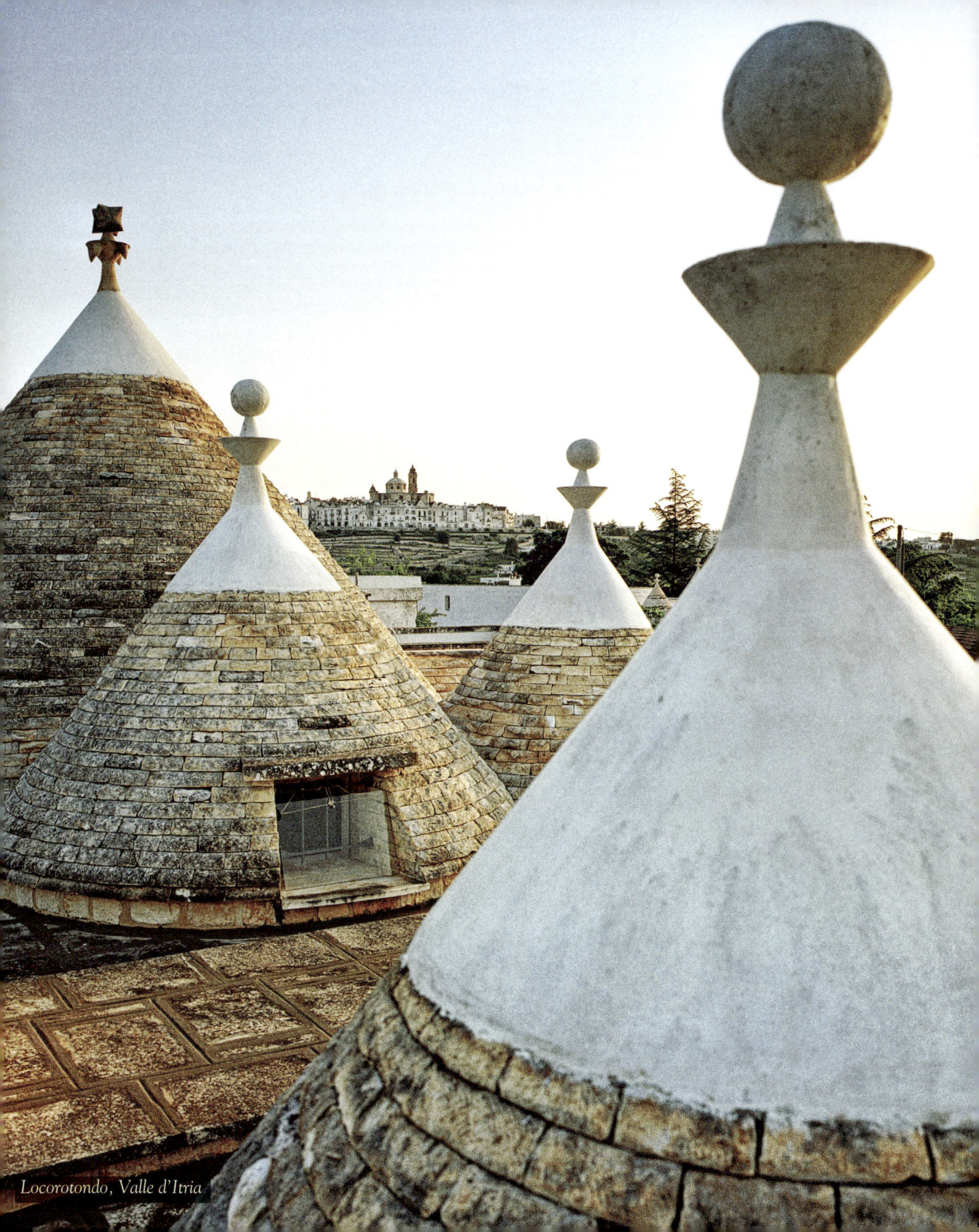

Locorotondo, Valle d'Itria

64

Focaccia con patate e rosmarino

Focaccia with potatoes and rosemary

●●○

Ingredienti per una focaccia:
- 800 g di farina 0
- 250 g di patate lesse
- 1 cubetto di lievito di birra
- 1 uovo
- 1 rametto di rosmarino
- olio extravergine d'oliva
- sale fino e grosso
- pepe

Ingredients for 1 focaccia:
- 800g (1¾ lbs) 0 flour
- 250g (⅓ lb) potatoes, boiled
- 25g (1⅓ Tbsp) brewer's yeast
- 1 egg
- 1 sprig rosemary
- extra virgin olive oil
- fine and course salt
- pepper

Sciogliere il lievito in una tazza di acqua tiepida.

Fare la fontana con la farina, aggiungere nel mezzo metà delle patate, il lievito sciolto e un cucchiaino di sale.

Mescolare gli ingredienti aggiungendo dell'altra acqua fino a raggiungere un impasto morbido.

Porre l'impasto in una ciotola e lasciare lievitare per 1 ora circa.

Nel frattempo affettare le patate rimaste e mescolare con un po' d'olio, l'uovo, il rosmarino e un pizzico di sale e pepe.

Preriscaldare il forno a 150 °C.

Stendere la pasta con il matterello fino a ricavarne un disco.

Ungere la teglia con olio e sistemarvi il disco di pasta, versarvi il composto di patate, cospargere la superficie con un po' di sale grosso e un filo d'olio.

Cuocere in forno per 25 minuti e servire tiepida.

Dissolve the yeast in a cup of warm water.

Make a well in the flour and add half the potatoes, the dissolved yeast and a teaspoon of salt.

Mix the ingredients, adding more water until a soft dough is formed.

Put the dough in a bowl and allow to rise for approximately 1 hour.

Meanwhile, slice the remaining potatoes and mix with a little oil, the egg, rosemary, a pinch of salt and pepper.

Preheat the oven to 150°C (300°F).

Roll out the dough into a circle with a rolling pin.

Place the dough on an oiled baking pan. Arrange the potato mixture on top and sprinkle with a little coarse salt and a little olive oil.

Bake for 25 minutes and serve somewhat warm.

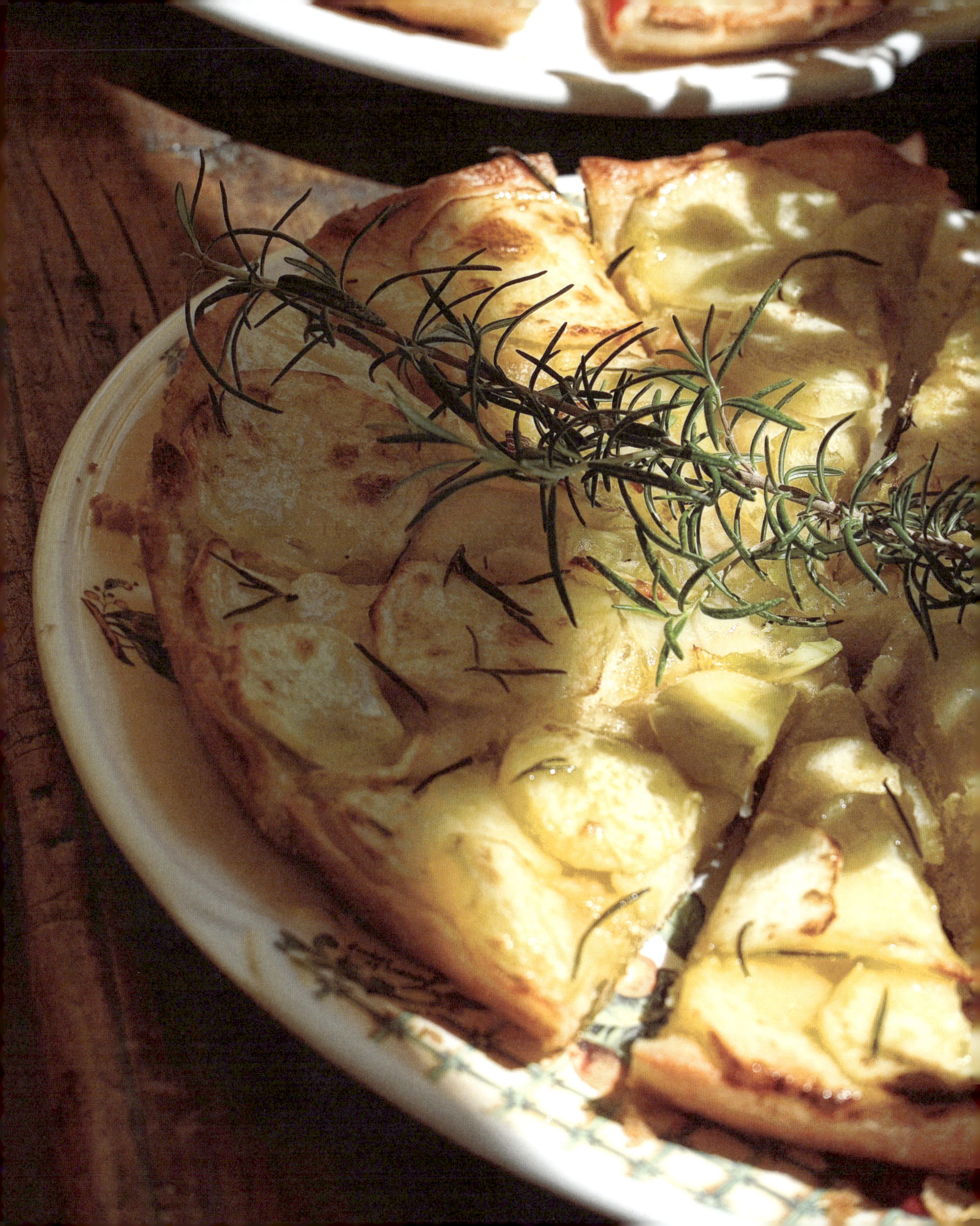

66

Focaccia barese

Focaccia Bari style

●●○

Ingredienti per una focaccia media:
- 125 g di farina
- 125 g di semola
- 1 patata media (125 g circa)
- ½ cubetto di lievito di birra
- ½ cucchiaino di zucchero
- pomodorini (datterini o ciliegini)
- origano (a piacere)
- 1 cucchiaino raso di sale fino
- sale grosso
- olio extravergine d'oliva

Ingredients for a medium focaccia:
- 125g (1¼ cups) flour
- 125g (¾ cup) semolina
- 1 medium potato (approx. 125g or 4½ oz)
- 12.5g (2 tsps) brewer's yeast
- ½ tsp sugar
- small tomatoes (plum or cherry)
- oregano (optional)
- 1 level tsp fine salt
- coarse salt
- extra virgin olive oil

Lessare la patata, farla raffreddare e passarla allo schiacciapatate.

Mescolare la farina, la semola e il sale alla patata schiacciata e impastare con le mani fino a completo amalgama.

Riempire una ciotola con 120 ml circa di acqua tiepida, sbriciolarvi il lievito e aggiungere lo zucchero. Mescolare accuratamente.

Unire i due composti e impastare. Aggiungere acqua fino a ottenere un impasto morbido e appiccicoso.

Oliare una teglia di medie dimensioni e versarvi l'impasto, schiacciandolo con le mani bagnate fino a ricoprirla quasi interamente (lo spazio residuo sarà riempito dalla lievitazione) e ricavando uno strato di 1 cm circa di spessore.

Lasciar lievitare ben coperto e protetto per almeno un'ora.

A lievitazione ultimata, condire con i pomodorini tagliati a metà fino a ricoprire completamente.

Cospargere con abbondante olio, un po' di sale grosso e, a piacere, origano.

Infornare in forno già caldo a 180/200 °C per 25/30 minuti.

Boil the potato. Allow to cool then mash.

Mix the flour, semolina and salt with the mashed potato. Knead by hand until thoroughly mixed.

Place approximately 120ml (½ cup) of lukewarm water in a bowl, crumble in the yeast and add the sugar. Mix thoroughly.

Combine the two mixtures and knead. Add water until the dough is soft and sticky.

Oil a medium oven tray and put in the dough, flattening it with wet hands until it covers almost all the tray (the remaining space will be filled when it rises) and is approximately 1cm thick.

Cover well and allow to rise for 1 hour without disturbing.

Once the dough has risen, cover completely with the chopped tomatoes.

Sprinkle with plenty of oil, a little coarse salt and, if desired, oregano.

Bake in a preheated oven at 180–200°C (350–400°F) for 25–30 minutes.

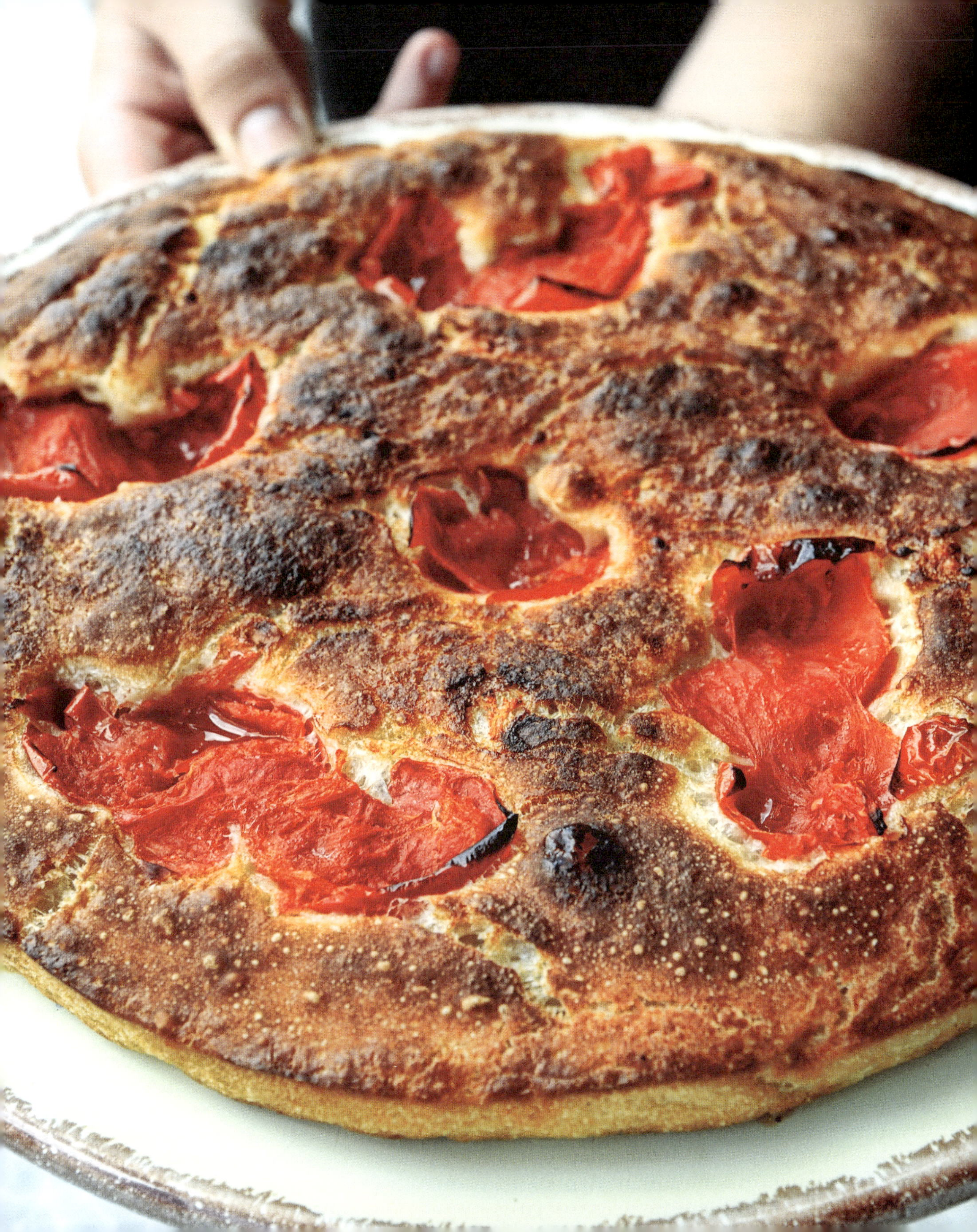

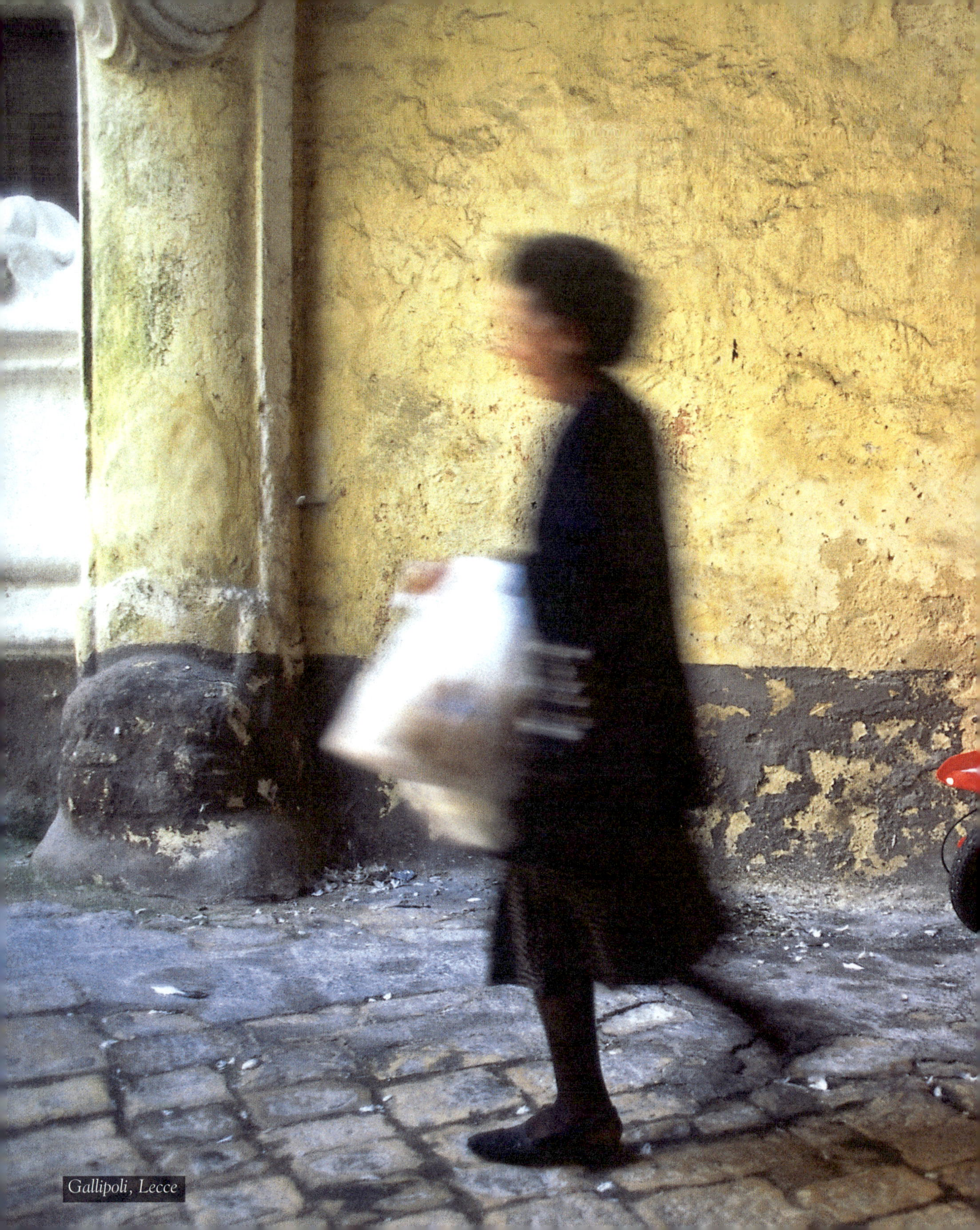

Gallipoli, Lecce

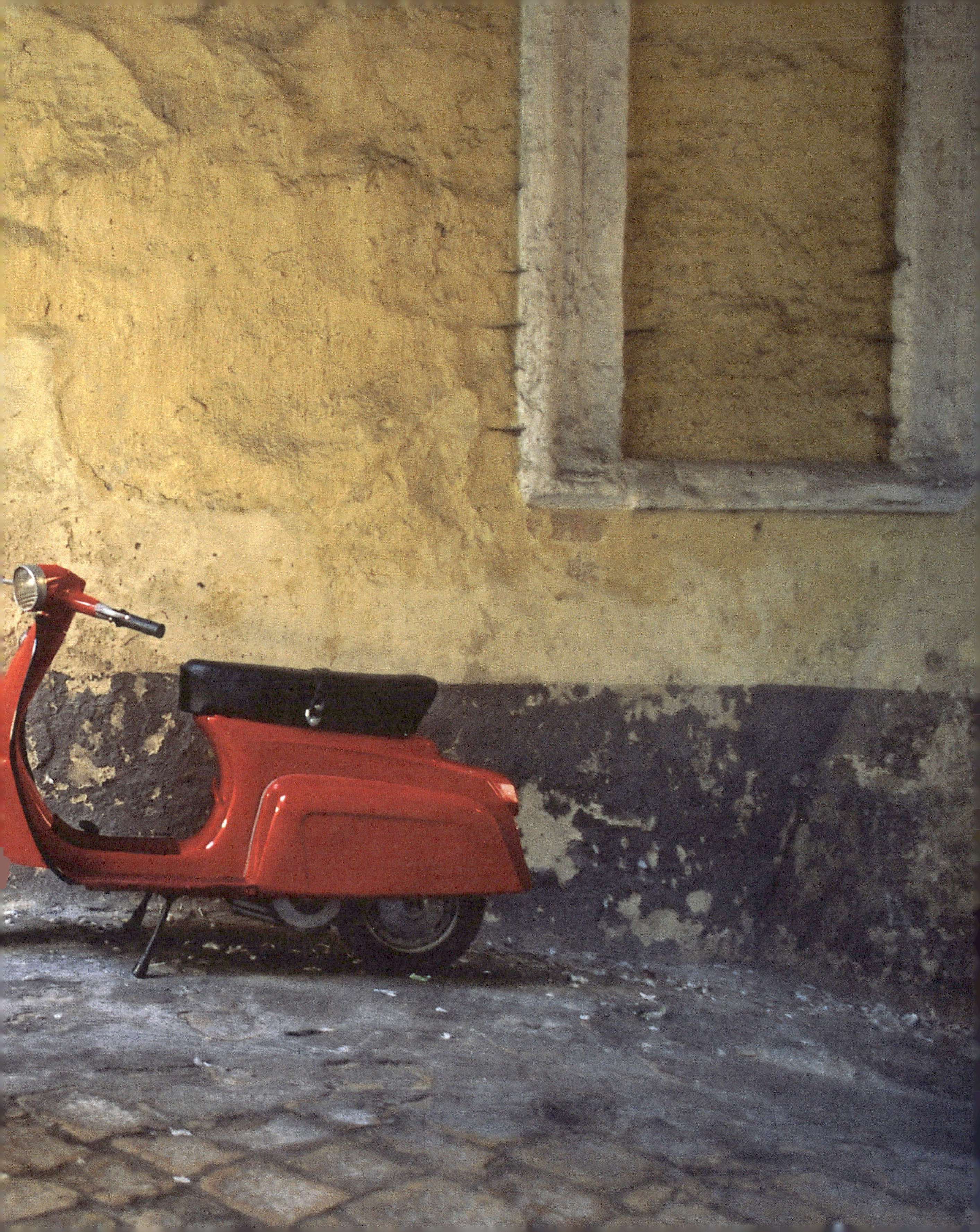

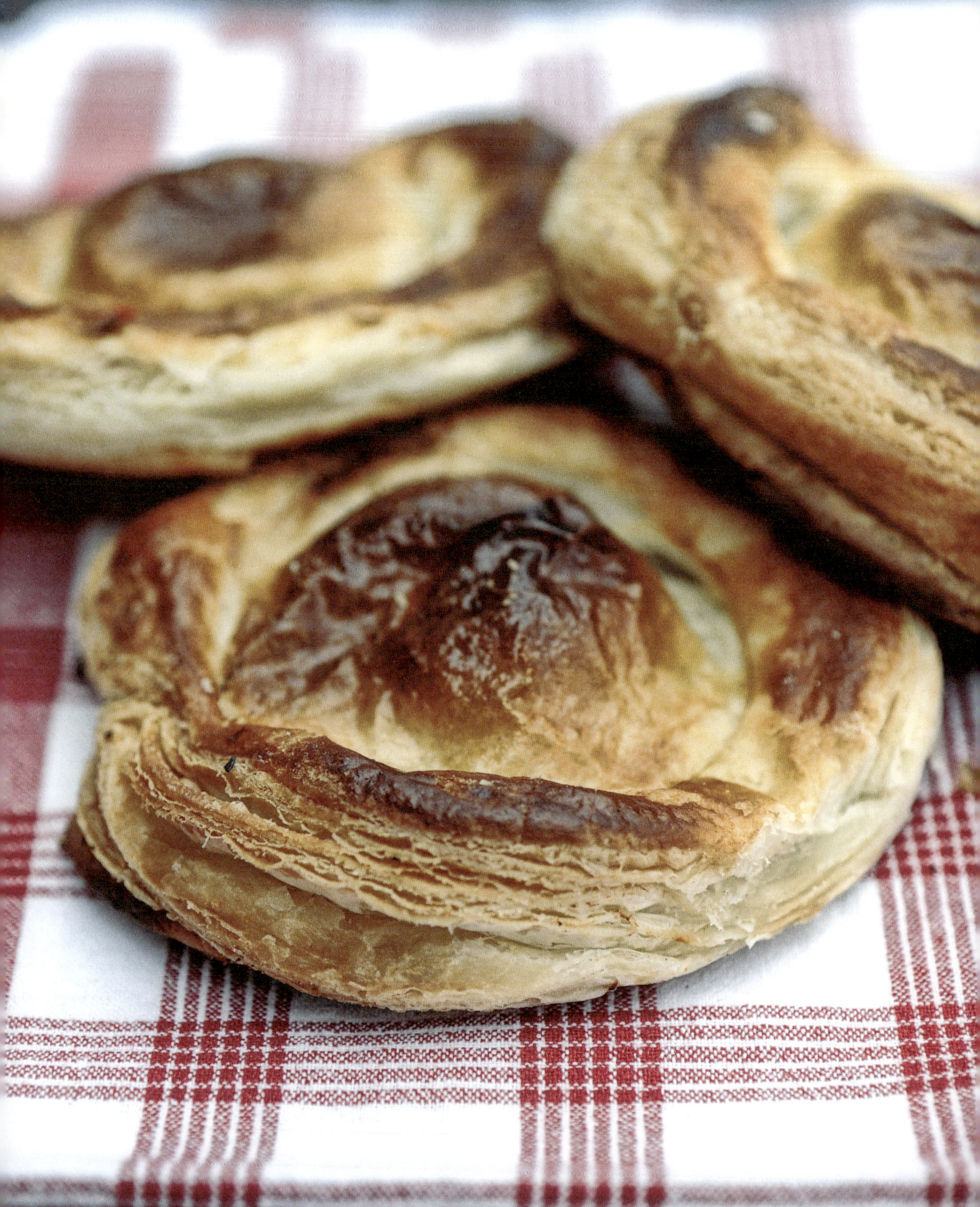

71

Rustico leccese

Lecce-style pie

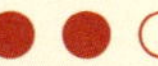

Ingredienti per 6 rustici:
- **500 g di pasta sfoglia**
- **125 g di mozzarella tritata**
- **150 g di salsa di pomodoro a pezzi**
- **besciamella**
- **1 uovo**
- **olio extravergine d'oliva**
- **sale**
- **pepe**

Ingredients for 6 pies:
- **500g (1 lb) puff pastry**
- **125g (4½ oz) chopped mozzarella cheese**
- **150g (⅔ cup) basic tomato sauce with chunks**
- **béchamel sauce**
- **1 egg**
- **extra virgin olive oil**
- **salt**
- **pepper**

Ricavare dalla sfoglia due dischi dello spessore di 5 mm, uno dei quali di diametro superiore all'altro.

Sul disco inferiore disporre la besciamella, la mozzarella tritata, il sale, il pepe e la salsa di pomodoro.

Chiudere con l'apposizione del disco superiore. Pressare leggermente il preparato al centro, magari anche con l'ausilio di una formina, fino a conferirgli la forma a cupola.

Lasciare riposare in frigorifero a 4 °C per almeno 2 ore.

Spennellare con l'uovo sbattuto.

Cuocere in forno già caldo a 250 °C per circa 15 minuti e servire molto caldo.

Make two circles of 5mm thick dough, with one larger than the another.

On the larger circle, arrange the béchamel, chopped mozzarella, salt, pepper and tomato sauce.

Close with the top circle. Lightly press the mixture towards the centre, possibly using a mould, to form a pie shape.

Refrigerate at 4°C (39°F) for at least 2 hours.

Brush with beaten egg.

Place in a preheated oven at 250°C (475°F) for approximately 15 minutes. Serve very hot.

72

Panzerotti

Fried pizza dough pockets

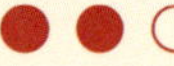

Ingredienti:
- 400 g di farina
- 20 g di lievito di birra
- 8 pomodorini
- mozzarella
- olio extravergine d'oliva
- sale
- pepe

Ingredients:
- 400g (4 cups) flour
- 20g (1 Tbsp) brewer's yeast
- 8 cherry tomatoes
- mozzarella cheese
- extra virgin olive oil
- salt
- pepper

Preparare l'impasto mescolando la farina con il lievito di birra, diluito in un po' d'acqua, e un pizzico di sale.

Ricavare dall'impasto tante porzioni da stendere con un matterello, ricavando forme circolari di 12 cm circa.

A parte, cuocere i pomodorini.

Su ogni metà del disco di pasta disporre il sugo di pomodorini, fettine di mozzarella, sale e pepe.

Richiudere a mo' di mezzaluna sovrapponendo il semicerchio vuoto a quello pieno e schiacciando con cura i bordi del panzerotto.

Friggere in abbondante olio molto caldo ed estrarre solo a doratura completa.

Sgocciolare, far assorbire l'olio in eccesso su carta da cucina e servire ben caldi.

Prepare the dough by mixing the flour with the brewer's yeast, diluted in a little water, and a pinch of salt.

Using a rolling pin, roll the dough into several approximately 12cm wide circles.

Cook the tomatoes separately.

On one half of each dough circle, arrange the sliced mozzarella, tomato sauce, salt and pepper.

Fold over to form a semi-circle, sealing the edges carefully.

Fry in ample very hot oil and remove only when fully browned.

Drain then absorb the excess oil on kitchen paper. Serve hot.

73

Pìttule

Dough fritters

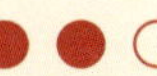

Ingredienti per 4 persone
- **500 g di farina**
- **½ cubetto di lievito di birra**
- **olio extravergine d'oliva**
- **sale**

Serves 4
- **500g (5 cups) flour**
- **12.5g (2 tsps) brewer's yeast**
- **extra virgin olive oil**
- **salt**

Sciogliere il lievito con un po' d'acqua tiepida.

Fare la fontana con la farina mescolando con acqua tiepida per ammorbidire l'impasto.

Lavorare l'impasto fino a completo amalgama degli ingredienti e lasciare quindi lievitare per 3 ore circa coperto da un canovaccio in luogo caldo.

A piacere, aggiungere all'impasto cavolfiori bolliti, baccalà o un misto di acciughe, olive e pomodorini.

Versare a cucchiaiate l'impasto in una padella con abbondante olio caldo ed estrarre la pìttula solo quando sarà ben dorata e rigonfia.

Sgocciolare bene dall'olio in eccesso e lasciare asciugare su carta assorbente.

Spolverare con sale e servire ben calde.

Dissolve the yeast in a little lukewarm water.

Make a well in the flour and add the yeast and a pinch of salt, mixing with lukewarm water to soften the mixture.

Knead until the ingredients are thoroughly combined and leave to rise for approximately 3 hours under a towel in a warm place.

If desired, add some boiled cauliflower, baccalà (dried salted cod), or a mixture of anchovies, olives and cherry tomatoes to the dough.

Form the fritters using a spoon and fry in a pan with ample hot oil. Remove when golden brown and puffed up.

Drain off the excess oil and leave to dry on kitchen paper.

Sprinkle with salt and serve hot.

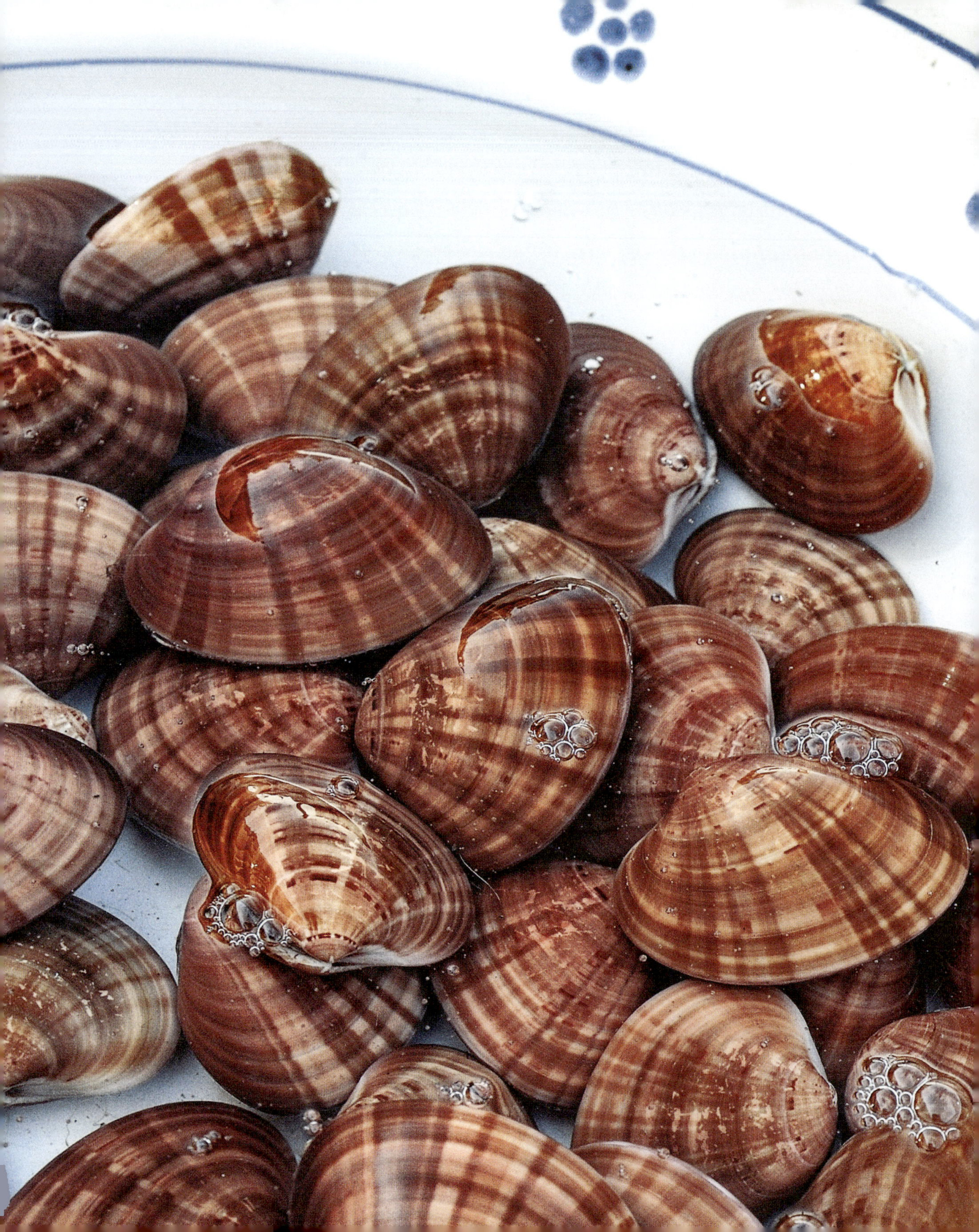

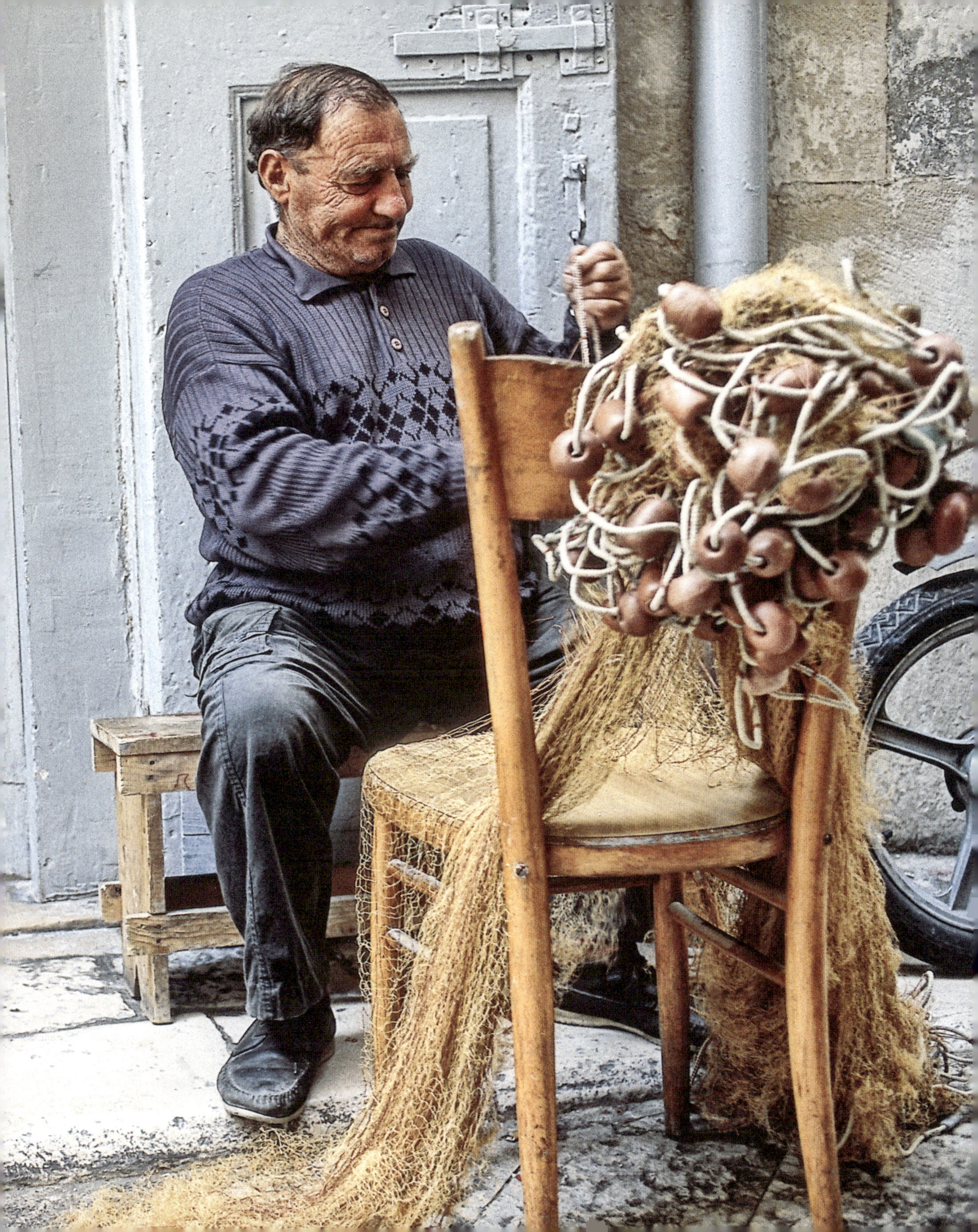

Condita con sughi
di verdure, di carne
o di pesce, la pasta è regina
della tavola pugliese,
ma non mancano primi
piatti a base di sola verdura
e zuppe di pesce…
Served with meat,
fish or vegetable sauces,
pasta is the first course
par excellence *in Puglia.*
But there's also no shortage
of vegetable dishes and fish
soups on the menu…

77

Primi piatti - First courses

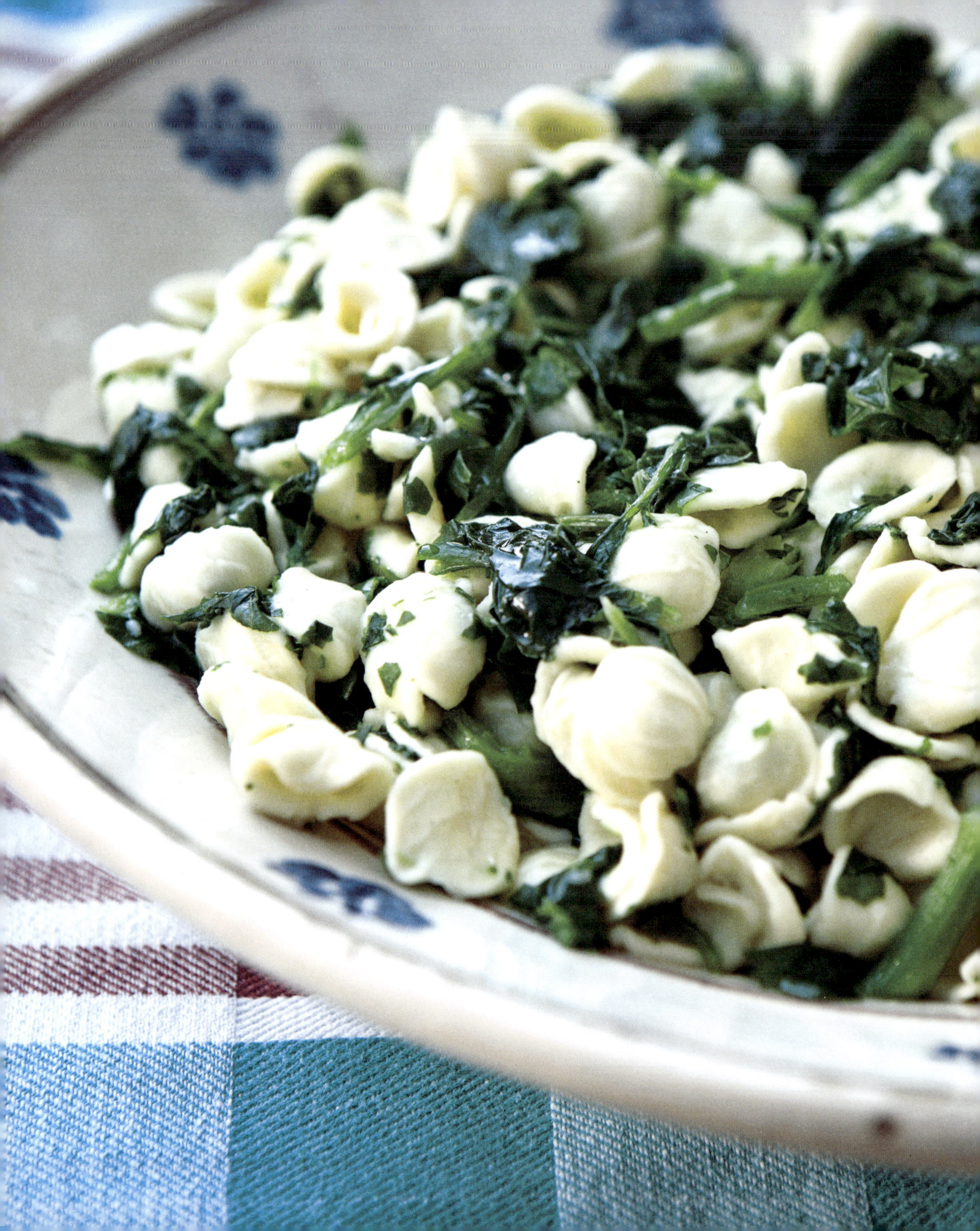

79

Orecchiette con le cime di rapa

Orecchiette pasta with broccoli rabe

●○○

Ingredienti per 4 persone
- 300 g di orecchiette fresche
- 300 g di cime di rapa
- aglio
- peperoncino
- filetti di acciuga
- pangrattato (a piacere)
- olio extravergine d'oliva
- sale

Serves 4
- 300g (11 oz) fresh orecchiette pasta
- 300g (11 oz) broccoli rabe
- garlic
- chilli pepper
- anchovy fillets
- breadcrumbs (optional)
- extra virgin olive oil
- salt

Portare a ebollizione dell'acqua salata e immergervi le cime di rapa pulite.

Dopo una decina di minuti circa, aggiungere nella stessa acqua le orecchiette e far cuocere il tutto per altri 10 minuti, quindi scolare bene.

A parte, in una padella grande, soffriggere dell'aglio fresco con del peperoncino, qualche filetto di acciuga e, a piacere, abbondante pangrattato.

Quando l'aglio sarà ben dorato, gettare in padella le orecchiette con le cime di rapa e far saltare per qualche minuto.

Servire con un filo d'olio crudo.

Immerse the cleaned broccoli rabe in boiling salted water.

After approximately ten minutes, add the orecchiette pasta to the same water and cook together for a further 10 minutes. Drain well.

Separately, in a large frying pan, fry the fresh garlic with the chilli pepper, a few anchovy fillets and, if desired, plenty of breadcrumbs.

When the garlic is golden, add the orecchiette pasta and broccoli rabe and fry for a few minutes.

Serve with a drizzle of olive oil.

Vino Wine:
"Gazza Ladra" - Puglia IGT Bianco

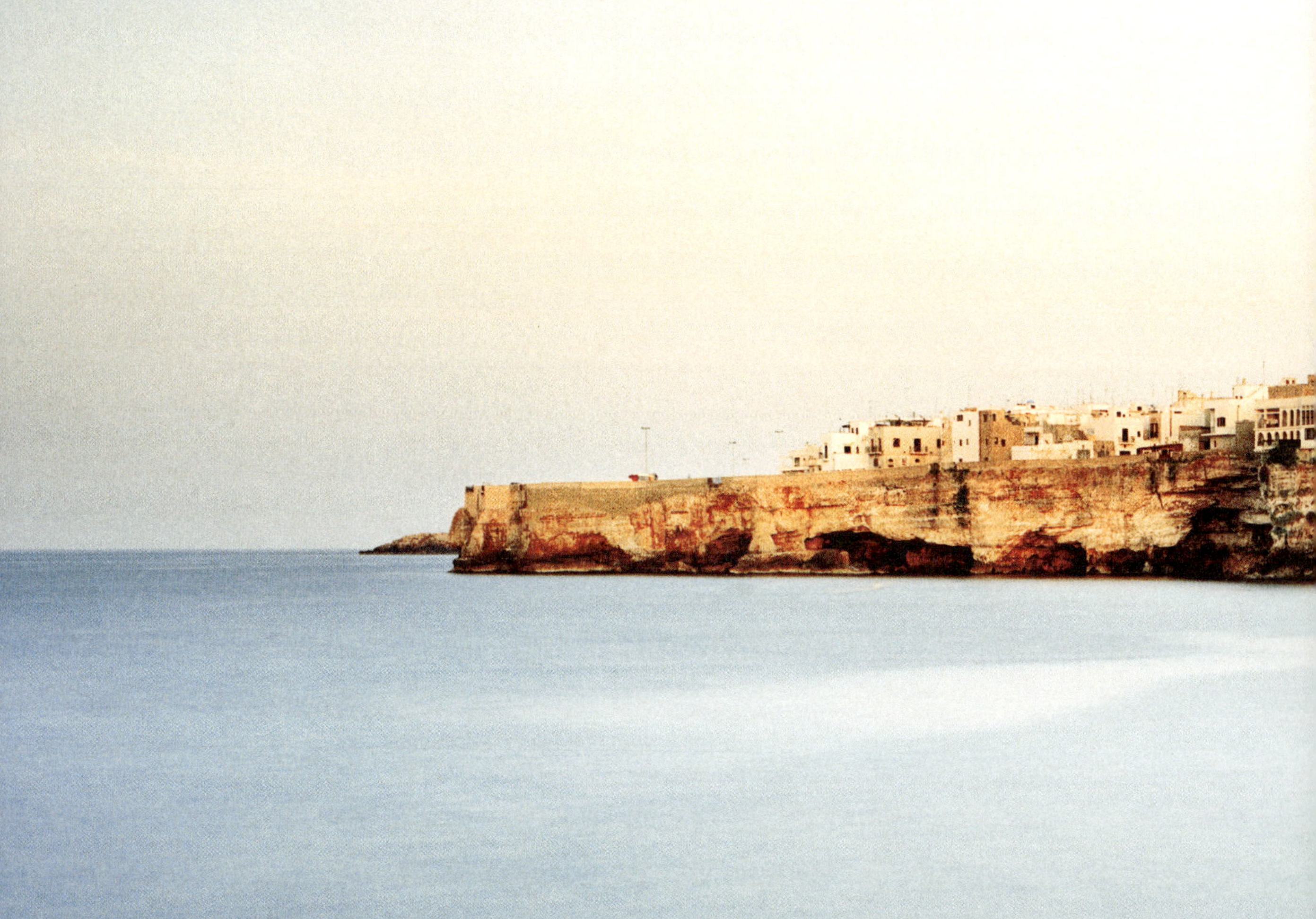

Polignano a Mare, Le Murge

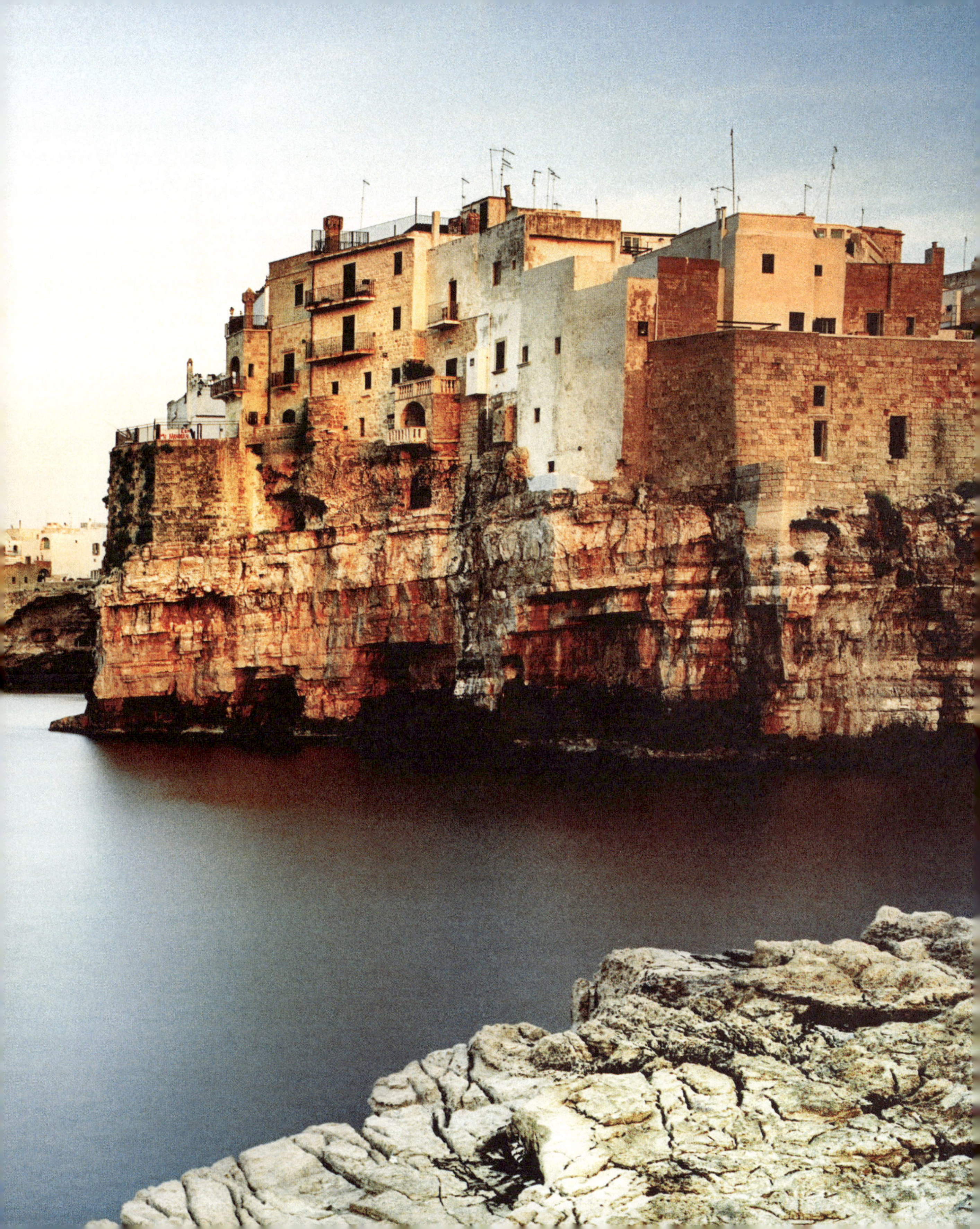

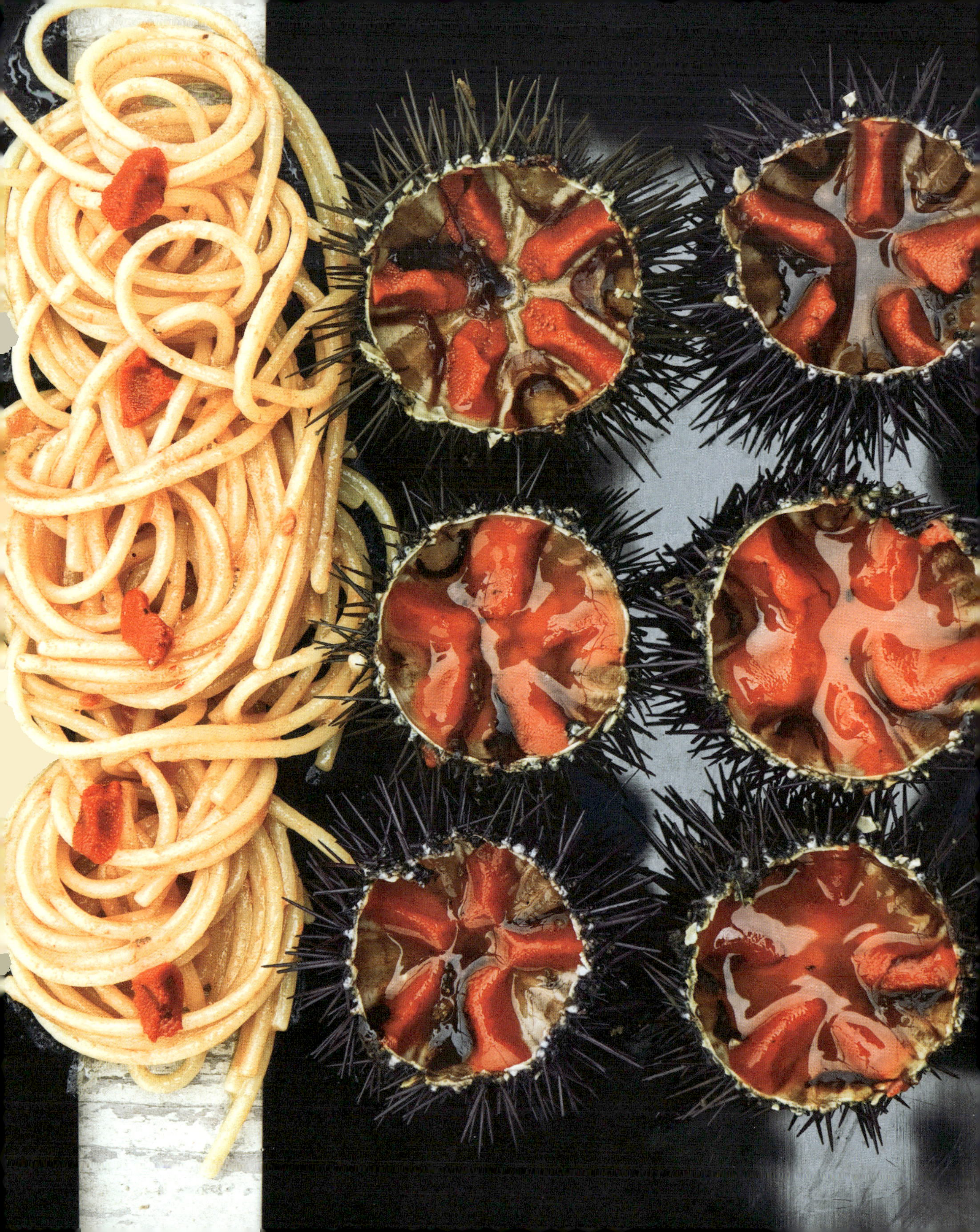

83

Spaghetti ai ricci di mare

Spaghetti with sea urchins

Ingredienti per 4 persone
- **320 g di spaghetti**
- **12 ricci di mare**
- **1 spicchio di aglio**
- **una manciata di prezzemolo**
- **olio extravergine d'oliva**
- **sale**

Serves 4
- 320g (11¼ oz) spaghetti
- 12 sea urchins
- 1 garlic clove
- 1 handful Italian parsley
- extra virgin olive oil
- salt

Lessare in acqua salata gli spaghetti, scolandoli al dente.

Nel frattempo, in una padella imbiondire l'aglio nell'olio.

Insaporire la pasta nell'intingolo di aglio e olio, unendo qualche cucchiaio dell'acqua di cottura, quindi unire la polpa dei ricci, mantecando per 1 minuto.

Spolverare con prezzemolo finemente tritato.

Boil the spaghetti in salted water until *al dente* then drain, retaining some of the cooking water.

Meanwhile, soften the garlic in oil in a frying pan.

Toss the pasta in the garlic and oil, adding a few tablespoons of the cooking water, then add the sea urchin roe and stir for 1 minute.

Sprinkle with finely chopped parsley.

Vino Wine:
"Garbino" - Puglia IGT Moscato

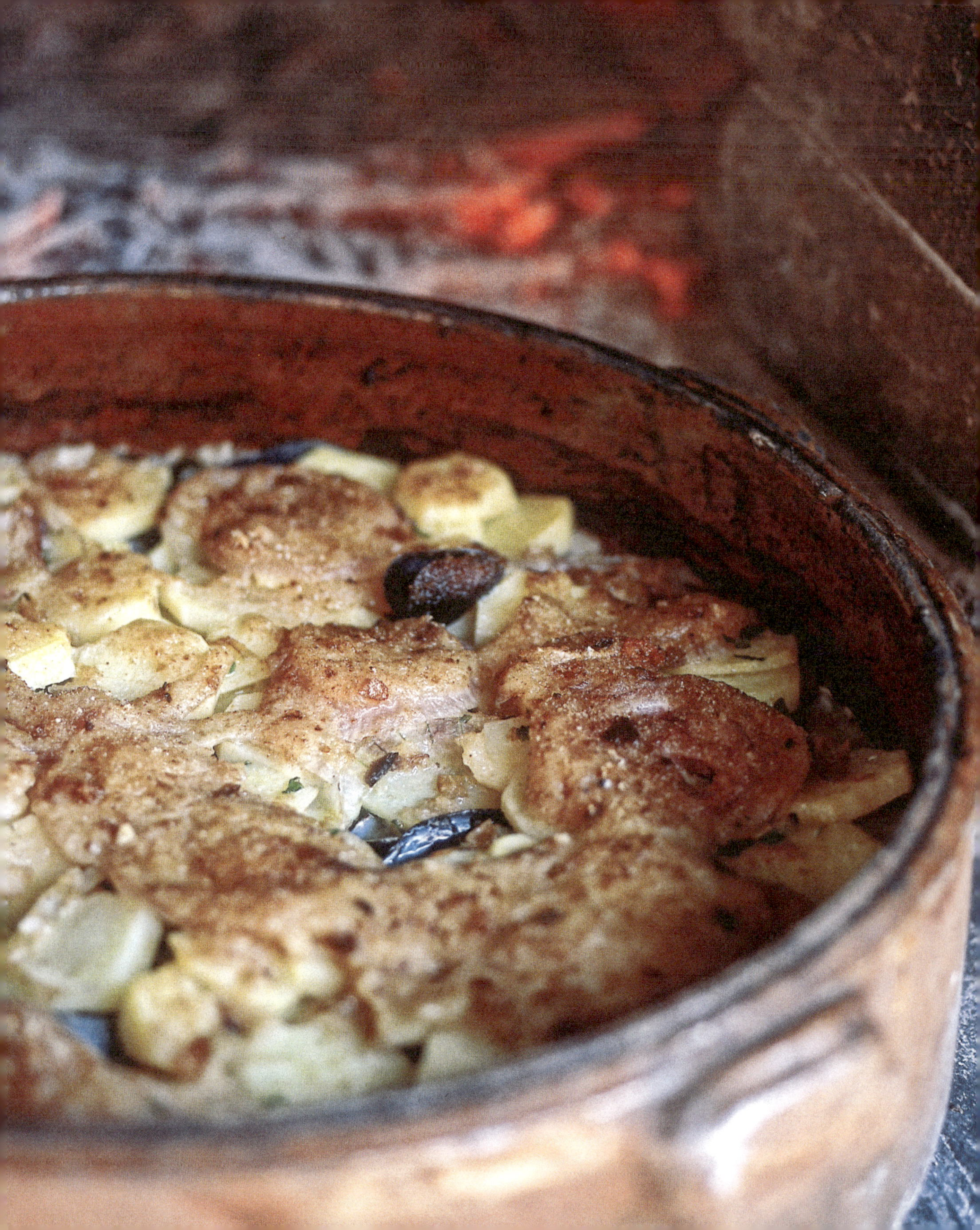

85

Tiella di riso, patate e cozze

Oven-baked rice, potatoes and mussels

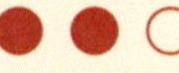

Ingredienti per 4 persone
- 1 kg di cozze
- 500 g di patate
- 300 g di riso
- 500 g di pomodori rossi
- 2 zucchine
- 2 cipolle
- qualche foglia di basilico
- una manciata di pecorino grattugiato
- olio extravergine d'oliva
- sale
- pepe

Serves 4
- 1kg (2¼ lbs) mussels
- 500g (1 lb) potatoes
- 300g (1½ cups) rice
- 500g (1 lb) red tomatoes
- 2 courgettes (zucchini)
- 2 onions
- a few basil leaves
- 1 handful grated pecorino cheese
- extra virgin olive oil
- salt
- pepper

Sul fondo di una teglia dai bordi alti, possibilmente in terracotta, disporre uno strato di cipolla affettata sottilmente, uno di zucchine tagliate a dischetti e uno di patate affettate.

Lavare le cozze, raschiarle e aprirle a metà, eliminando la valva superiore.

Disporre sulle verdure uno strato di cozze e uno di riso, ricoprendo con il liquido filtrato dalle cozze.

Completare con uno strato di pomodori tagliati a fettine, uno di zucchine e uno di cipolle.

Spolverare con una manciata di pecorino, aggiungere qualche foglia di basilico e irrorare con olio.

Infornare a 190 °C per 45 minuti e servire caldo o freddo.

Using a high-sided baking dish, preferably earthenware, make a layer of thinly sliced onion, a layer of courgettes sliced into rings, then a layer of sliced potato.

Wash the mussels thoroughly. Open, discard the upper shell and retain the liquid.

Make a layer of mussels on the vegetables then a layer of rice.
Cover with the strained liquid from the mussels.

Finish with a layer of sliced tomatoes, one of courgettes and one of onion.

Sprinkle with a handful of pecorino cheese, add a few basil leaves and drizzle with oil.

Bake at 190°C (375°F) for 45 minutes. Serve hot or cold.

Vino Wine:
"Vignuolo" - Castel del Monte DOC Rosato

86

Fave e cicoria

Fava beans and chicory

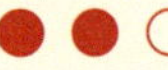

Ingredienti per 4 persone
- **400 g di fave secche**
- **600 g di cicorietta selvatica**
- **50 g di sedano**
- **50 g di cipolla**
- **50 g di carota**
- **aglio**
- **alloro**
- **peperoncino**
- **200 g di pane casereccio**
- **olio extravergine d'oliva**
- **sale**
- **pepe**

Serves 4
- 400g (2 cups) dried fava beans
- 600g (1⅓ lbs) wild chicory
- 50g (1¾ oz) celery
- 50g (1¾ oz) onions
- 50g (1¾ oz) carrot
- garlic
- bay leaf
- chilli pepper
- 200g (7 oz) good bread
- extra virgin olive oil
- salt
- pepper

Il giorno precedente mettere a mollo le fave.

Il mattino seguente cuocere le fave in un tegame di coccio unendo sedano, carota, cipolla, aglio, alloro, olio, sale e pepe.

A cottura ultimata, eliminare gli aromi e frullare le fave, ottenendo una crema.

Pulire la cicoria e sbollentarla in acqua salata per 3 minuti, scolarla e farla raffreddare.

Saltare la verdura in padella con olio, aglio e peperoncino.

In un piatto da portata assemblare la cicoria con la purea di fave, aggiungendovi dei crostoni di pane precedentemente abbrustoliti sulla griglia o sulla brace.

Condire con abbondante olio.

Soak the dried beans the day before.

The next morning, cook the beans in an earthenware pot with the celery, carrot, onion, garlic, bay leaves, olive oil, salt and pepper.

When cooked, remove the vegetables and herbs, and blend the beans until creamy.

Clean the chicory and boil in salted water for 3 minutes. Drain and allow to cool.

Sauté the vegetables in a pan with olive oil, garlic and chilli.

In a serving bowl, place the chicory on the pureed beans, adding the previously toasted bread.

Season with plenty of olive oil.

Vino Wine:
"Tempio di Giano" - Salento IGT Rosso

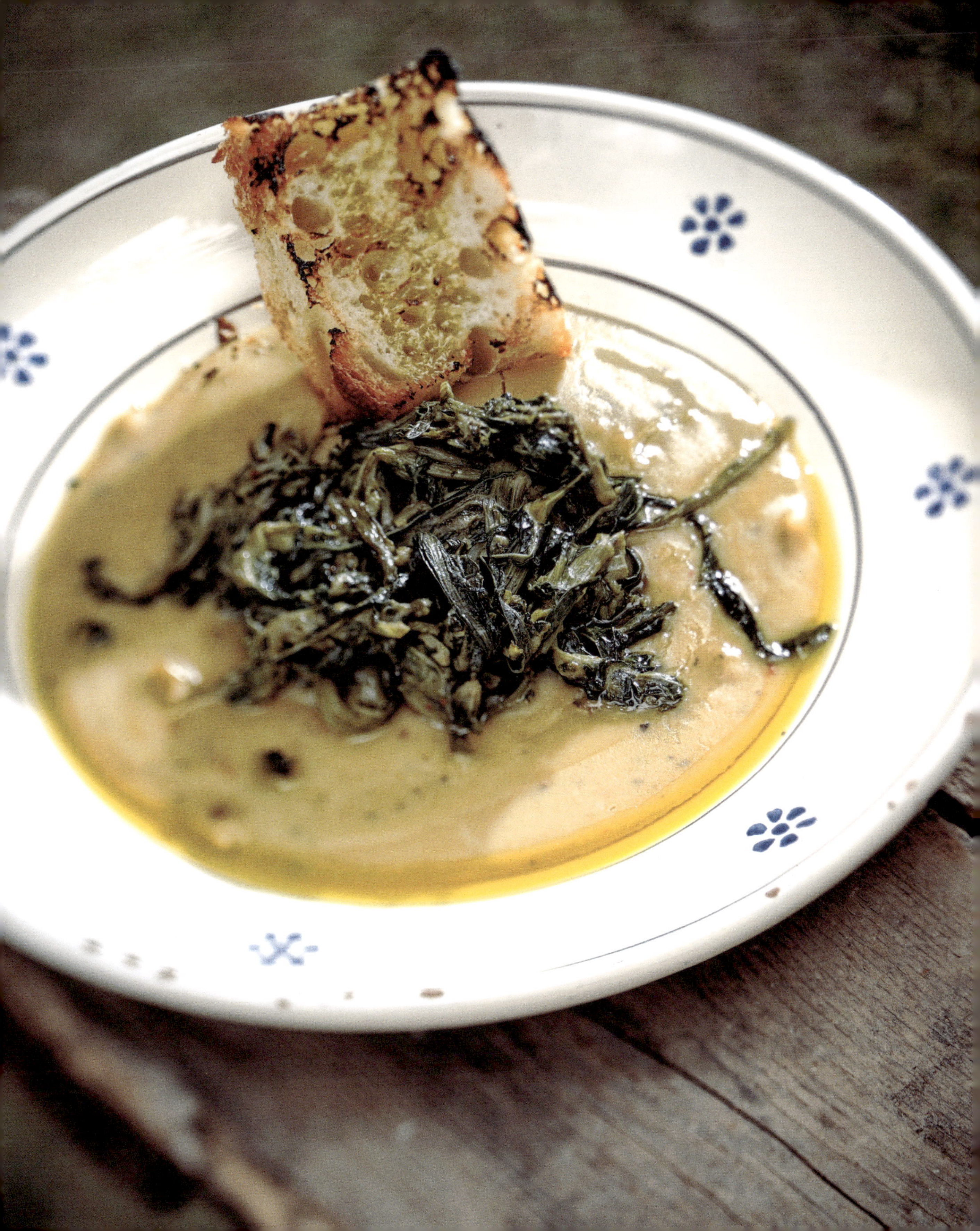

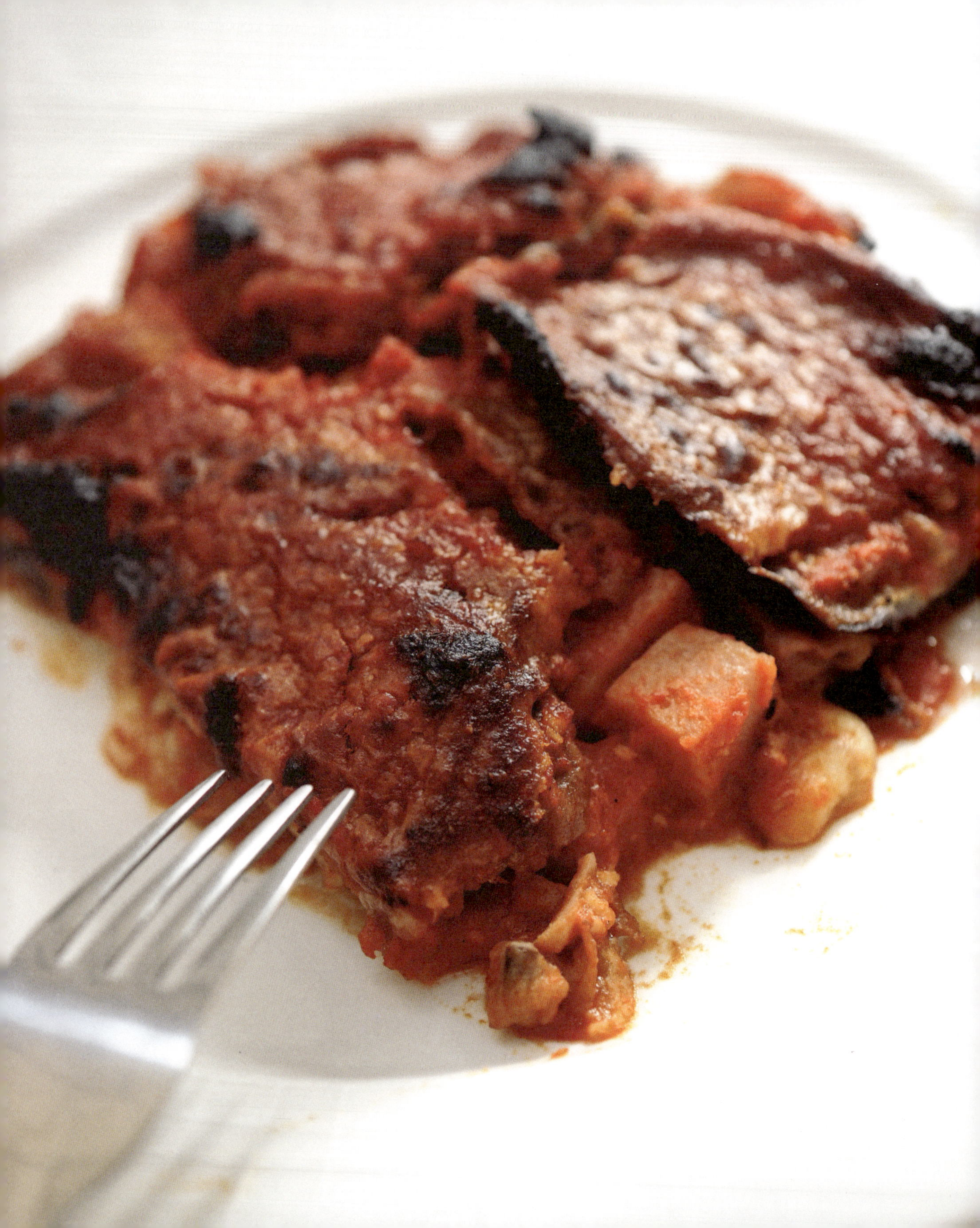

89

Parmigiana di melanzane

Aubergine parmigiana

●●○

Ingredienti per 4 persone
- **4 melanzane di medie dimensioni**
- **2 mozzarelle**
- **sugo di pomodoro**
- **2 uova**
- **100 g di parmigiano o pecorino grattugiato**
- **basilico**
- **farina**
- **olio extravergine d'oliva**
- **sale**

Serves 4
- 4 medium aubergines (eggplants)
- 2 x 125g (4½ oz) mozzarella cheese
- basic tomato sauce
- 2 eggs
- 100g (½ cup) Parmesan or (¾ cup) pecorino cheese, grated
- basil
- flour
- extra virgin olive oil
- salt

Affettare le melanzane, cospargerle di sale e lasciarle per qualche ora fino alla perdita della loro acqua amarognola.

Asciugare le melanzane, passarle nella farina e nelle uova sbattute e friggerle in abbondante olio caldo.

Dopo averle sgocciolate, disporle a strati in una teglia, alternando sugo di pomodoro, basilico, fette di mozzarella e formaggio grattugiato e altri ingredienti a piacere (ad esempio, cubetti di prosciutto) e ricoprendo l'ultimo strato con abbondante sugo.

Infornare a 160 °C e cuocere per una decina di minuti fino allo scioglimento della mozzarella e alla formazione della crosta.

Slice the aubergines, sprinkle with salt and leave for a few hours until they have released their bitter liquid.

Dry the aubergines, dip in the flour then in the beaten eggs, and fry in ample hot oil.

Drain the aubergines and arrange them in a baking dish in alternating layers of tomato sauce, basil, sliced mozzarella, the grated cheese and any other ingredients you may care to add (e.g. diced ham), covering the last layer with plenty of tomato sauce.

Bake at 160°C (325°F) for about ten minutes or until the mozzarella has melted and a crust has formed.

Vino Wine:
"Donna Cecilia" - Daunia IGT Rosso

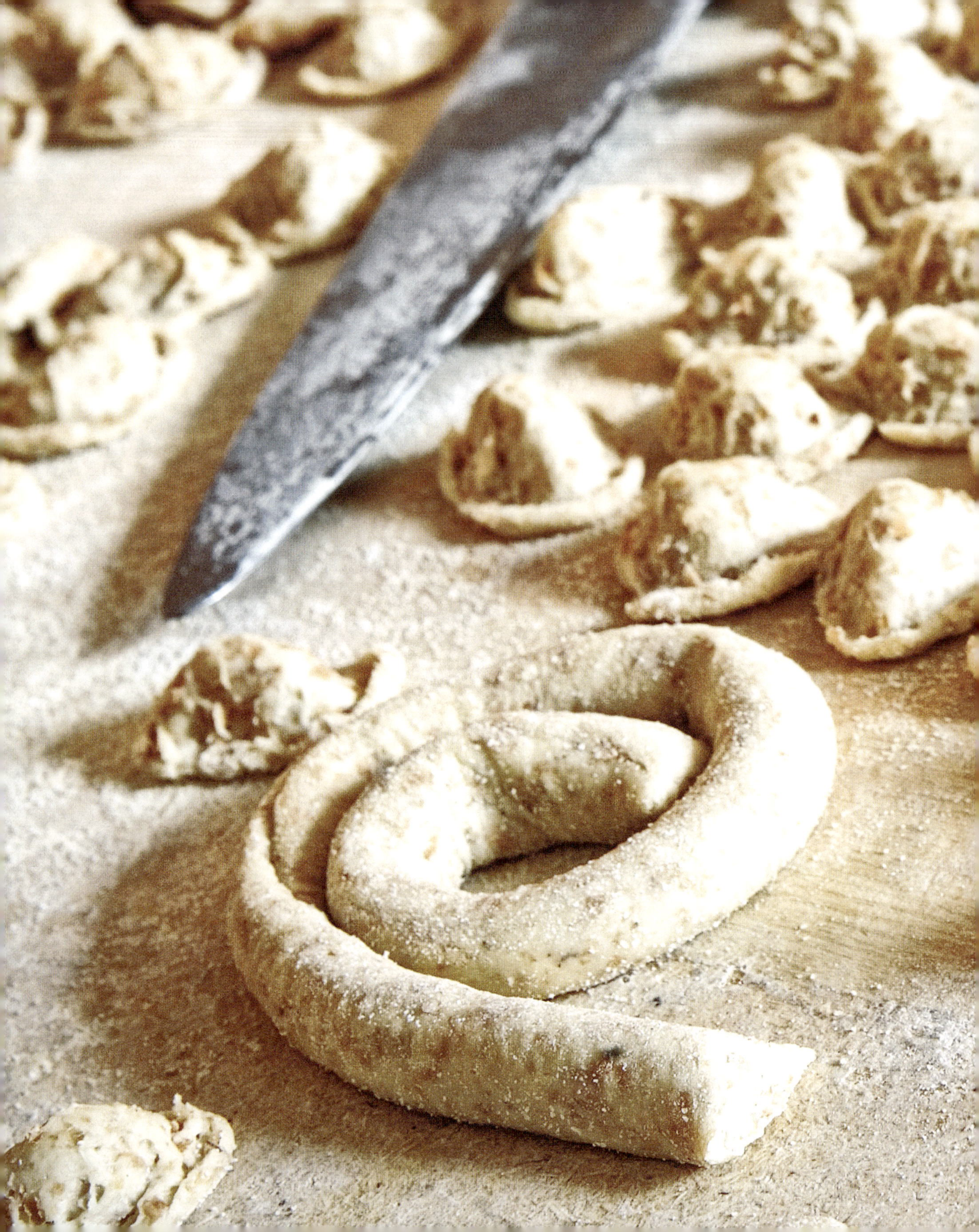

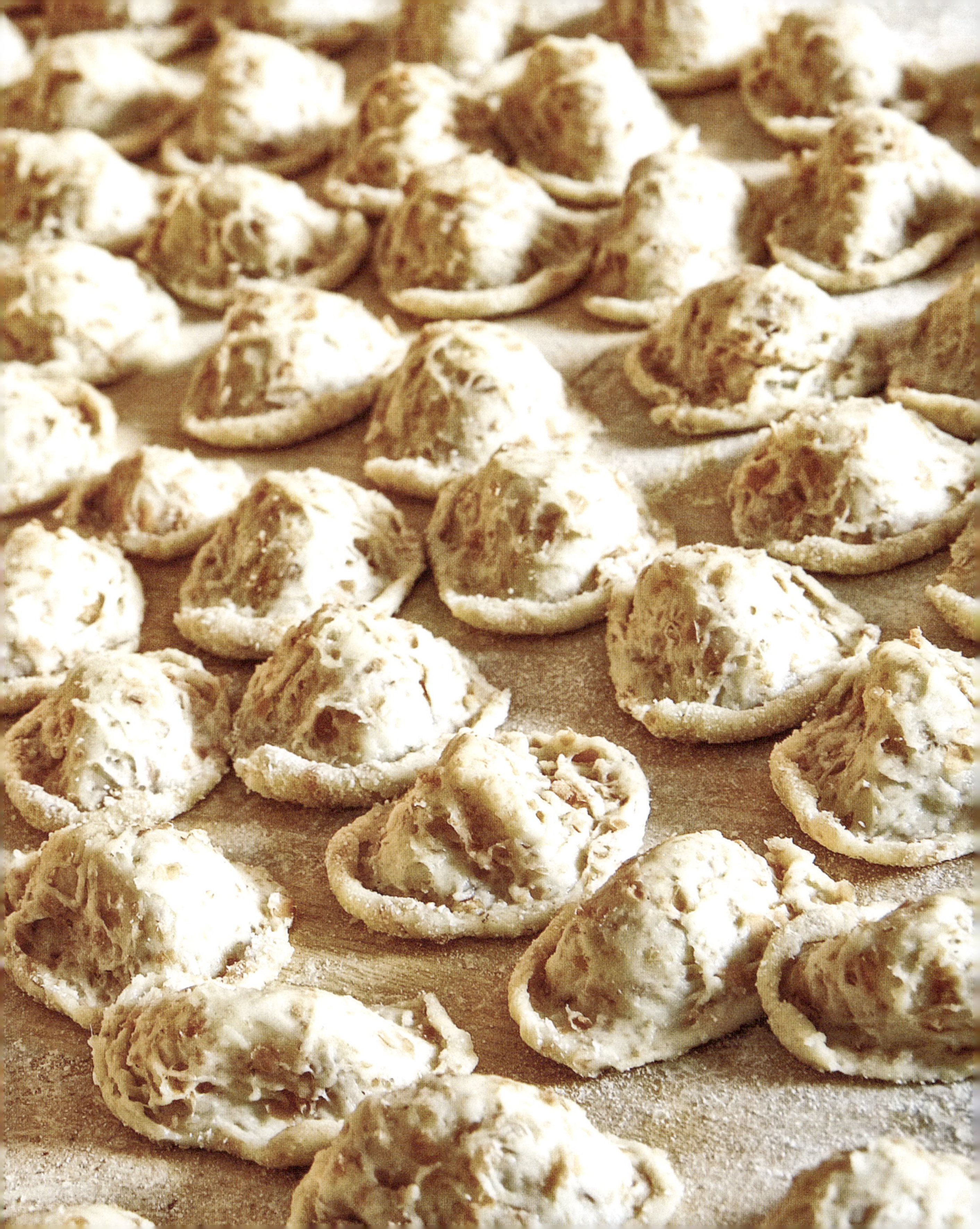

92

Orecchiette di grano arso con purè di fave

'Burnt wheat' orecchiette pasta with fava bean purée

●●○

Ingredienti per 4 persone
- 300 g di orecchiette di grano arso
- 500 g di fave secche sbucciate
- 300 g di olive nere da olio
- 1 carota
- 1 patata
- 1 costa di sedano
- prezzemolo
- 50 g di ricotta di pecora stagionata
- olio extravergine d'oliva
- sale
- pepe bianco

Serves 4
- 300g (10½ oz) orecchiette di grano arso pasta
- 500g (2½ cups) dried peeled fava beans
- 300g (10½ oz) black olive oil olives
- 1 carrot
- 1 potato
- 1 celery stick
- Italian parsley
- 50g (1¾ oz) aged sheep's milk ricotta cheese
- extra virgin olive oil
- salt
- white pepper

Preparare il purè di fave utilizzando fave secche senza buccia e cucinare con acqua, patata, sedano, carota, prezzemolo, olio, sale e pepe bianco.

A cottura ultimata, fare raffreddare e setacciare la purea.

Arrostire le olive nere e poi privarle del nocciolo.

Cuocere le orecchiette e saltarle con il purè di fave.

Servire aggiungendo le olive alla brace, ricotta di pecora stagionata e olio.

Prepare the purée by boiling in water the dried peeled fava beans, potato, celery, carrot, parsley, olive oil, salt and white pepper.

When cooked, allow to cool and pass through a purée sieve.

Roast the black olives and remove the pits.

Cook the orecchiette pasta and sauté with the bean purée.

Serve with the olives, ricotta and olive oil.

Vino Wine:
"Vigna del Melograno" - Castel del Monte DOC Rosso

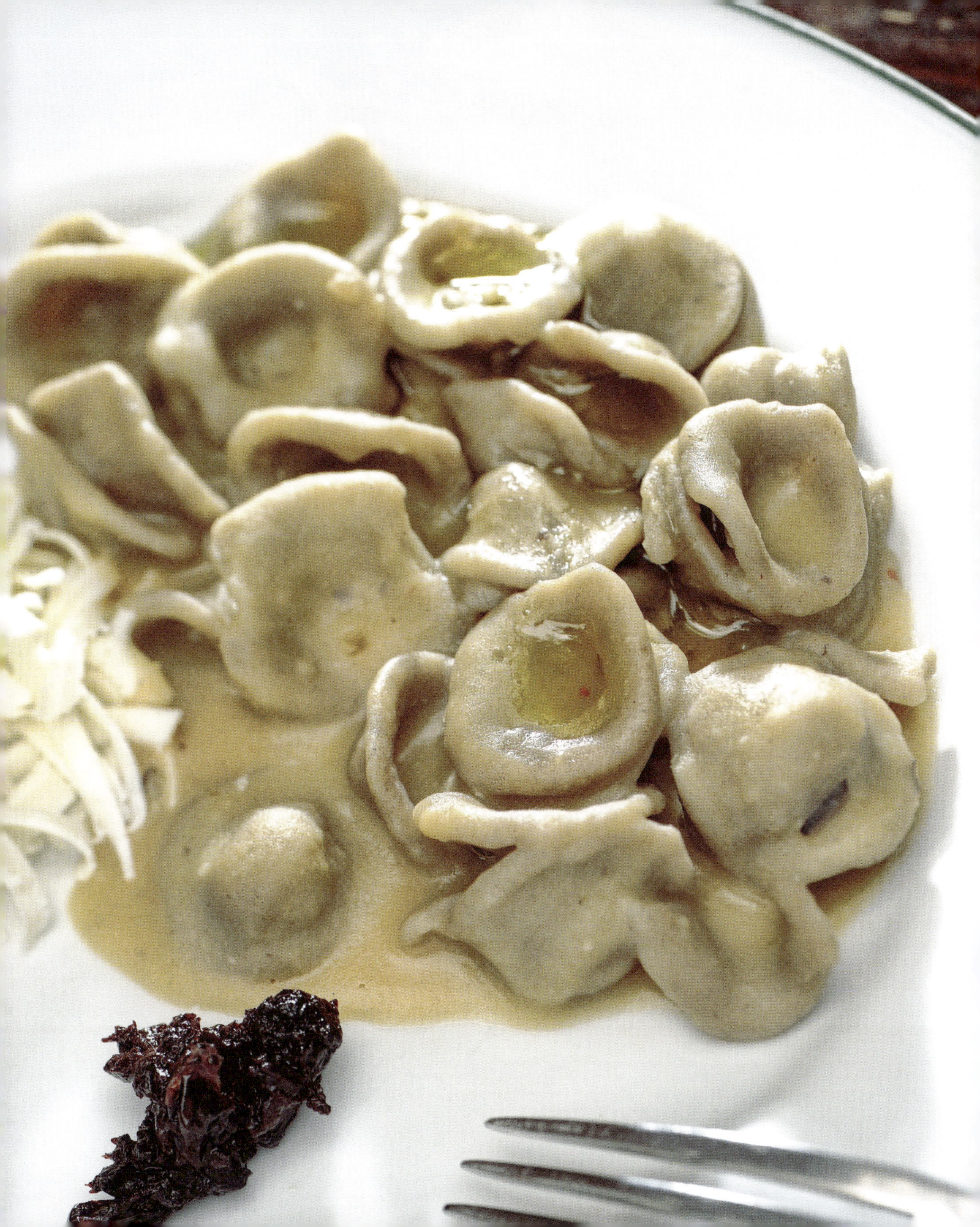

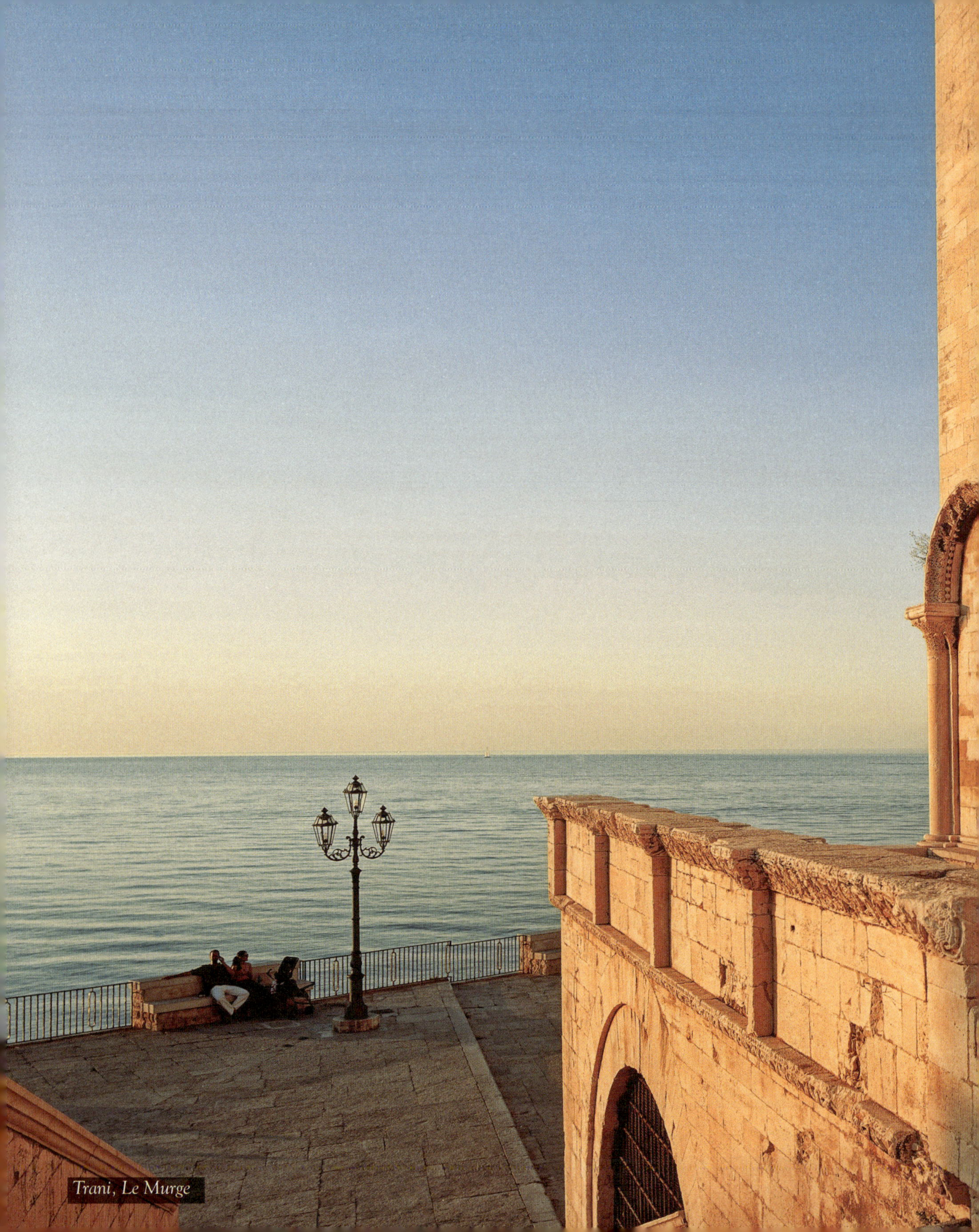
Trani, Le Murge

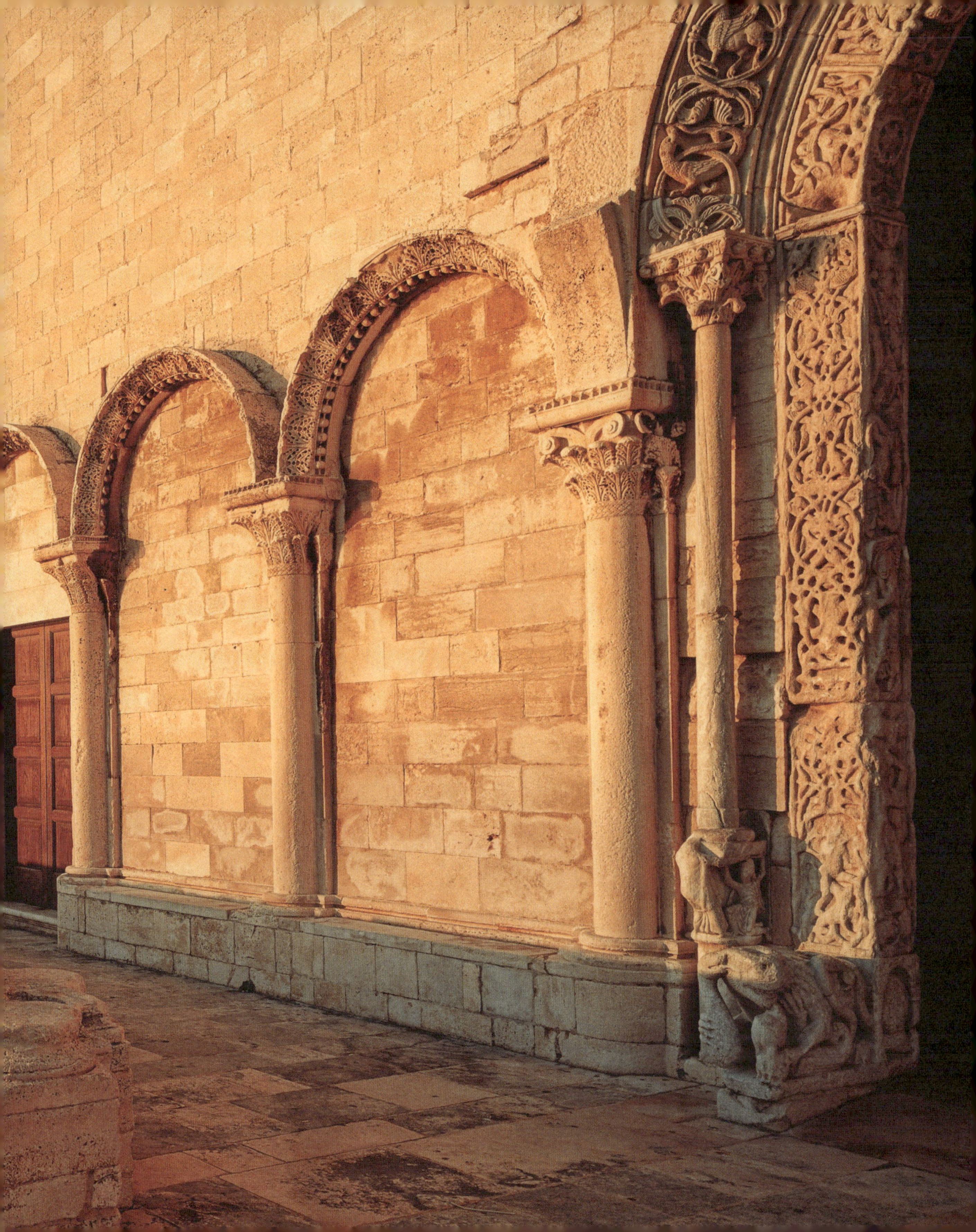

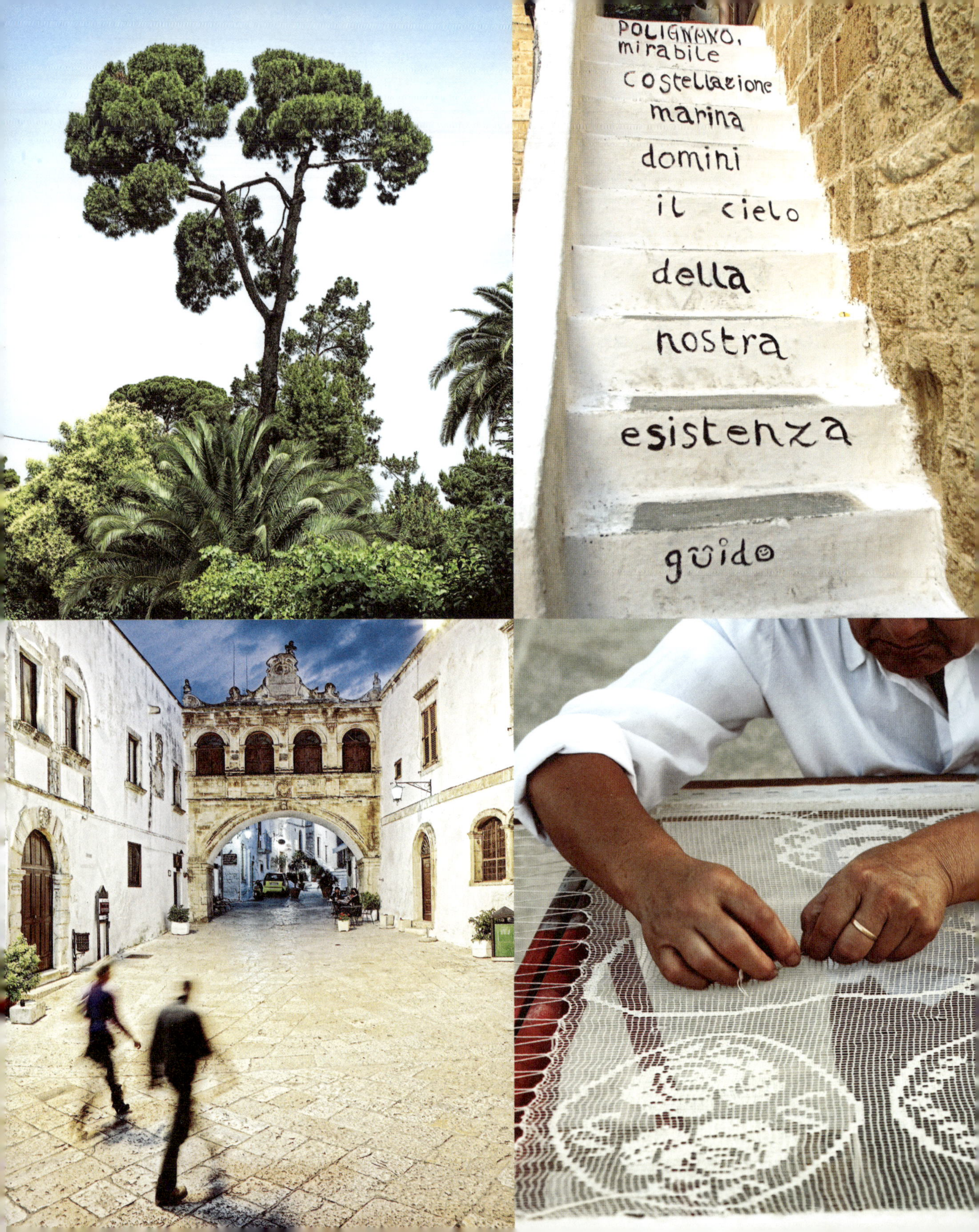
POLIGNANO,
mirabile
costellazione
marina
domini
il cielo
della
nostra
esistenza
guido

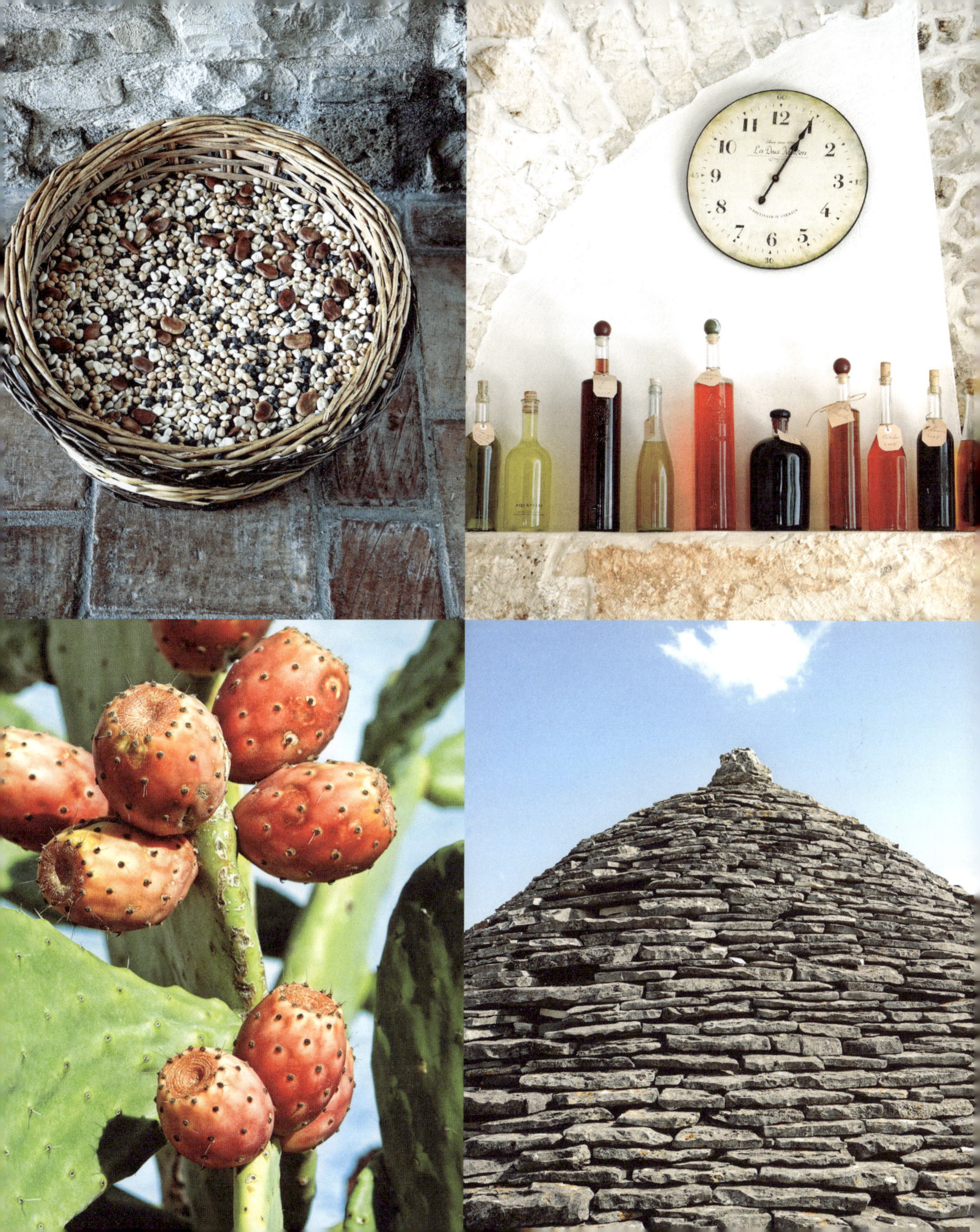

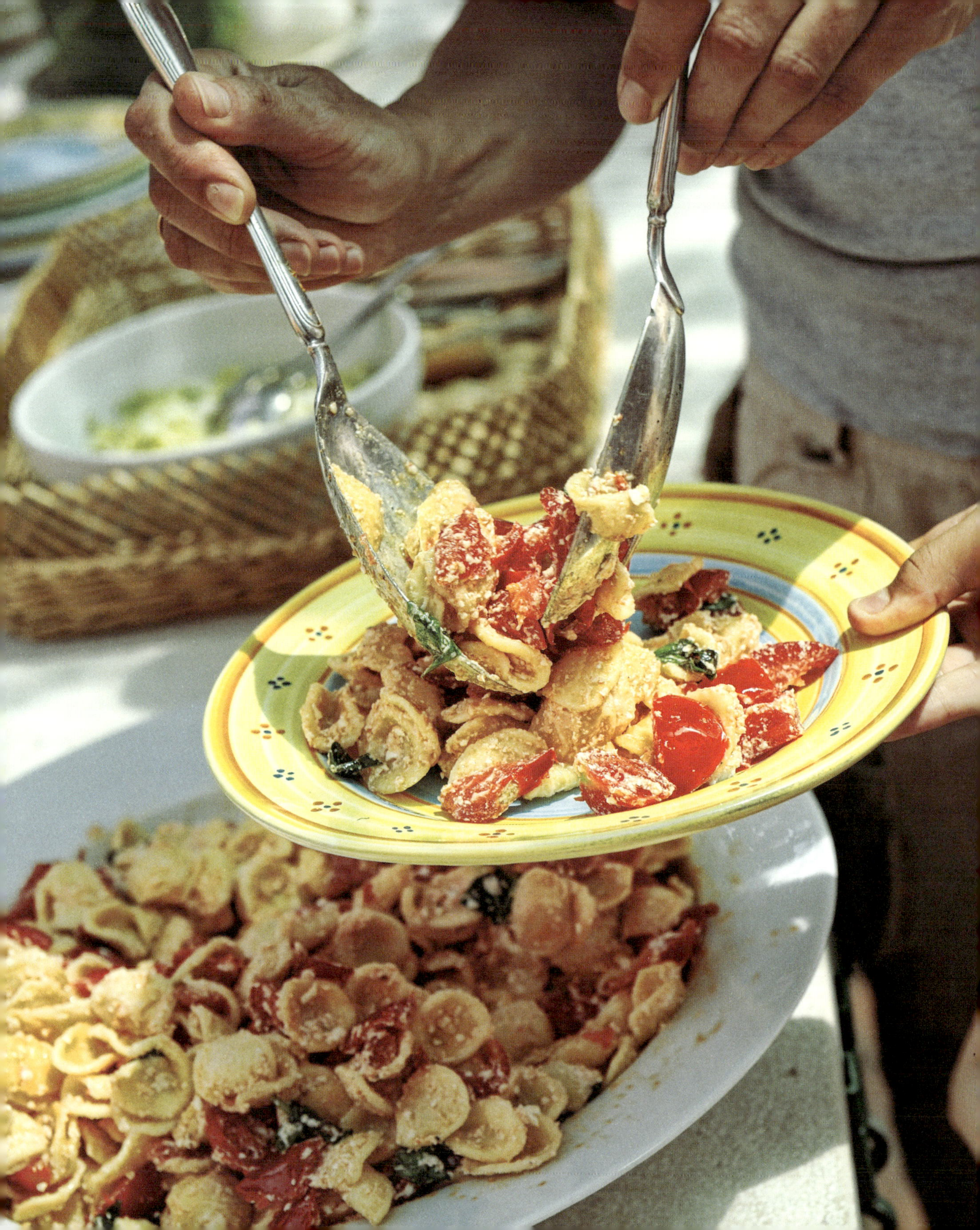

99

Pasta alla crudaiola

Pasta with raw tomatoes

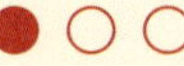

Ingredienti per 4 persone
- **400 g di orecchiette fresche**
- **300 g di pomodori rossi**
- **1 spicchio di aglio**
- **1 manciata di basilico spezzettato**
- **pinoli (o, in alternativa, una cucchiaiata di pesto)**
- **ricotta dura**
- **olio extravergine d'oliva**
- **sale**

Serves 4
- **400g (14 oz) fresh orecchiette pasta**
- **300g (10½ oz) red tomatoes**
- **1 garlic clove**
- **1 handful chopped basil**
- **pine nuts (or 1 Tbsp pesto)**
- **hard ricotta cheese**
- **extra virgin olive oil**
- **salt**

Almeno un paio di ore prima, preparare il condimento, ponendo in una ciotola i pomodori tagliati a pezzetti, il basilico, l'aglio, i pinoli pestati (o un cucchiaio di pesto), una generosa grattugiata di ricotta dura, un pizzico di sale e abbondante olio d'oliva.

Mescolare e conservare in frigorifero.

A cottura ultimata della pasta, eliminare l'aglio e condire.

A piacere, spolverare con ulteriore ricotta dura grattugiata e guarnire con qualche fogliolina di basilico fresco.

At least a couple of hours before serving, prepare the topping by mixing in a bowl the chopped tomatoes, basil, garlic, crushed pine nuts (or a tablespoon of pesto), a generous grating of hard ricotta, a pinch of salt and ample olive oil.

Refrigerate.

When the pasta is cooked, remove the garlic from the sauce and mix.

If desired, sprinkle with extra grated hard ricotta cheese and garnish with a few fresh basil leaves.

Vino Wine:
"Primaluce" - Castel del Monte DOC Rosato

100

Fagioli con erbe spontanee su crostini di pane

Beans with wild herbs on toast

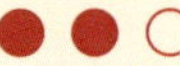

Ingredienti per 4 persone
- 200 g di fagioli
- 200 g di erbe spontanee (borragine, finocchio selvatico, cicoria e marasciuolo)
- 100 g di pomodorini
- 1 spicchio di aglio
- 200 g di pane di grano duro
- 100 g di olio extravergine d'oliva
- sale

Serves 4
- 200g (7 oz) beans
- 200g (7 oz) wild greens (borage, fennel, chicory, wild mustard)
- 100g (3½ oz) cherry tomatoes
- 1 garlic clove
- 200g (7 oz) durum wheat bread
- 125ml (½ cup) extra virgin olive oil
- salt

Mettere a bagno i fagioli per 3 ore circa.

Lavare le verdure e affettare i pomodorini e il pane.

Cuocere in una padella a fuoco lento i fagioli e lessare le verdure.

Far dorare in una padella l'aglio con l'olio e aggiungere i pomodorini, i fagioli e le verdure.

Tostare al forno i crostini di pane.

Adagiare sui crostini i fagioli con le verdure, aggiungere un filo d'olio e servire caldo.

Soak the beans for approximately 3 hours.

Wash the vegetables. Slice the tomatoes and bread.

Cook the beans in a frying pan over a low heat, and boil the vegetables.

Soften the garlic in a frying pan with the oil and add the tomatoes, beans and vegetables.

Toast the slices of bread in the oven.

Place the beans and vegetables on the toast. Drizzle a little olive oil on the top and serve hot.

Vino Wine:
"Pescarosa" - Puglia IGT Rosato

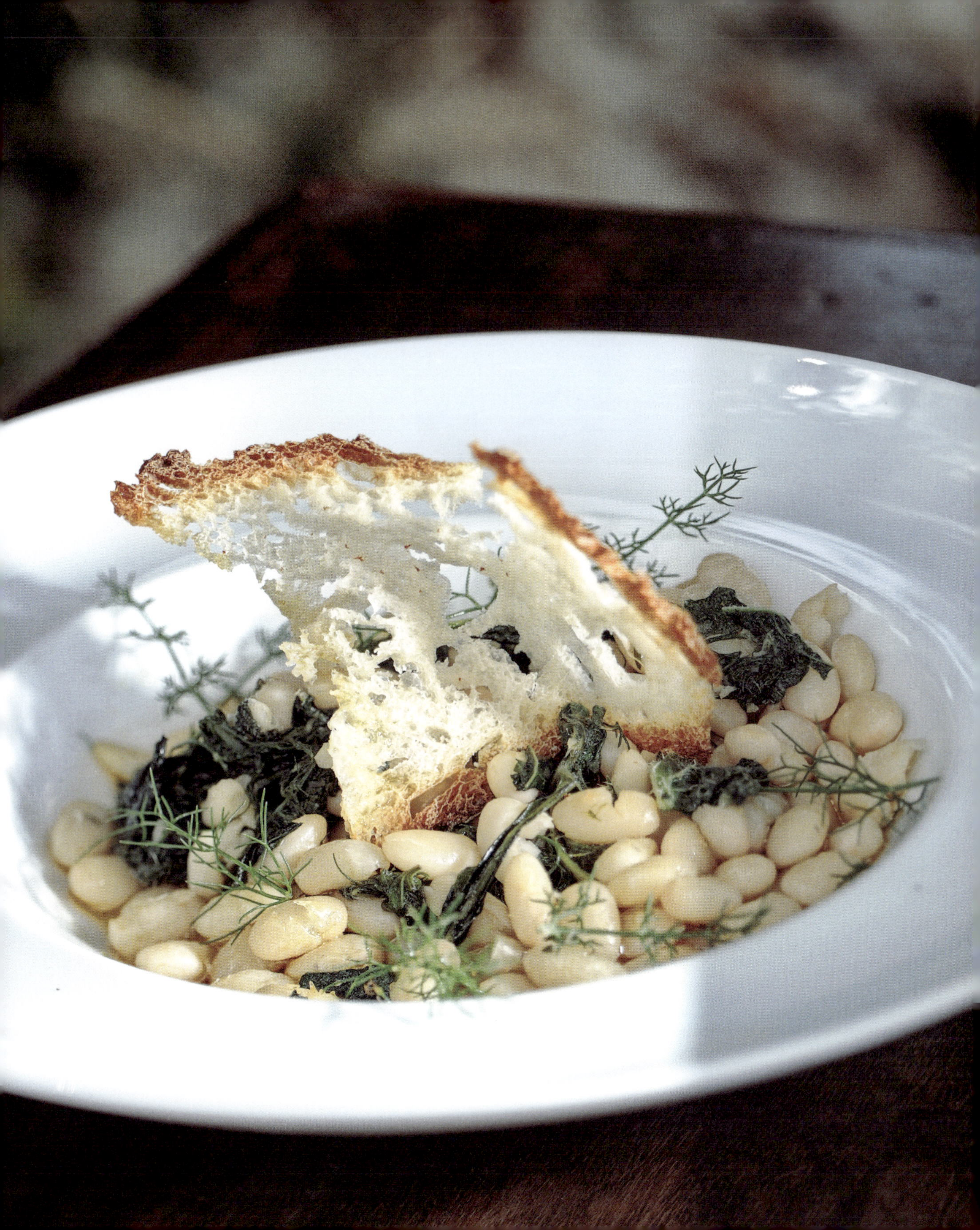

102 Fagotto di scarola ripieno di gnocchetti e garum

Escarole parcel with gnocchi and anchovy filling

Ingredienti per 4 persone

- 1 cespo di scarola a foglia larga
- 200 g di gnocchetti di patate
- 10 pomodorini
- 1 spicchio di aglio
- 2 cucchiai di garum (macerazione di acciughe in olio d'oliva)
- 2 cucchiai di capperi
- 2 cucchiai di pangrattato tostato
- 100 g di olio extravergine d'oliva
- sale
- pepe

Serves 4

- 1 head escarole
- 200g (7 oz) small potato gnocchi
- 10 cherry tomatoes
- 1 garlic clove
- 2 Tbsps garum (anchovies macerated in olive oil)
- 2 Tbsps capers
- 2 Tbsps toasted breadcrumbs
- 125ml (½ cup) extra virgin olive oil
- salt
- pepper

Selezionare le 4 foglie più esterne della scarola e tenerle da parte.

In una casseruola mettere l'olio con l'aglio finemente tritato, i capperi, i pomodorini tagliati a metà, i 2 cucchiai di garum e aggiustare di sale e pepe.

Sminuzzare la restante parte di scarola e saltarla nella casseruola.

Cuocere gli gnocchetti e aggiungerli a una parte del composto, saltandoli per qualche minuto.

Con un cucchiaio sistemare un po' di composto nelle foglie larghe e richiudere il tutto con fili di paglia da cucina.

Sistemare in una pirofila le foglie ripiene e condire con il rimanente sughetto messo da parte.

Spolverare con il pangrattato tostato e infornare a 150 °C per 15 minuti.

Remove the 4 outermost leaves of the escarole and set aside.

Mix the oil with the finely minced garlic, capers, halved cherry tomatoes and 2 tablespoons of garum in a saucepan.

Chop the remaining escarole and toss in the saucepan. Add salt and pepper.

Cook the gnocchi and add them to a part of the filling, tossing over the heat for a few minutes.

Using a spoon, place a little of the filling on the broad leaves and wrap into parcels using kitchen twine.

Place the stuffed leaves in a baking dish and drizzle with the remaining sauce.

Sprinkle with the toasted breadcrumbs and bake at 150°C (300°F) for 15 minutes.

Vino Wine:
"Marì" - Salento IGT Rosato

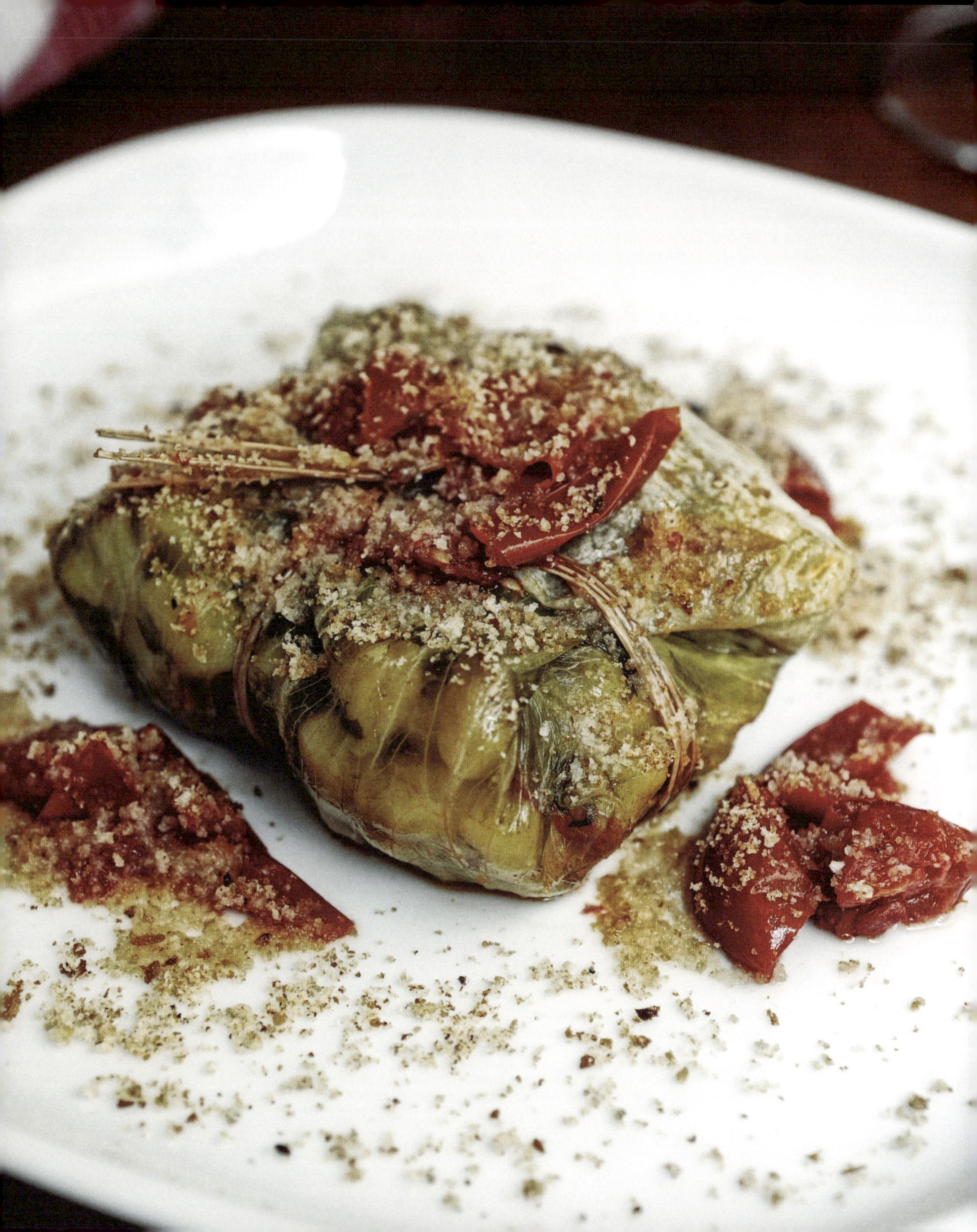

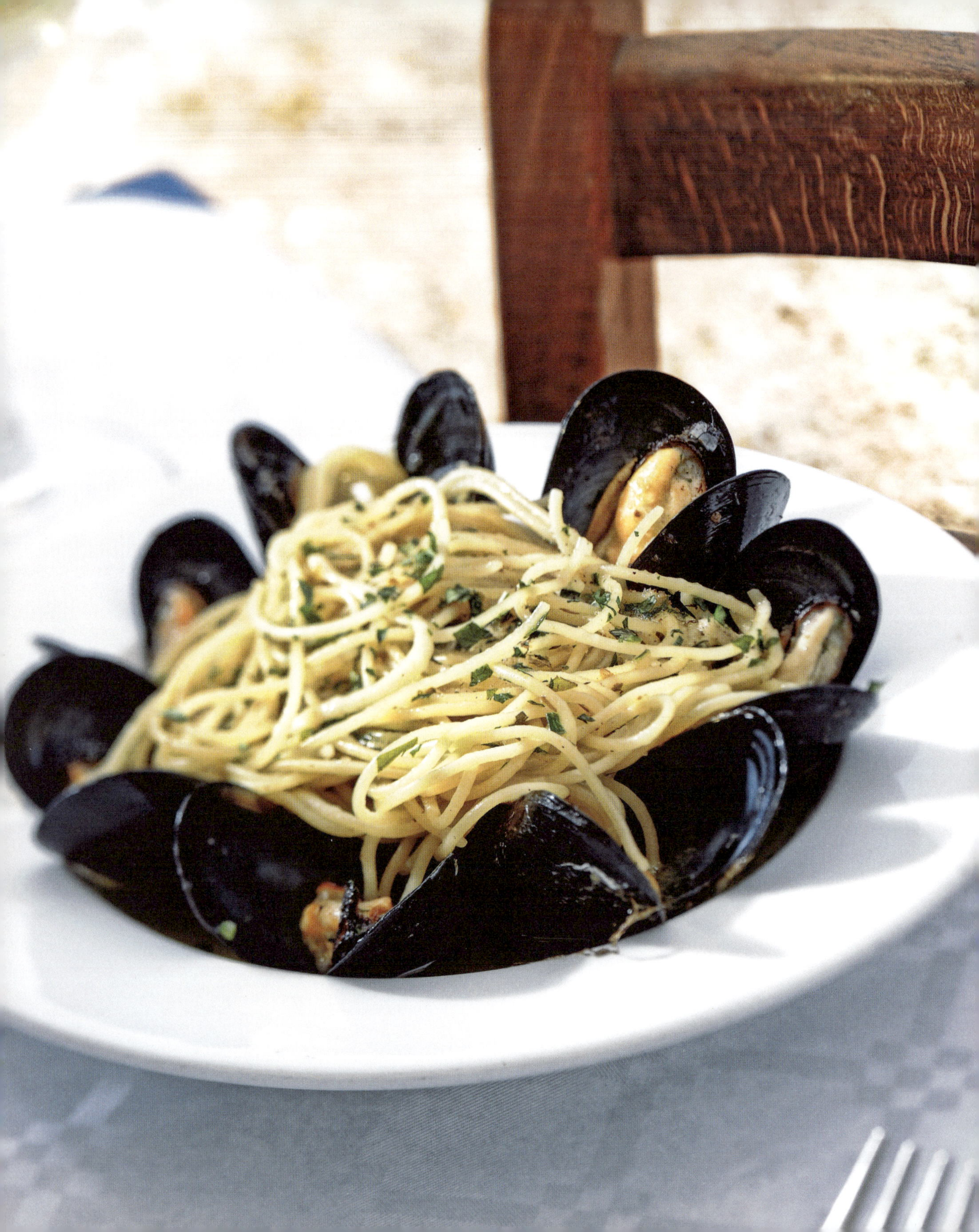

105

Spaghetti alle cozze in bianco

Spaghetti with mussels and oil

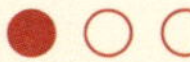

Ingredienti per 4 persone
- 400 g di spaghetti
- 1,2 kg di cozze
- 1 spicchio di aglio
- origano
- prezzemolo
- 1 spruzzata di vino bianco
- olio extravergine d'oliva
- pepe

Serves 4
- 400g (14 oz) spaghetti
- 1.2kg (2⅔ lbs) mussels
- 1 garlic clove
- oregano
- Italian parsley
- 1 dash white wine
- extra virgin olive oil
- pepper

Pulire accuratamente le cozze, estrarne il frutto e mettere da parte insieme all'acqua filtrata.

Imbiondire l'aglio nell'olio e unire pepe, origano e prezzemolo sminuzzati e una spruzzatina di vino e quindi le cozze sgusciate.

Cuocere gli spaghetti in acqua poco o per nulla salata e, a cottura ultimata, mantecare con le cozze.

Thoroughly clean the mussels. Remove the meat and set aside with the strained liquor.

Soften the garlic in the oil and add the pepper, oregano, chopped parsley, a dash of wine and then the shelled mussels.

Boil the spaghetti in water with little or no salt. When cooked, combine with the mussels.

Vino Wine:
"Greco" - Puglia IGT Bianco

106

Zuppa di legumi freschi
Fresh legume soup

●○○

Ingredienti per 4 persone
- 200 g di fave fresche
- 200 g di cicerchie fresche
- 200 g di piselli freschi
- 1 cipolla
- qualche fogliolina di mentuccia
- 100 g di olio extravergine d'oliva
- sale

Serves 4
- 200g (7 oz) fresh fava beans
- 200g (7 oz) fresh grass peas
- 200g (7 oz) fresh peas
- 1 onion
- a few peppermint leaves
- 125ml (½ cup) extra virgin olive oil
- salt

Pulire e lavare i legumi.

Tritare la cipolla.

In una pentola soffriggere l'olio con la cipolla, aggiungere quindi i legumi lasciando cuocere per 10 minuti.

Aggiungere acqua tiepida e sale e continuare la cottura per altri 15 minuti.

Versare la zuppa nel piatto guarnendo con foglioline di mentuccia e servire caldo.

Clean and wash the legumes.

Chop the onion.

In a saucepan, fry the onion in the oil, then add the legumes and cook for 10 minutes.

Add lukewarm water and salt, and continue cooking for another 15 minutes.

Ladle the soup into bowls, garnishing with peppermint leaves. Serve hot.

Vino Wine:
"Pescarosa" - Puglia IGT Rosato

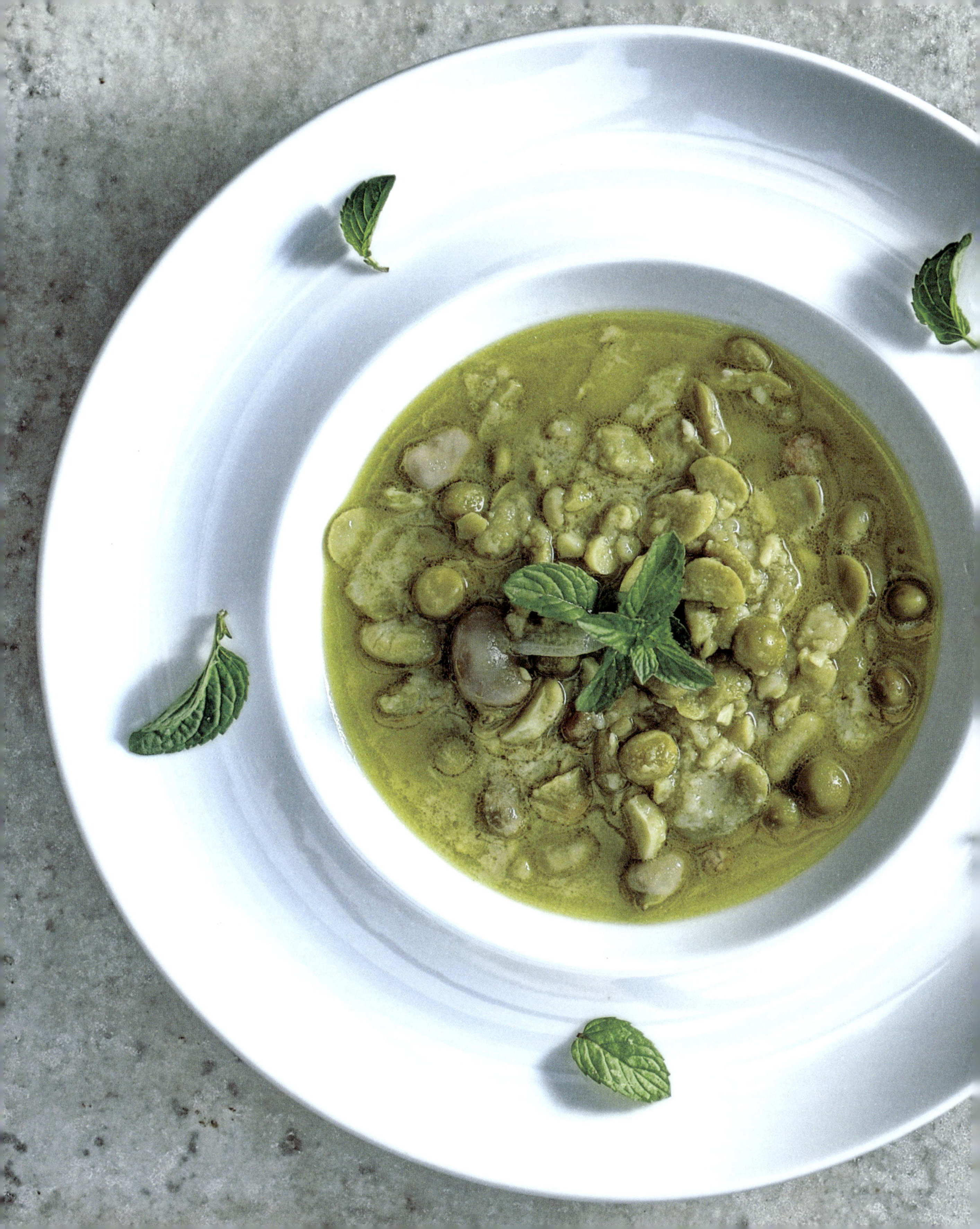

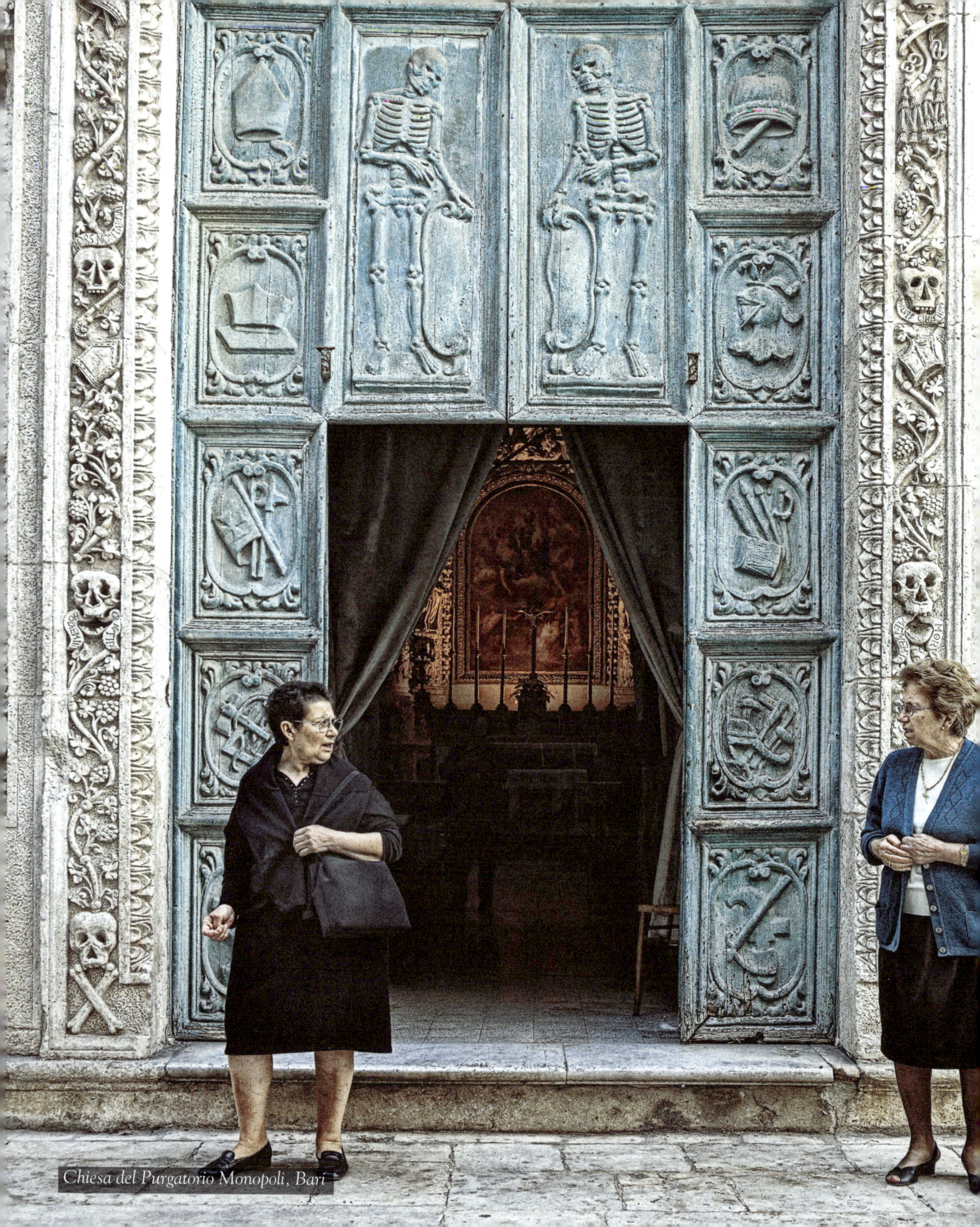

Chiesa del Purgatorio Monopoli, Bari

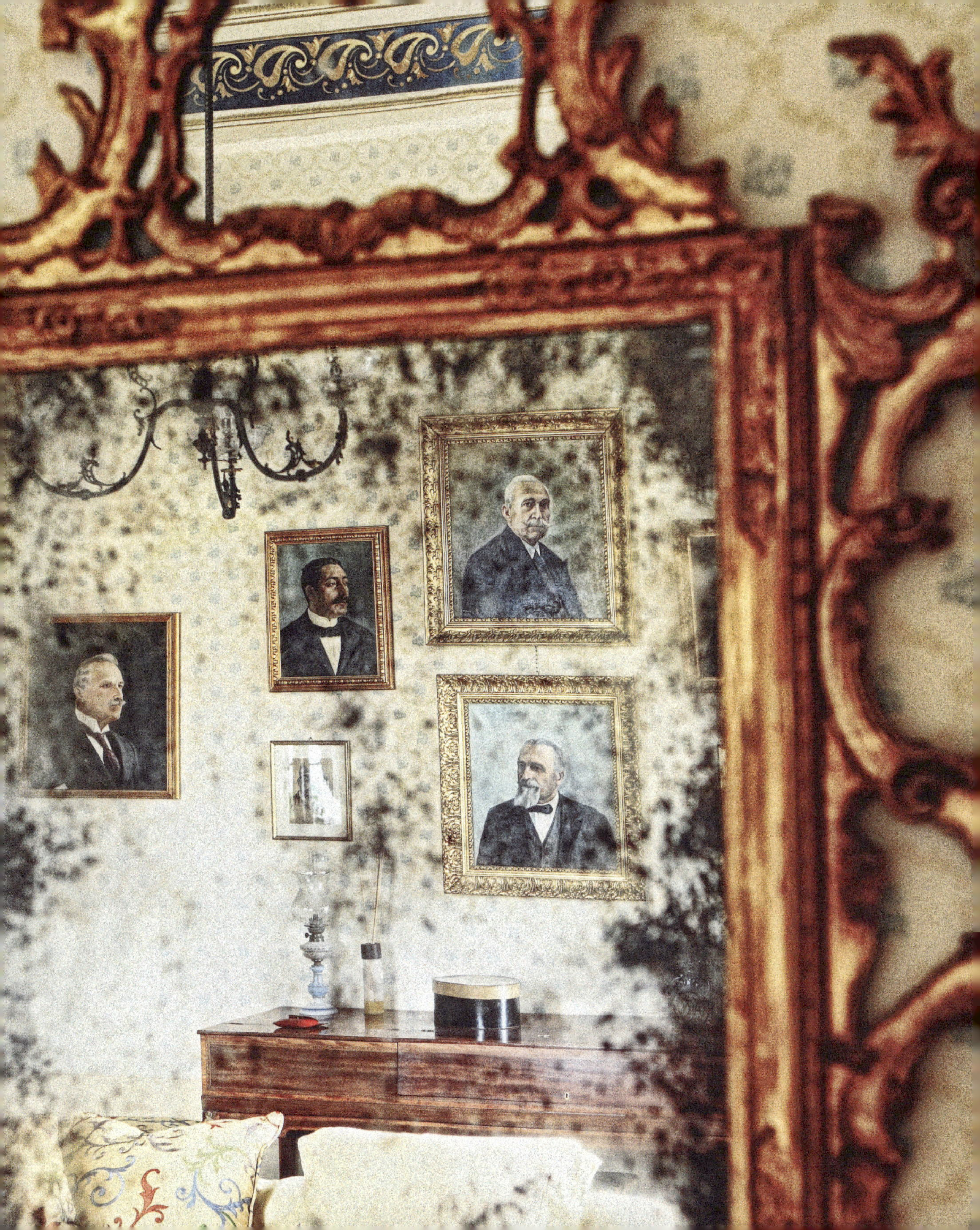

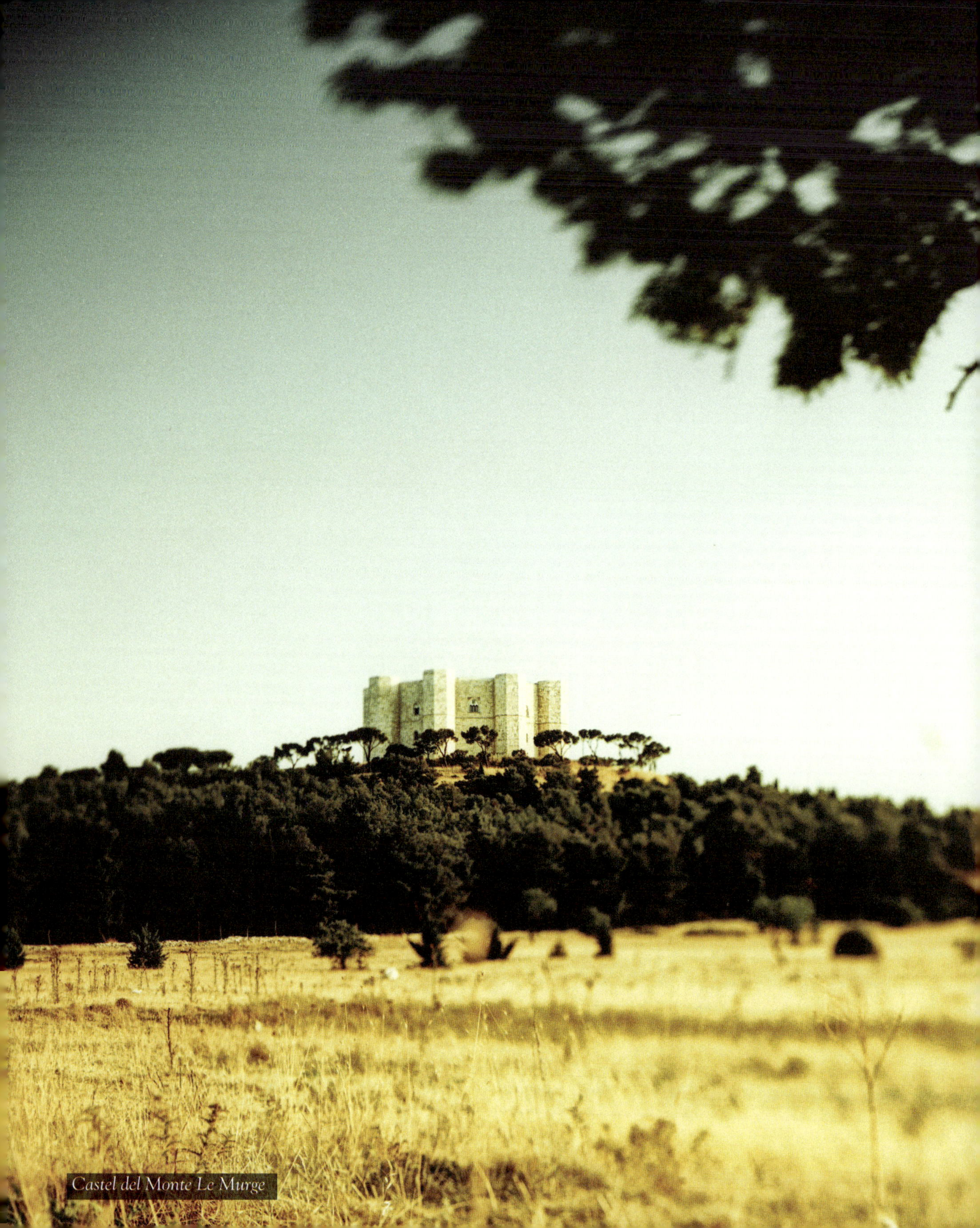
Castel del Monte Le Murge

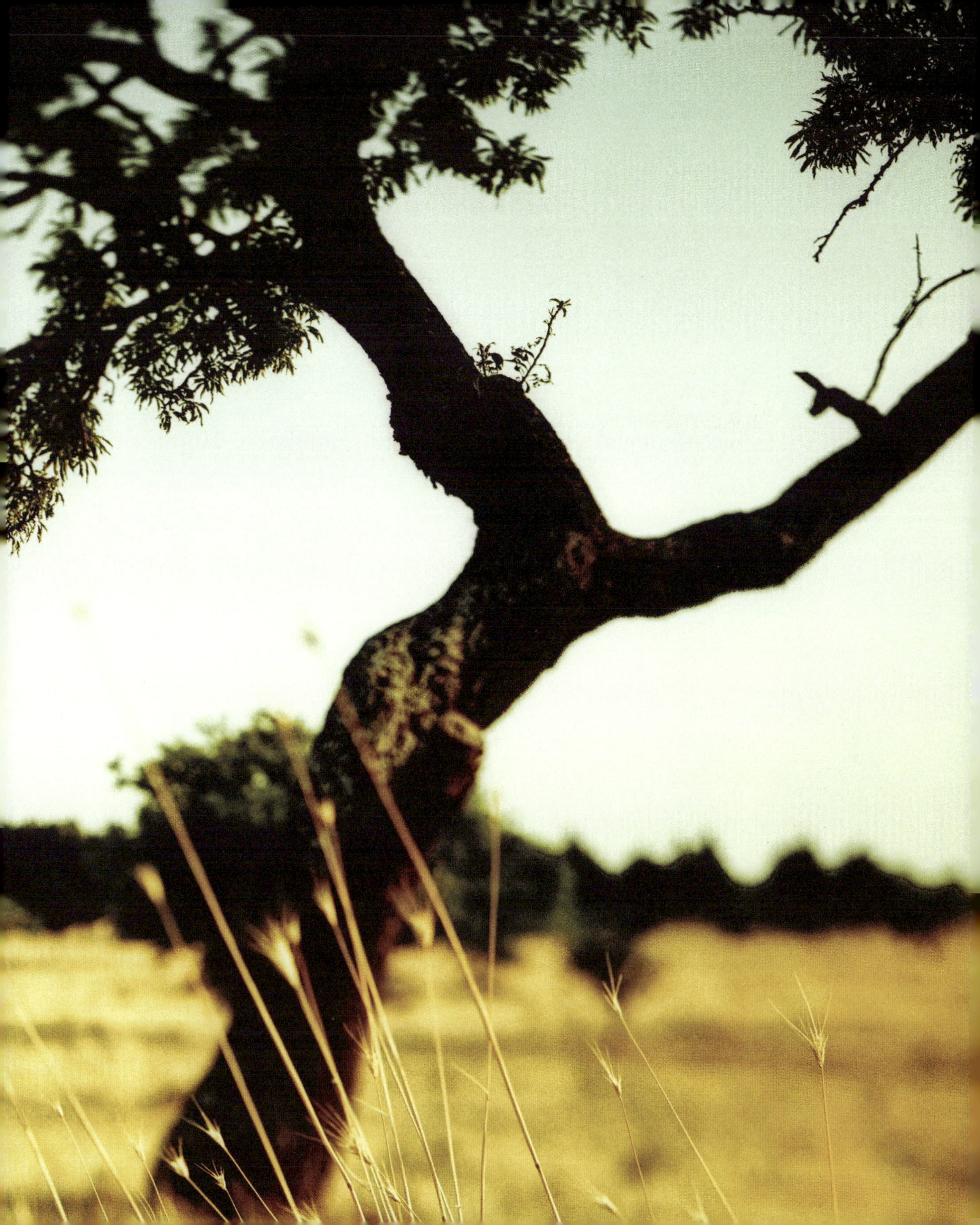

112

Maccheroncini con ragù di polpette di pane

Maccheroncini pasta with bread dumpling sauce

●●○

Ingredienti per 4 persone
- **300 g di maccheroncini**
- **300 g di passata di pomodoro**
- **500 g di pane raffermo**
- **100 g di pecorino grattugiato**
- **4 uova**
- **2 spicchi di aglio**
- **prezzemolo**
- **olio extravergine d'oliva**
- **sale**

Serves 4
- **300g (10½ oz) maccheroncini pasta**
- **300g (1¼ cups) tomato purée**
- **500g (1 lb) old bread**
- **100g (1 cup) pecorino cheese, grated**
- **4 eggs**
- **2 garlic cloves**
- **Italian parsley**
- **extra virgin olive oil**
- **salt**

Sbriciolare il pane eliminando la crosta.

Tritare il prezzemolo e uno spicchio di aglio.

Aggiungere il trito al pane sbriciolato, insieme al pecorino, alle uova e all'olio.

Mescolare con le mani fino a ottenere un composto omogeneo e abbastanza umido e formare delle polpettine.

Riscaldare in una padella dell'olio. Abbassare la fiamma e friggere le polpette rigirandole dopo 1 minuto per dorarle in modo uniforme.

In una padella soffriggere olio con l'altro spicchio di aglio tritato, aggiungere la passata di pomodoro e lasciare cuocere per qualche minuto.

Aggiungere le polpette e completare la cottura per 2 ore circa.

A parte sbollentare la pasta in acqua salata, scolarla al dente e condire con il ragù.

Crumble the bread and discard the crust.

Chop together the parsley and a clove of the garlic.

Add the chopped parsley and garlic to the crumbled bread, pecorino cheese, eggs and oil.

Combine with your hands into a uniform, fairly moist mixture and form dumplings.

Heat the oil in a frying pan. Lower the flame and fry the dumplings, turning after 1 minute so that they brown evenly.

In a frying pan, fry the other clove of minced garlic in oil. Add the tomato purée and cook for a few minutes.

Add the dumplings and cook for approximately 2 hours.

Separately, boil the pasta in salted water until *al dente* and mix with the sauce.

Vino Wine:
"Cacc'e mmitte di Lucera" - Cacc'e mmitte di Lucera DOC

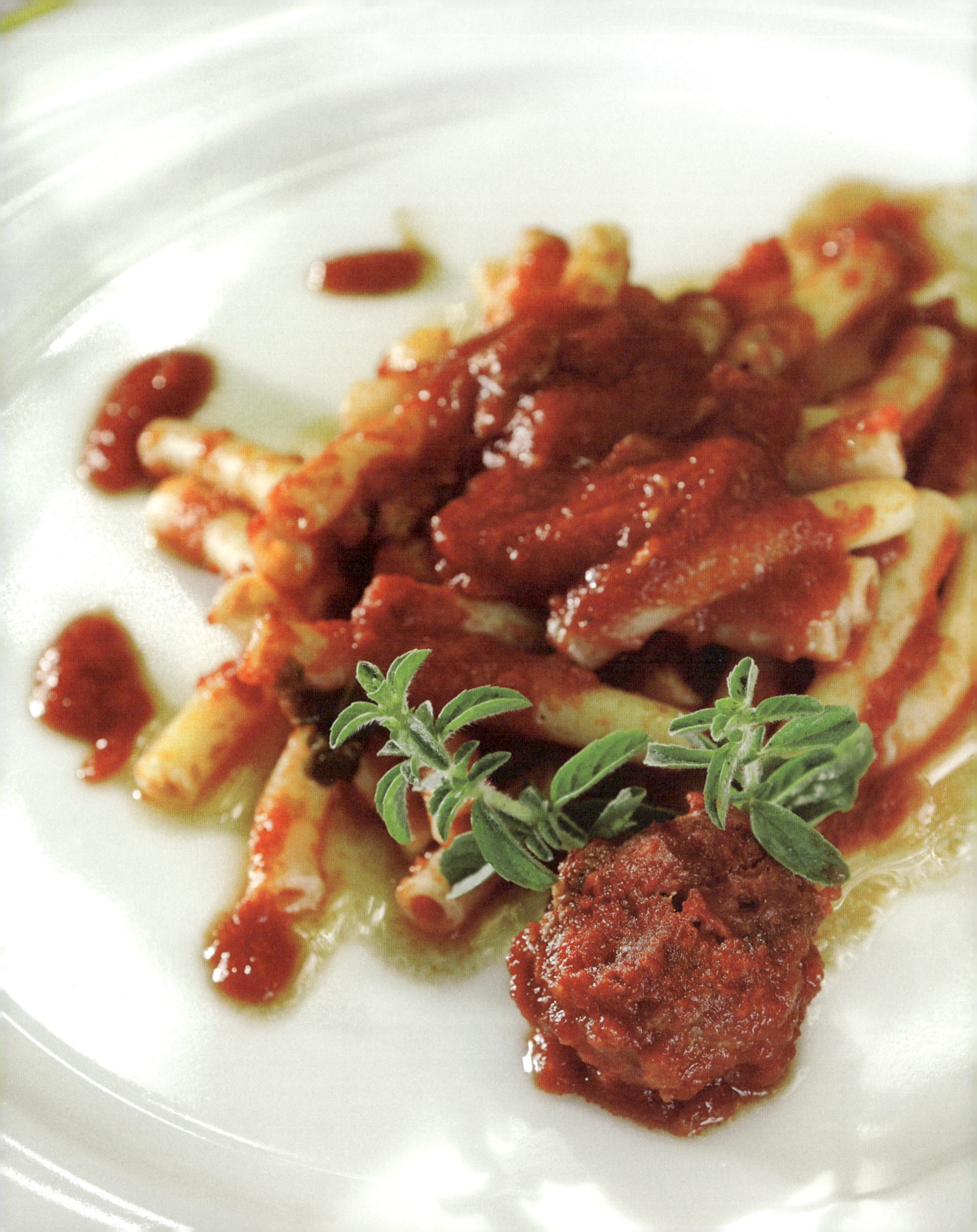

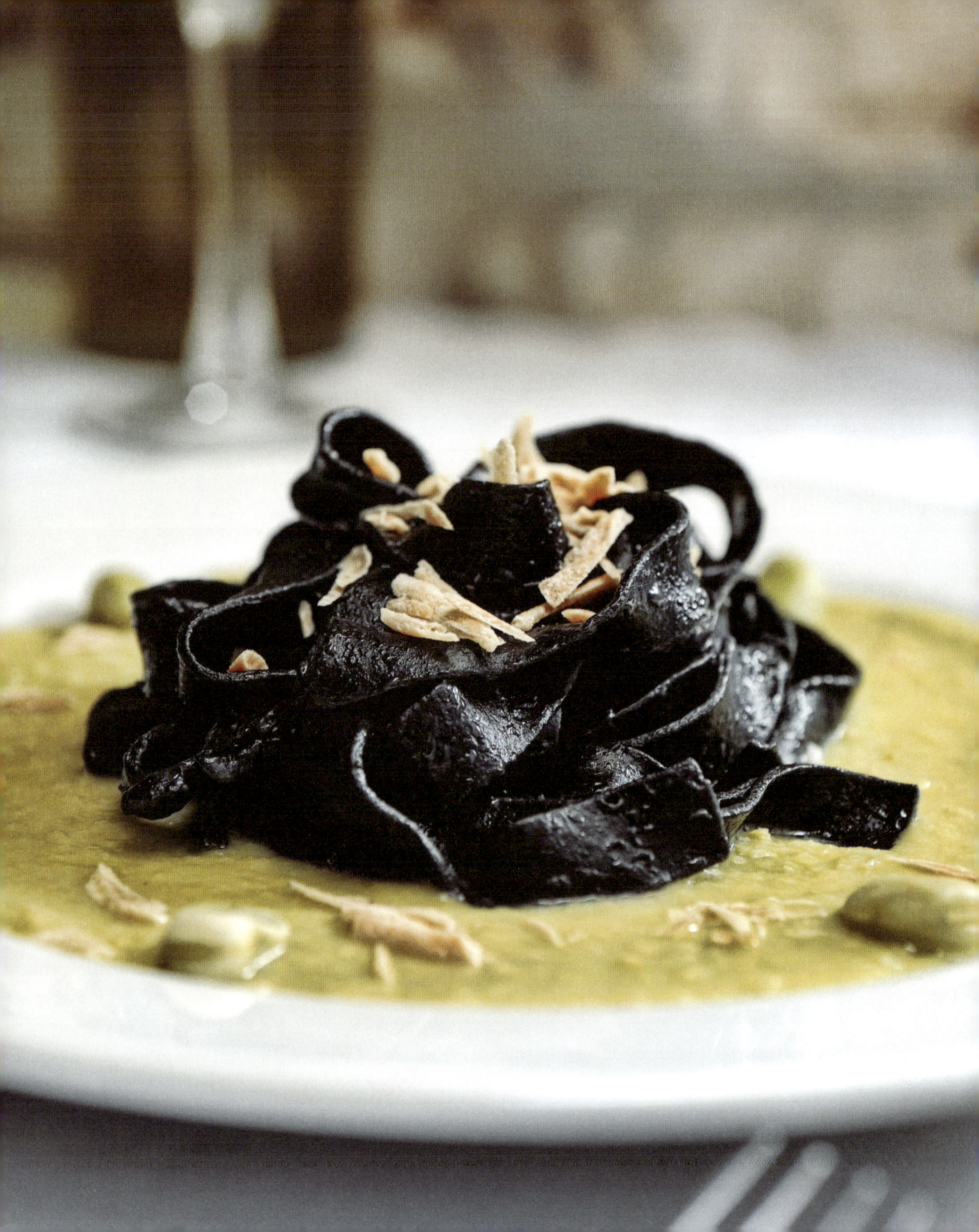

115

Fettucce alle olive su passatina di fave novelle

Olive fettucce pasta on pureed new fava beans

●●○

Ingredienti per 4 persone
- 300 g di farina
- 100 g di olive mennelle (o altro tipo da olio nere) snocciolate
- 500 g di fave novelle
- 1 cipolla
- 100 g di pecorino grattugiato
- 3 cucchiai di olio extravergine d'oliva
- sale

Serves 4
- 300g (3 cups) flour
- 100g (⅔ cup) pitted black olives
- 500g (1 lb) new fava beans
- 1 onion
- 100g (1 cup) grated pecorino cheese
- 3 Tbsps extra virgin olive oil
- salt

Su una spianatoia unire alla farina le olive passate al mixer, aggiungendo acqua tiepida quanto basta per ricavarne un impasto.

Ricavare delle fettucce dalla sfoglia.

Sgusciare le fave e sbollentarle.

In una casseruola scaldare l'olio con la cipolla finemente tritata, saltare le favette e salare.

A fine cottura passare il composto con il mixer.

Cuocere le fettucce e scolarle.

In un piatto fondo disporre 3 cucchiai di passata di favette, aggiungere le fettucce e spolverare con pecorino grattugiato.

Chop the olives in a blender. On a pastry board, combine them with the flour, adding enough lukewarm water to make a dough.

Cut the dough into strips (the fettucce).

Shell and blanch the beans.

In a saucepan, heat the oil with the finely chopped onion. Sauté the beans and add salt.

When cooked, place the mixture in a blender.

Boil the fettucce and drain.

Place 3 tablespoons of the pureed beans in a bowl, add the fettucce pasta and sprinkle with grated pecorino cheese.

Vino Wine:
"Eloquenzia" - Copertino DOC Rosso

116

Purè di fave bianche con gamberetti

Purée of white fava beans with shrimps

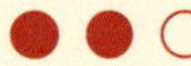

Ingredienti per 4 persone
- 500 g di fave bianche
- 200 g di gamberetti sgusciati
- 1 patata
- 1 spicchio di aglio
- pane raffermo
- olio extravergine d'oliva
- sale

Serves 4
- 500g (1 lb) white fava beans
- 200g (7 oz) shrimps, shelled
- 1 potato
- 1 garlic clove
- old bread
- extra virgin olive oil
- salt

In acqua salata mettere a bollire le fave con la patata fino a raggiungere la consistenza di una purea.

Rosolare i gamberetti con olio e aglio.

Unire i gamberetti alla purea calda e aggiungere qualche cubetto di pane precedentemente fritto.

Boil the fava beans with the potato in salted water boil until they reach the consistency of a purée.

Fry the shrimps in oil with garlic.

Combine the shrimps with the hot purée. Add fried croutons previously prepared from the old bread.

Vino Wine:
"Cappello di Prete" - Salento IGT Rosso

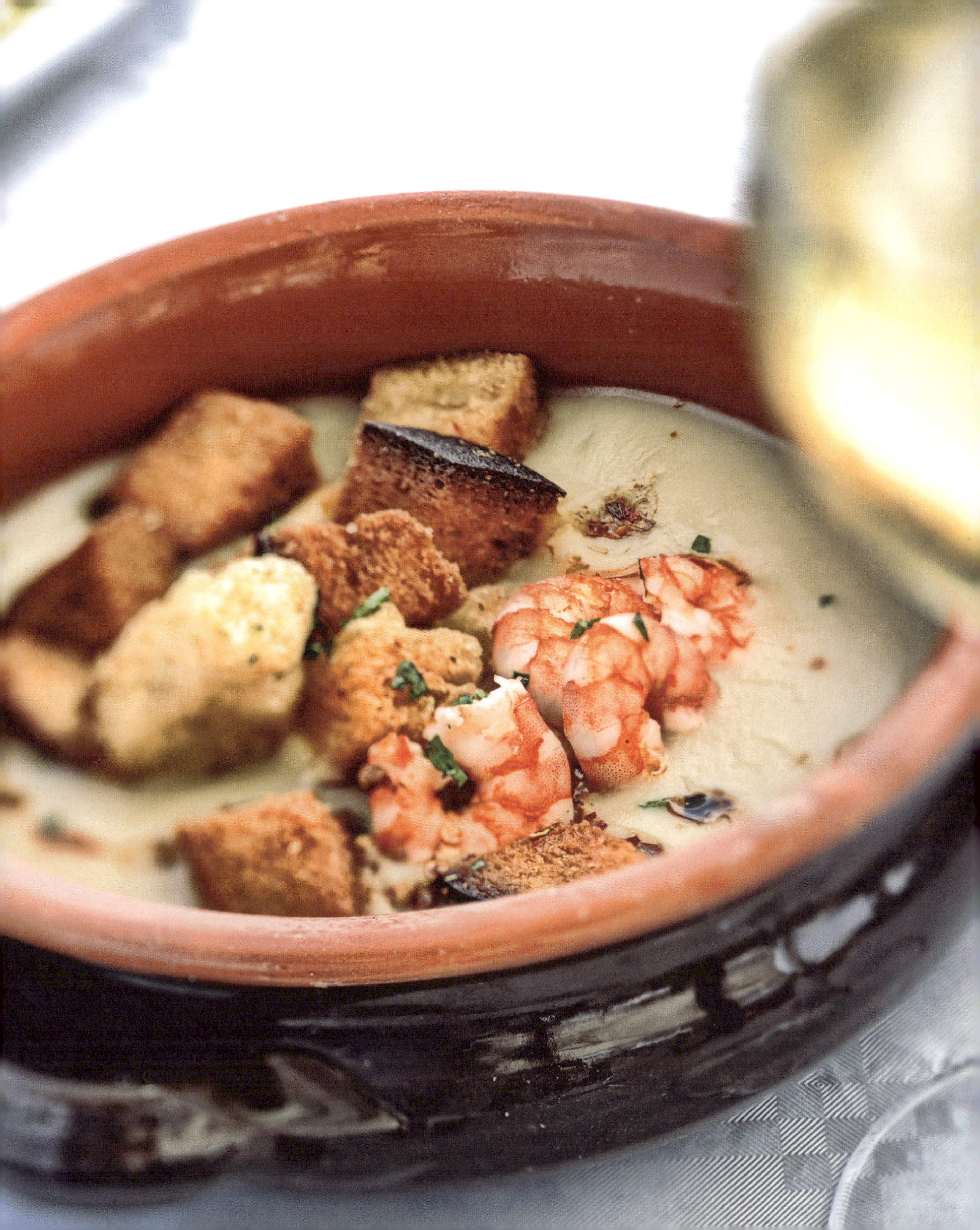

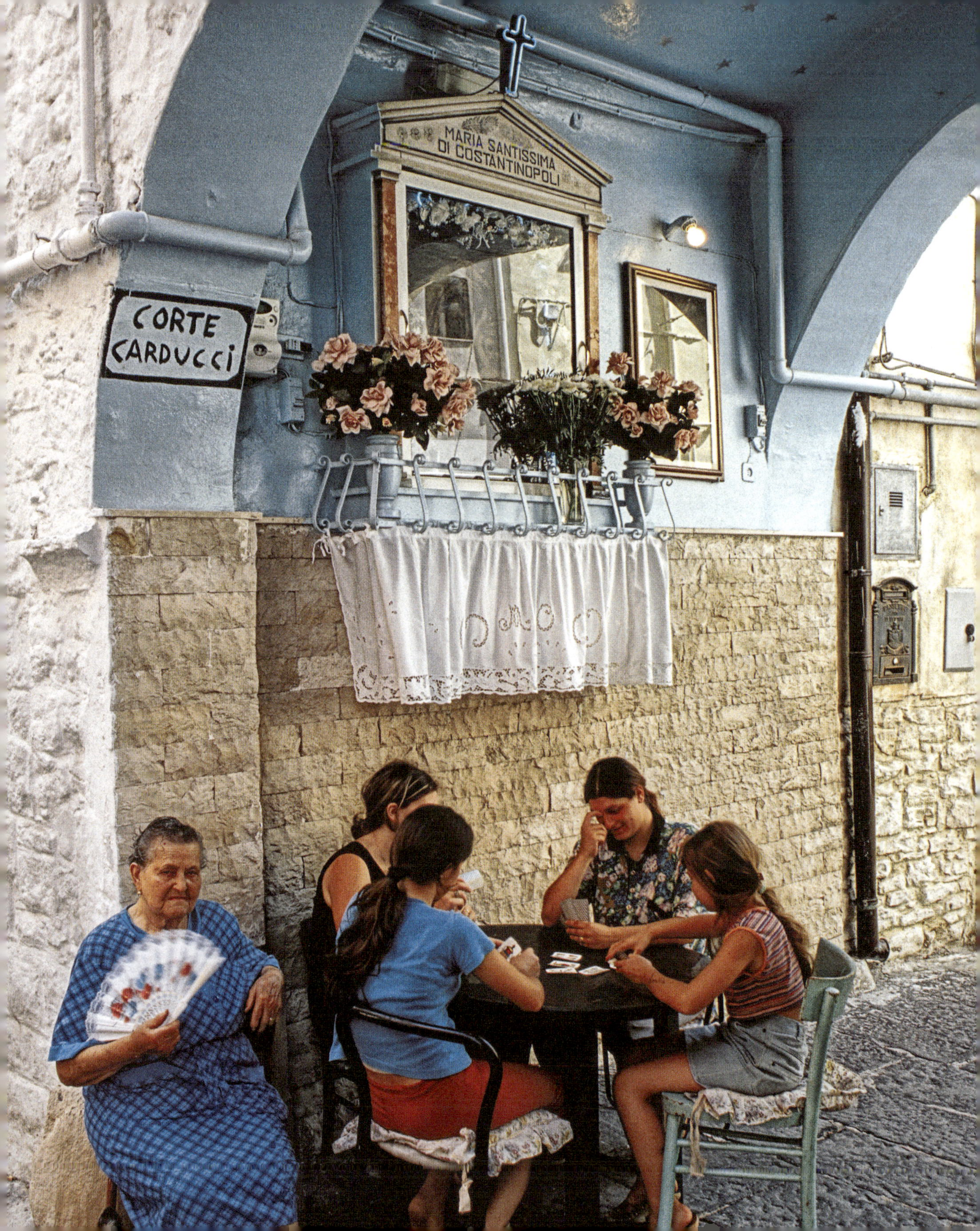
MARIA SANTISSIMA
DI COSTANTINOPOLI
CORTE
CARDUCCI

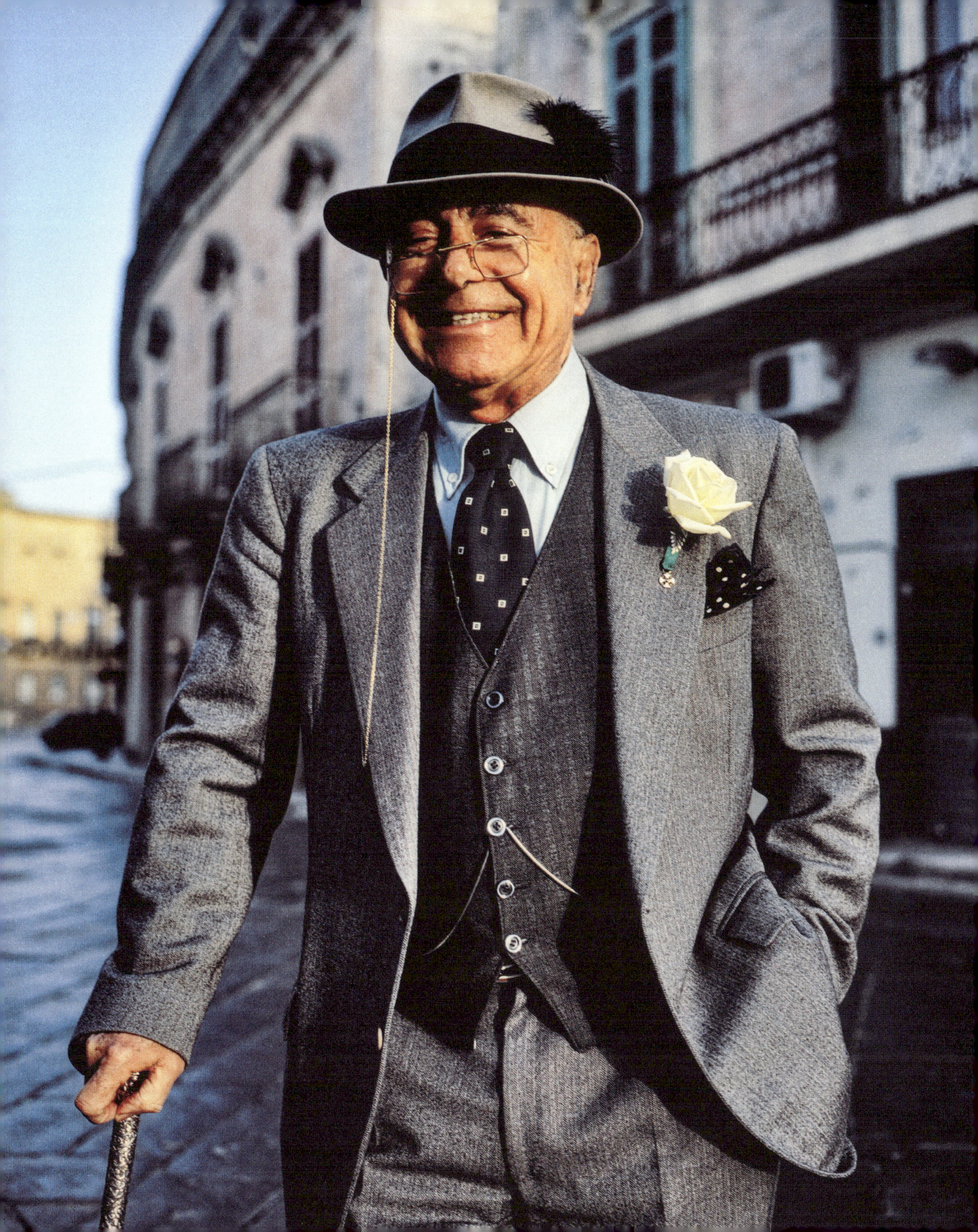

120

Tagliolini alla polpa di granchio

Tagliolini pasta with crab meat

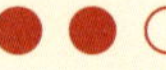

Ingredienti per 4 persone
- 500 g di tagliolini di grano duro
- 1 granseola da 1 kg
- salsa di pomodoro
- 1 spicchio di aglio
- prezzemolo
- brandy
- olio extravergine d'oliva
- sale
- pepe

Serves 4
- 500g (1 lb) durum wheat tagliolini pasta
- 1 x 1kg (2¼ lbs) European spider crab
- basic tomato sauce
- 1 garlic clove
- Italian parsley
- brandy
- extra virgin olive oil
- salt
- pepper

Imbiondire l'aglio nell'olio e farvi rosolare la polpa di granchio.

Fiammeggiare con il brandy e aggiungere la salsa.

Cuocere per 5 minuti circa, aggiungendo sale, pepe e prezzemolo sminuzzato.

Cuocere i tagliolini e mantecare il tutto.

Soften the garlic in the oil and brown the crab meat.

Flame with brandy and add the sauce.

Cook for approximately 5 minutes, adding salt, pepper and chopped parsley.

Cook the tagliolini pasta and mix with the sauce.

Vino Wine:
"Mjère" - Salento DOC Bianco

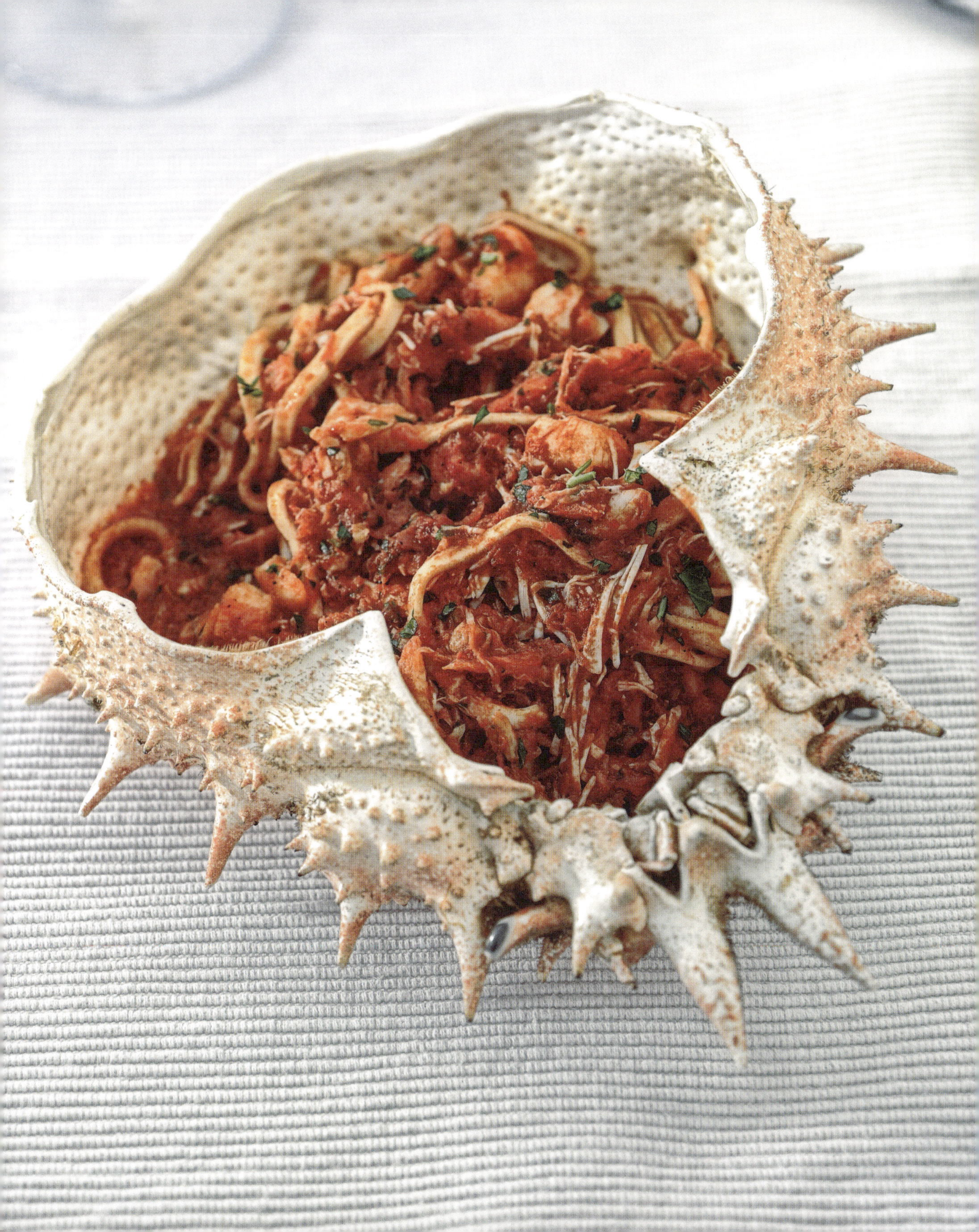

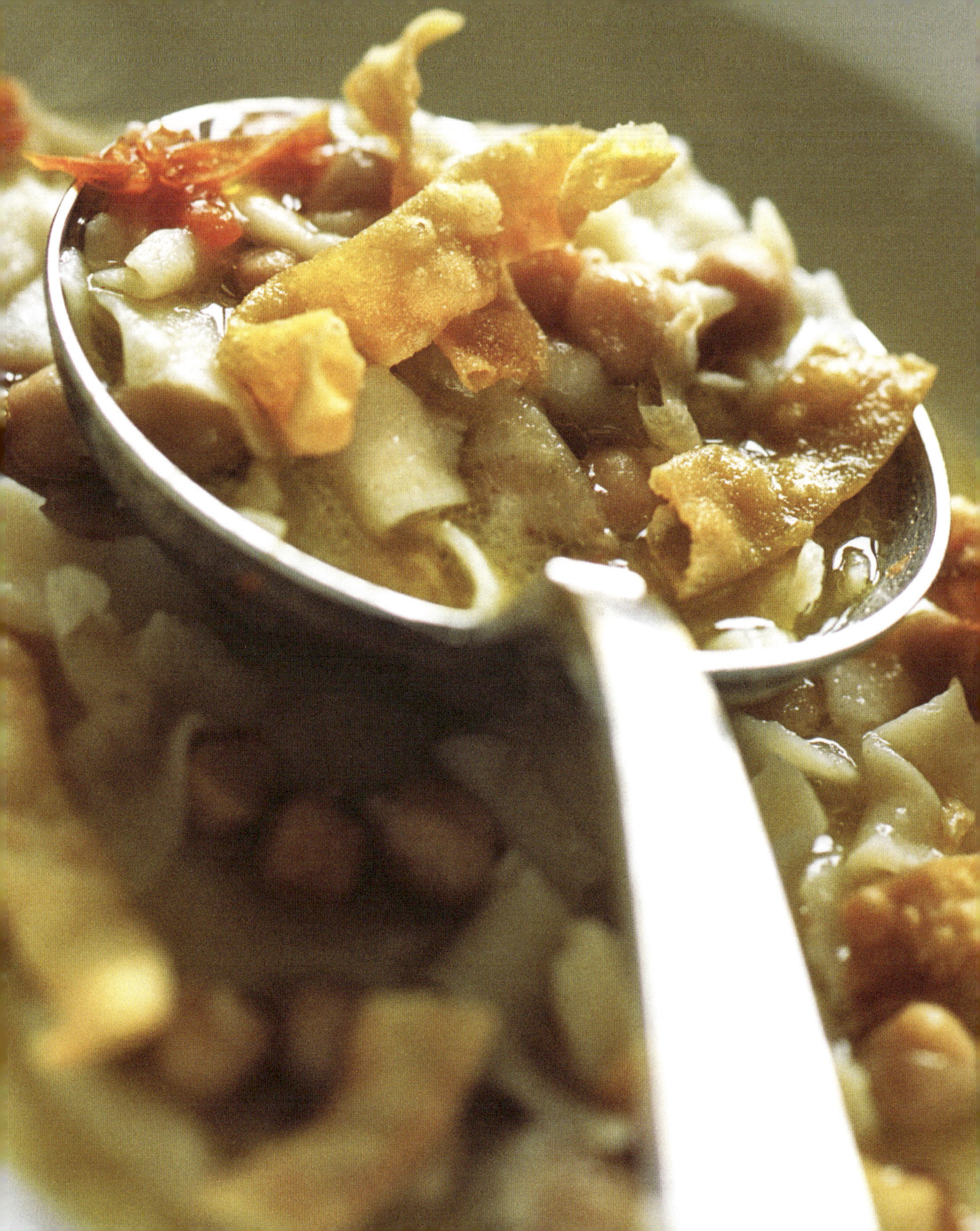

123

Ciceri e tria

Pasta with chickpeas

●●○

Ingredienti per 4 persone

- 400 g di tria (tagliatelle fresche senza uova)
- 300 g di ceci
- 1 cipolla
- 1 sedano
- 1 carota
- 1 pomodoro pelato
- qualche foglia di prezzemolo
- olio extravergine d'oliva
- sale
- pepe

Serves 4

- 400g (14 oz) tria (fresh eggless tagliatelle pasta)
- 300g (10½ oz) chickpeas
- 1 onion
- 1 celery
- 1 carrot
- 1 peeled tomato
- a few Italian parsley leaves
- extra virgin olive oil
- salt
- pepper

Tenere i ceci a bagno per una nottata con una manciata di sale.

Mettere in cottura i ceci e, dopo il primo bollore, passarli in una casseruola con le altre verdure, ricoprendo per intero con acqua.

Cuocere i tre quarti delle tagliatelle, scolandole al dente.

Contemporaneamente friggere le restanti tagliatelle in una padella con olio, fino a doratura.

Unire la pasta fritta a quella cotta in pentola e mescolare con i ceci, aggiungendo l'olio di frittura e una spolverata di pepe.

Soak the beans overnight in water with a handful of salt.

Cook the chickpeas in cold water. As soon as the water boils, transfer the chickpeas to a saucepan with the vegetables and fully cover with water.

Boil three quarters of the tagliatelle until *al dente*.

At the same time, fry the remaining tagliatelle in a frying pan with oil until golden brown.

Combine the fried and boiled pasta, stir in the chickpeas, adding the cooking oil and a sprinkling of pepper.

Vino Wine:
"Girofle" - Salento IGT Rosato

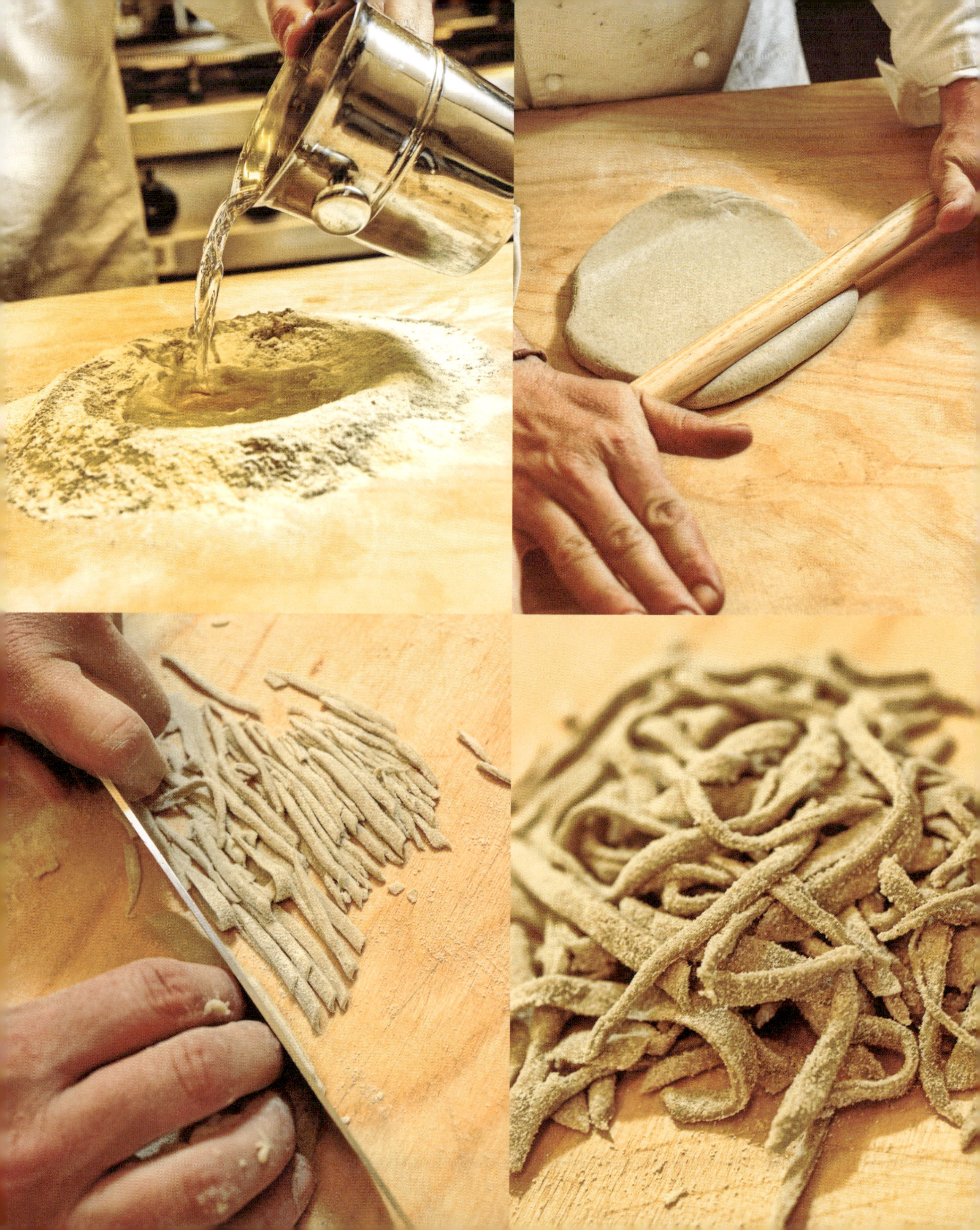

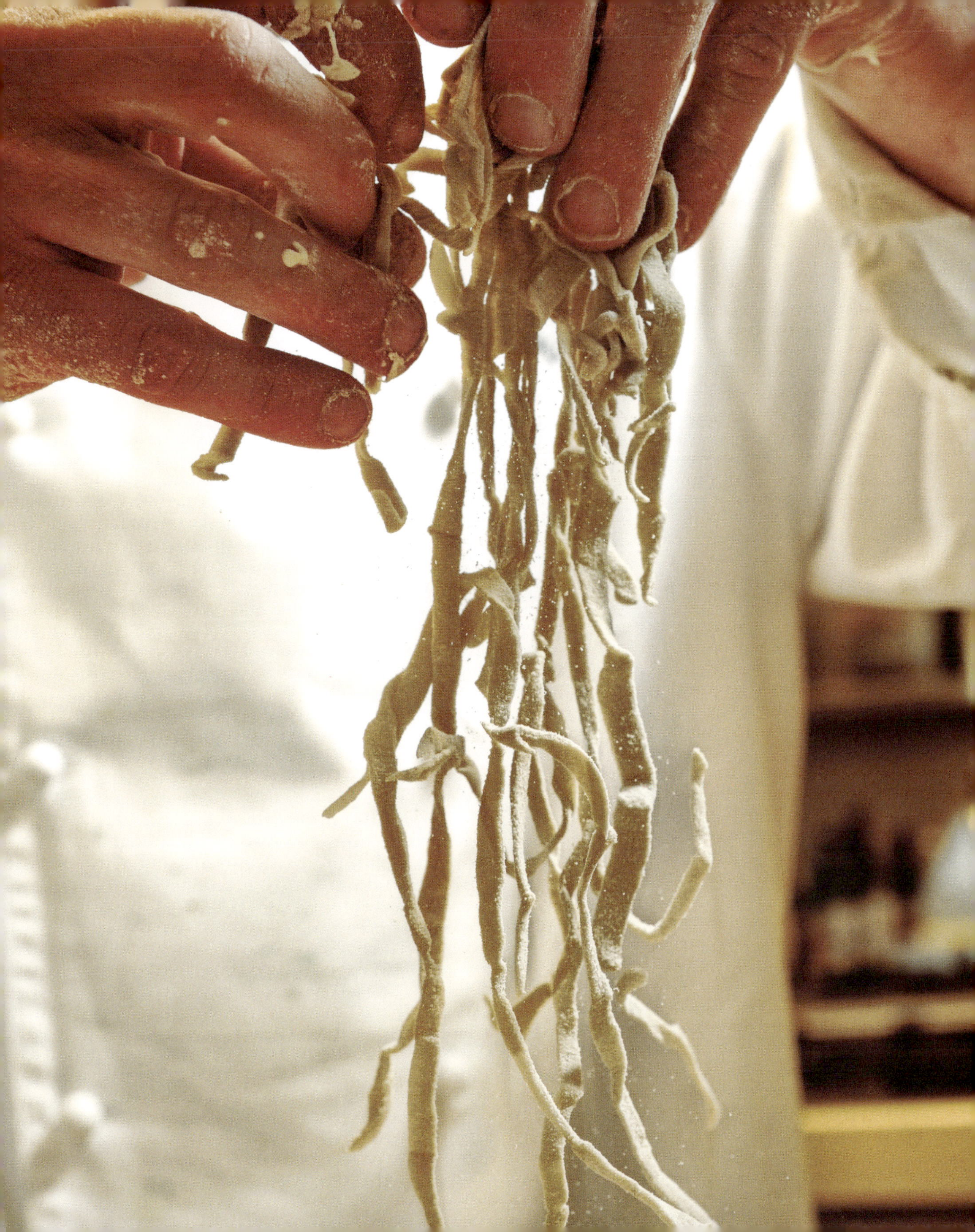

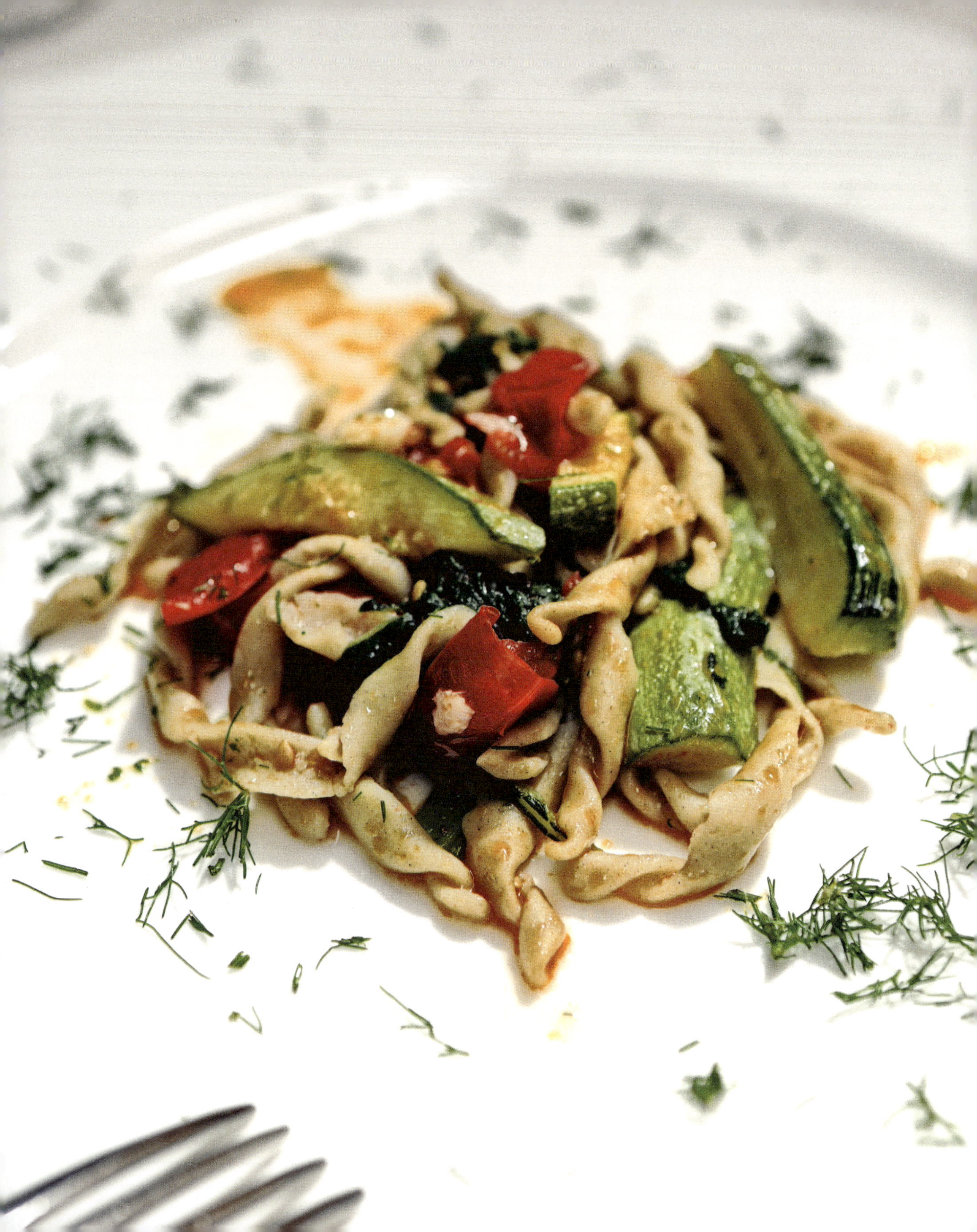

127

Fusilli in ciambottella

Fusilli pasta with vegetable sauce

●●○

Ingredienti per 4 persone
- **300 g di farina**
- **400 g di verdure miste (germogli di zucca, pomodorini, bietole, scarola)**
- **2 spicchi di aglio**
- **peperoncino**
- **100 g di olio extravergine d'oliva**
- **sale**

Serves 4
- 300g (3 cups) flour
- 400g (14 oz) mixed vegetables (squash shoots, cherry tomatoes, silverbeet, escarole)
- 2 garlic cloves
- chilli pepper
- 125ml (½ cup) extra virgin olive oil
- salt

Impastare la farina con acqua tiepida fino a ottenere una pasta morbida e omogenea.

Formare dei bastoncini lunghi 3 cm e, utilizzando un ferro da calza che viene fatto rotolare, schiacciare su ogni bastoncino fino a conferirgli la forma a fusillo.

Rosolare l'aglio in padella con l'olio e aggiungere i pomodorini tagliati in due.

Lessare le verdure in abbondante acqua salata.

A metà cottura unire i fusilli.

A cottura ultimata scolare la pasta con le verdure e far saltare il tutto nella padella con la salsa, aggiungendo il peperoncino.

Mix the flour with lukewarm water to form a soft, smooth dough.

Form 3cm long thin strips of the dough. Using a knitting needle, roll each strip into a spiral shape.

Soften the garlic in a pan with the oil and add the halved tomatoes.

Boil the vegetables in ample salted water.

When half cooked, add the fusilli.

When cooked, drain the pasta and vegetables, and sauté everything in the pan with the sauce, adding the chilli.

Vino Wine:
"Sogno di Volpe" - San Severo DOC Rosato

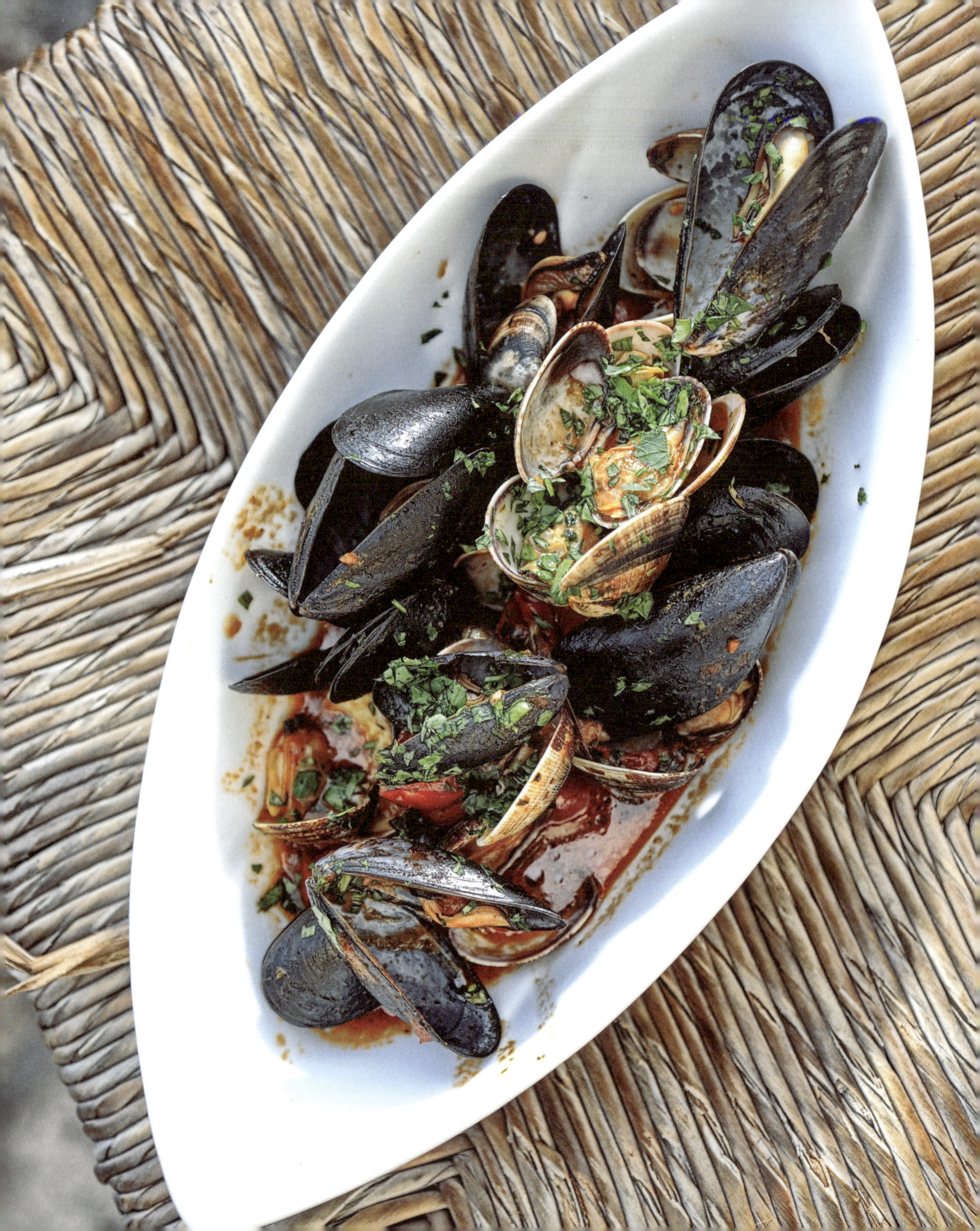

129

Zuppa di cozze e vongole

Mussel and clam soup

●○○

Ingredienti per 4 persone
- 1,5 kg di cozze
- 1 kg di vongole
- 10 pomodori ciliegini
- 1 spicchio di aglio
- prezzemolo
- origano
- olio extravergine d'oliva
- pepe

Serves 4
- 1.5kg (3⅓ lbs) mussels
- 1kg (2¼ lbs) clams
- 10 cherry tomatoes
- 1 garlic clove
- Italian parsley
- oregano
- extra virgin olive oil
- pepper

Imbiondire l'aglio nell'olio.

Aggiungere le cozze e le vongole dopo averle accuratamente pulite.

Condire con pepe, origano, prezzemolo e pomodori (lasciarli interi se di piccole dimensioni).

Coprire e lasciare cuocere per una decina di minuti fino ad apertura e completa cottura dei frutti di mare.

Soften the garlic in the oil.

Add the mussels and clams after thoroughly cleaning them.

Season with pepper, oregano, parsley and tomatoes (leave whole if very small).

Cover and cook for about ten minutes until all the shells have opened.

Vino Wine:
"Rosa del Golfo" - Salento IGT Rosato

130 *Orecchiette di grano arso con cime di zucchine*

'Burnt wheat' orecchiette pasta with courgette tops

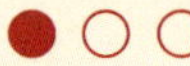

Ingredienti per 4 persone
- 200 g di orecchiette di grano arso
- 500 g di foglie tenere e germogli di zucchina
- 2 spicchi di aglio
- ricotta stagionata di pecora
- olio extravergine d'oliva
- sale

Serves 4
- 200g (7 oz) orecchiette di grano arso pasta
- 500g (1 lb) tender courgette (zucchini) leaves and shoots
- 2 garlic cloves
- aged sheep's milk ricotta cheese
- extra virgin olive oil
- salt

Pulire e lavare le piante delle zucchine selezionando le parti tenere e le foglie piccole (i gambi delle foglie più grandi vanno privati dei loro filamenti).

Cucinare la verdura in abbondante acqua salata.

A cottura ultimata, immergere nella stessa pentola le orecchiette.

In una padella soffriggere l'aglio con l'olio fino a completa doratura.

A cottura quasi ultimata delle orecchiette, scolare il tutto e saltare abbondantemente in padella con l'aglio e l'olio, quasi fino a creare una crema.

Servire con una grattugiata di ricotta stagionata.

Clean the courgettes, choosing the most tender parts and the smallest leaves (the filaments should be removed from the larger leaves).

Cook the vegetables in ample salted water.

When cooked, place the orecchiette pasta in the same pot.

In a pan, fry the garlic in oil until soft.

When the orecchiette are almost cooked, drain everything and sauté well in a pan with the garlic and oil to the point that almost a cream forms.

Serve with grated aged ricotta.

Vino Wine:
"Vigna Pedale" - Castel del Monte DOC Rosso

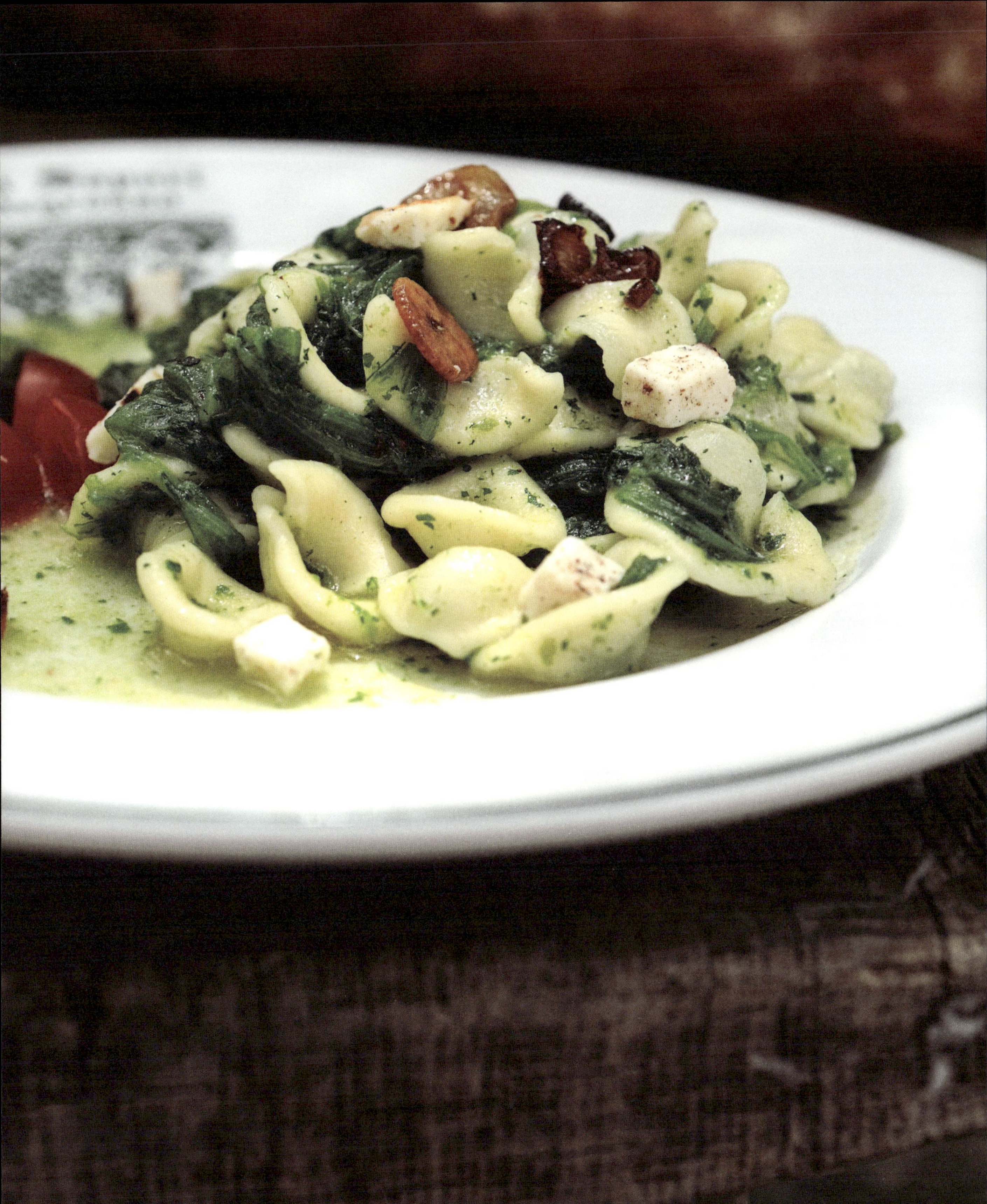

132

Pasta al forno

Baked pasta

●●○

Ingredienti per 4 persone
- **400 g di pasta corta a scelta (penne o rigatoni)**
- **300 g di carne di manzo macinata**
- **1 kg di passata di pomodoro**
- **1 uovo**
- **2 mozzarelle**
- **½ cipolla**
- **qualche fogliolina di basilico**
- **150 g di prosciutto cotto a fette**
- **200 g di formaggio pecorino grattugiato**
- **olio extravergine d'oliva**
- **sale**
- **pepe**

Serves 4
- 400g (14 oz) short pasta of your choice (penne or rigatoni)
- 300g (10½ oz) ground beef
- 1kg (2¼ lbs) tomato purée
- 1 egg
- 2 x 125g (4½ oz) mozzarella cheeses
- ½ onion
- a few basil leaves
- 150g (5¼ oz) sliced ham
- 200g (1¾ cups) grated pecorino cheese
- extra virgin olive oil
- salt
- pepper

Impastare la carne con l'uovo, 100 g di formaggio e aggiustare di sale e pepe.

Formare delle polpettine minuscole e friggerle rapidamente in olio caldo.

Preparare un sugo versando il pomodoro in un soffritto di cipolla e olio e salare.

Cuocere la pasta in acqua salata, scolarla al dente e amalgamarla con un mestolo di sugo.

Disporre tutto in una teglia da forno alternando pasta, sugo, mozzarella, prosciutto, il formaggio restante, polpettine e foglioline di basilico. A piacere, rivestire il tutto con pomodoro affettato.

Infornare a 180 °C per 10/15 minuti circa.

Mix the meat with the egg and 100g (¾ cup) of cheese, seasoning with salt and pepper.

Shape into small meatballs and quickly fry in hot oil.

Make a sauce by adding the tomato to the onion fried in olive oil. Add salt.

Cook the pasta in salted water until *al dente*. Drain and mix with a ladle of the sauce.

Place in a baking dish, making alternating layers of pasta, sauce, mozzarella, ham, the remaining cheese, meatballs and basil leaves. If desired, top with sliced tomato.

Bake at 180°C (350°F) for approximately 10–15 minutes.

Vino Wine:
"Alberelli De La Santa" - Salento IGT Rosato

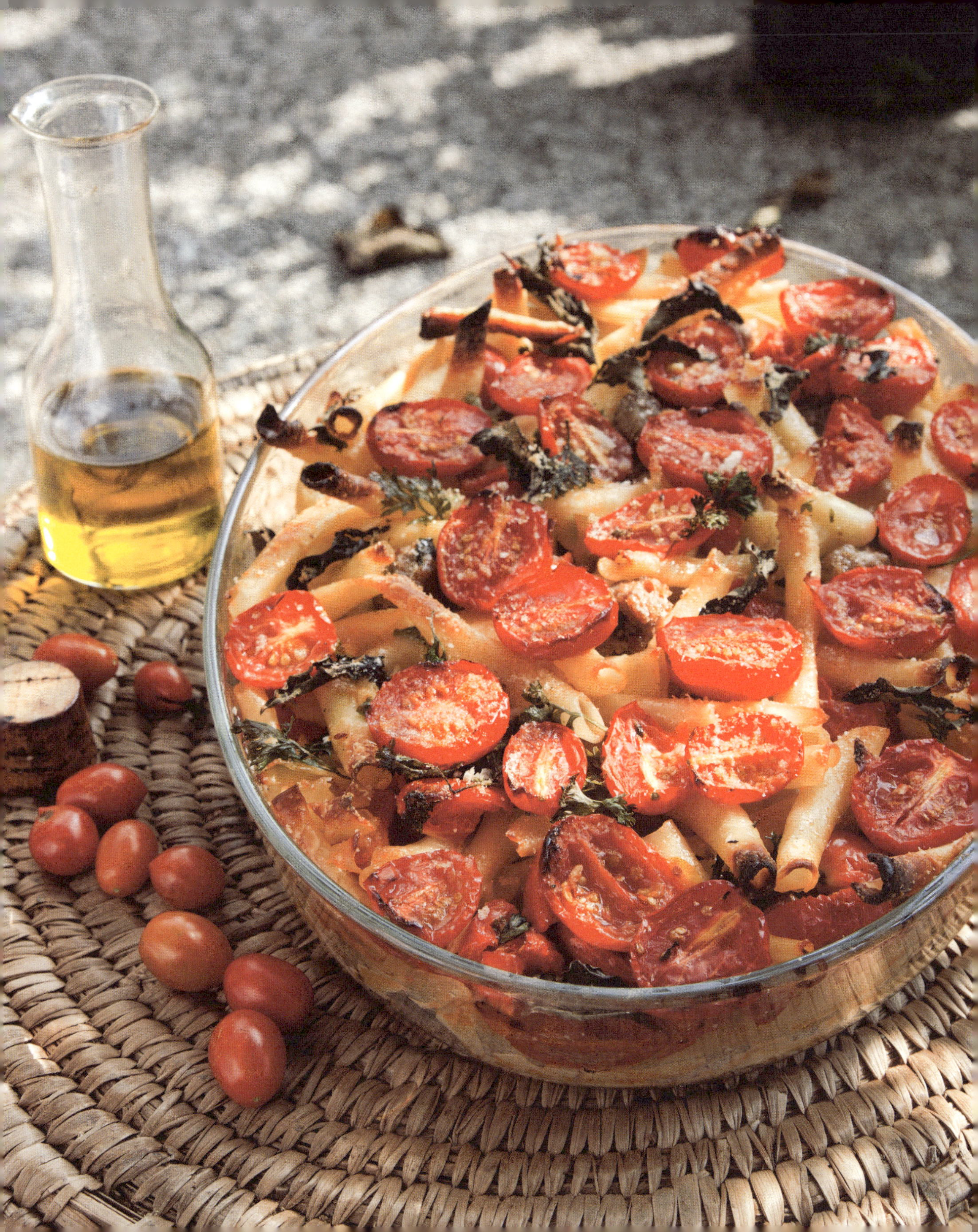

134

Cavatelli con la rucola

Cavatelli pasta with rocket

●○○

Ingredienti per 4 persone
- **400 g di cavatelli freschi**
- **100 g di rucola**
- **aglio**
- **pecorino grattugiato**
- **olio extravergine d'oliva**
- **sale**

Serves 4
- **400g (14 oz) fresh cavatelli pasta**
- **100g (3½ oz) rocket**
- **garlic**
- **grated pecorino cheese**
- **extra virgin olive oil**
- **salt**

Pulire, lavare e lessare la rucola in abbondante acqua salata.

A cottura quasi ultimata della rucola unire la pasta, quindi scolare insieme.

Unire a un soffritto di aglio e olio e spolverare con pecorino grattugiato.

A piacere, si può anche unire un sugo di pomodoro.

Clean, wash and boil the rocket in ample salted water.

When almost cooked, add the pasta. Drain together.

Mix with a sauté of garlic and olive oil, and sprinkle with grated cheese.

If desired, add a tomato sauce.

Vino Wine:
"Maviglia" - Salento IGT Bianco

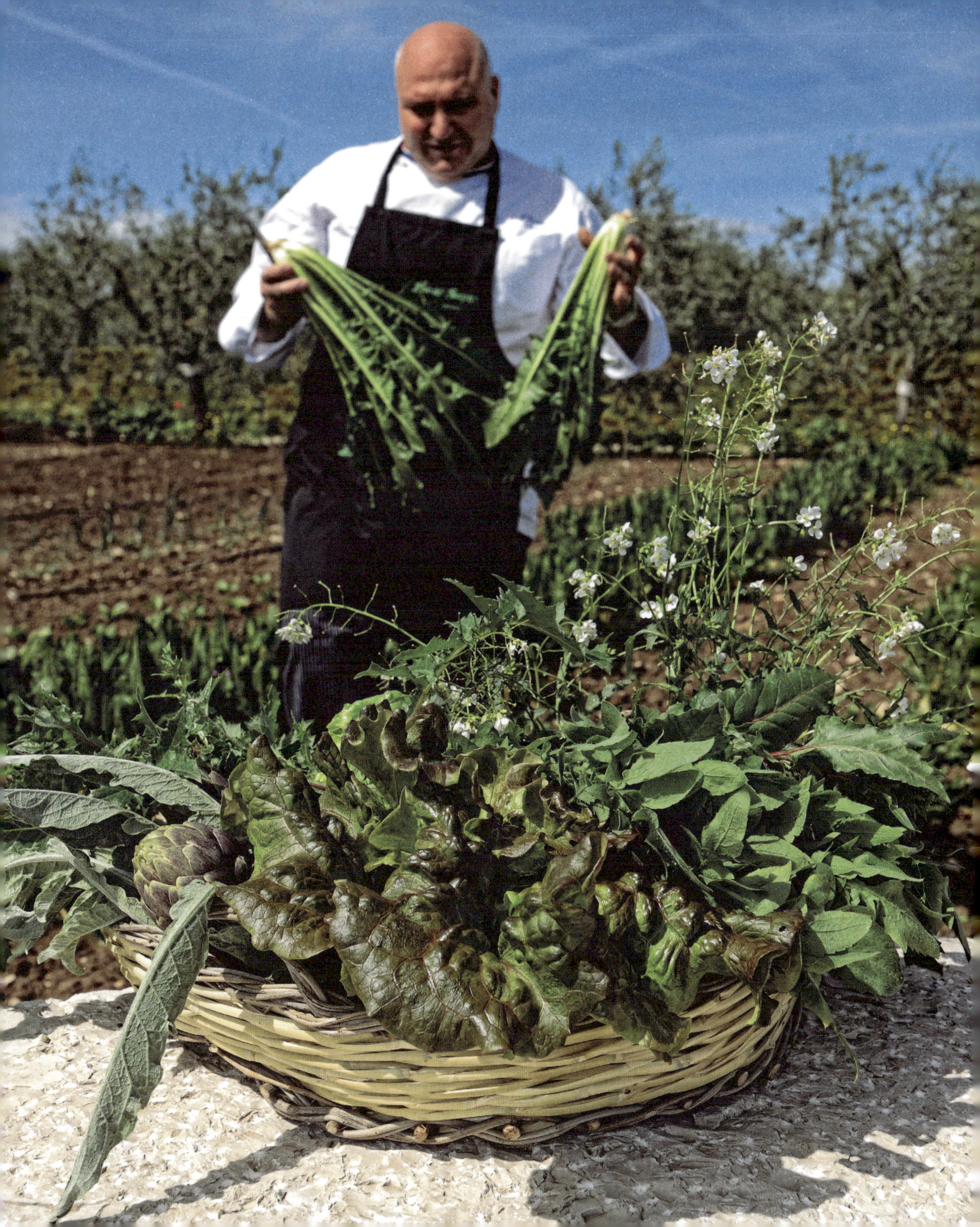

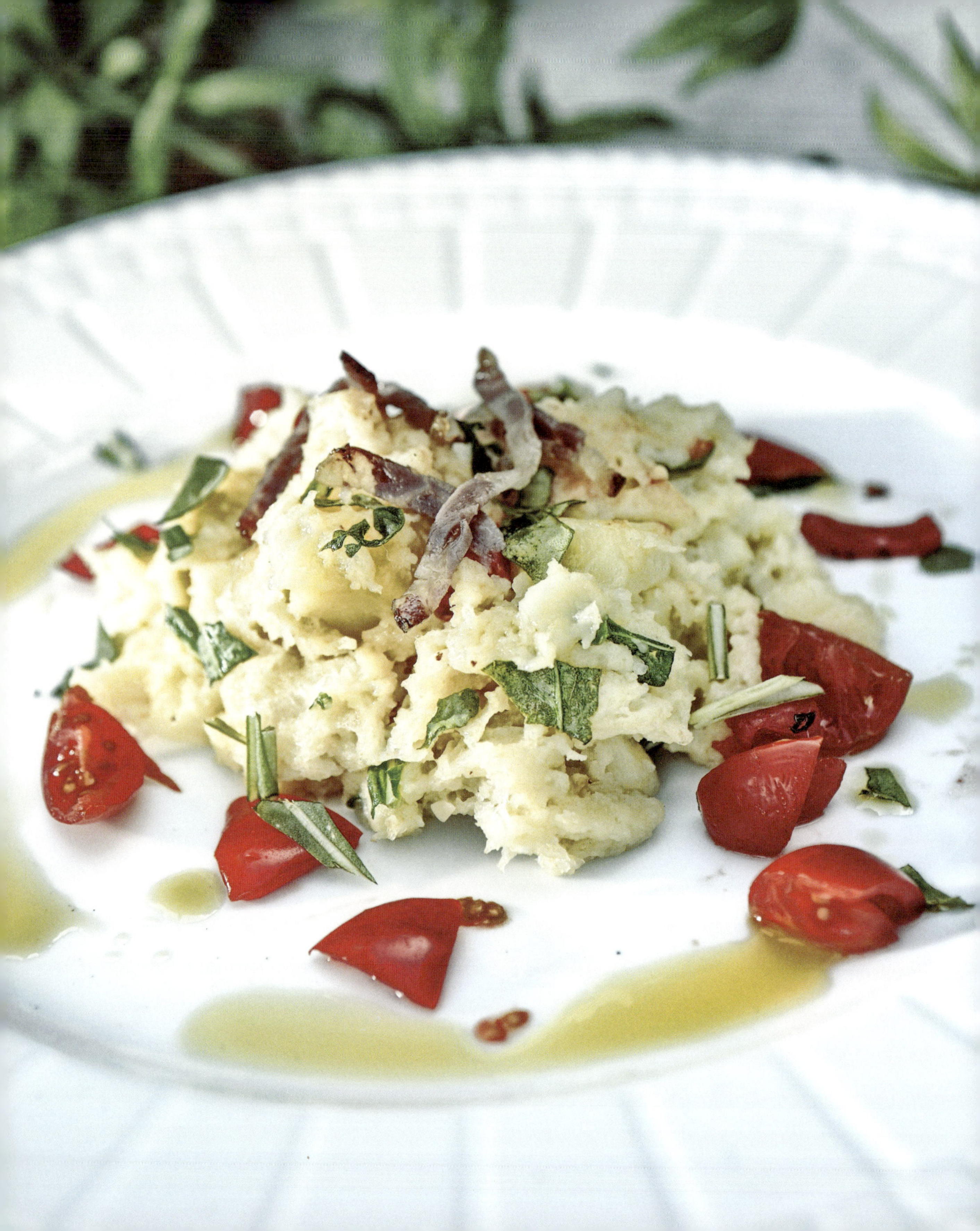

137

Pancotto

Cooked bread

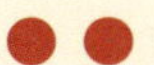

Ingredienti per 4 persone
- **800 g di pane raffermo**
- **200 g di rucola**
- **200 g di patate**
- **100 g di pancetta (a piacere)**
- **2 spicchi di aglio**
- **1 peperoncino intero**
- **olio extravergine d'oliva**
- **sale**

Serves 4
- 800g (1¾ lbs) old bread
- 200g (7 oz) rocket
- 200g (7 oz) potatoes
- 100g (3½ oz) bacon (optional)
- 2 garlic cloves
- 1 whole chilli pepper
- 125ml (½ cup) extra virgin olive oil
- salt

Tagliare il pane in fette molto spesse.

Sbucciare e tagliare le patate a cubetti, quindi cuocerle.

In una padella soffriggere l'aglio e l'olio con il peperoncino e, a piacere, la pancetta tritata.

Mettere dell'acqua in una pentola e portare a ebollizione.

Aggiungere le fette di pane, la rucola e le patate e lasciare cuocere per qualche minuto.

Servire adagiando le verdure e il soffritto sopra una fetta di pane per ogni piatto.

Cut the bread into very thick slices.

Peel and dice the potatoes, then cook them.

In a frying pan, fry the garlic with the oil, chilli and, if desired, chopped bacon.

Bring a pot of water to the boil.

Add the slices of bread, rocket and potatoes, and cook for few minutes.

Top the bread with the vegetables and the fried mixture, and serve.

Vino Wine:
"Vorijètt" - Daunia IGT Bianco

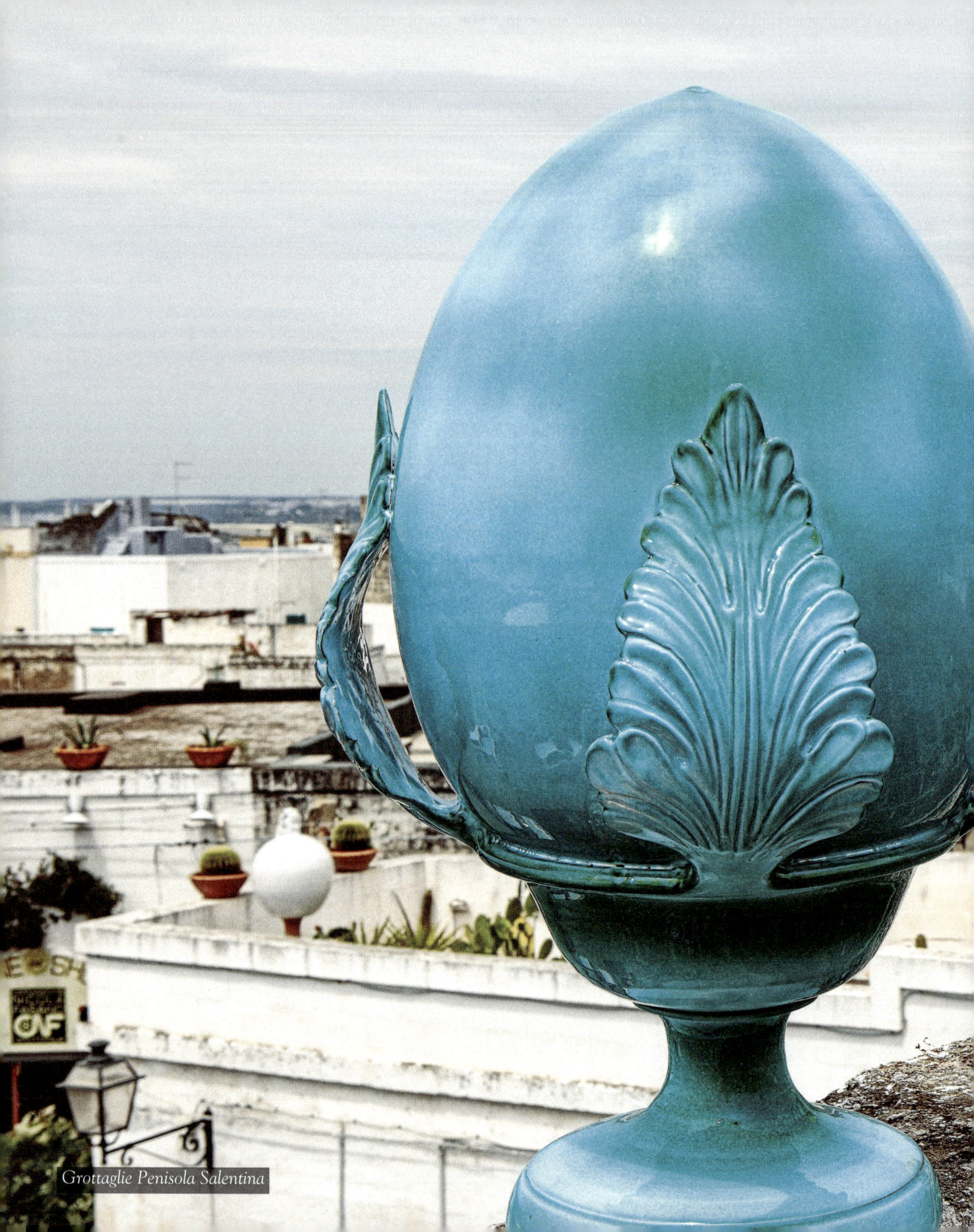

Grottaglie Penisola Salentina

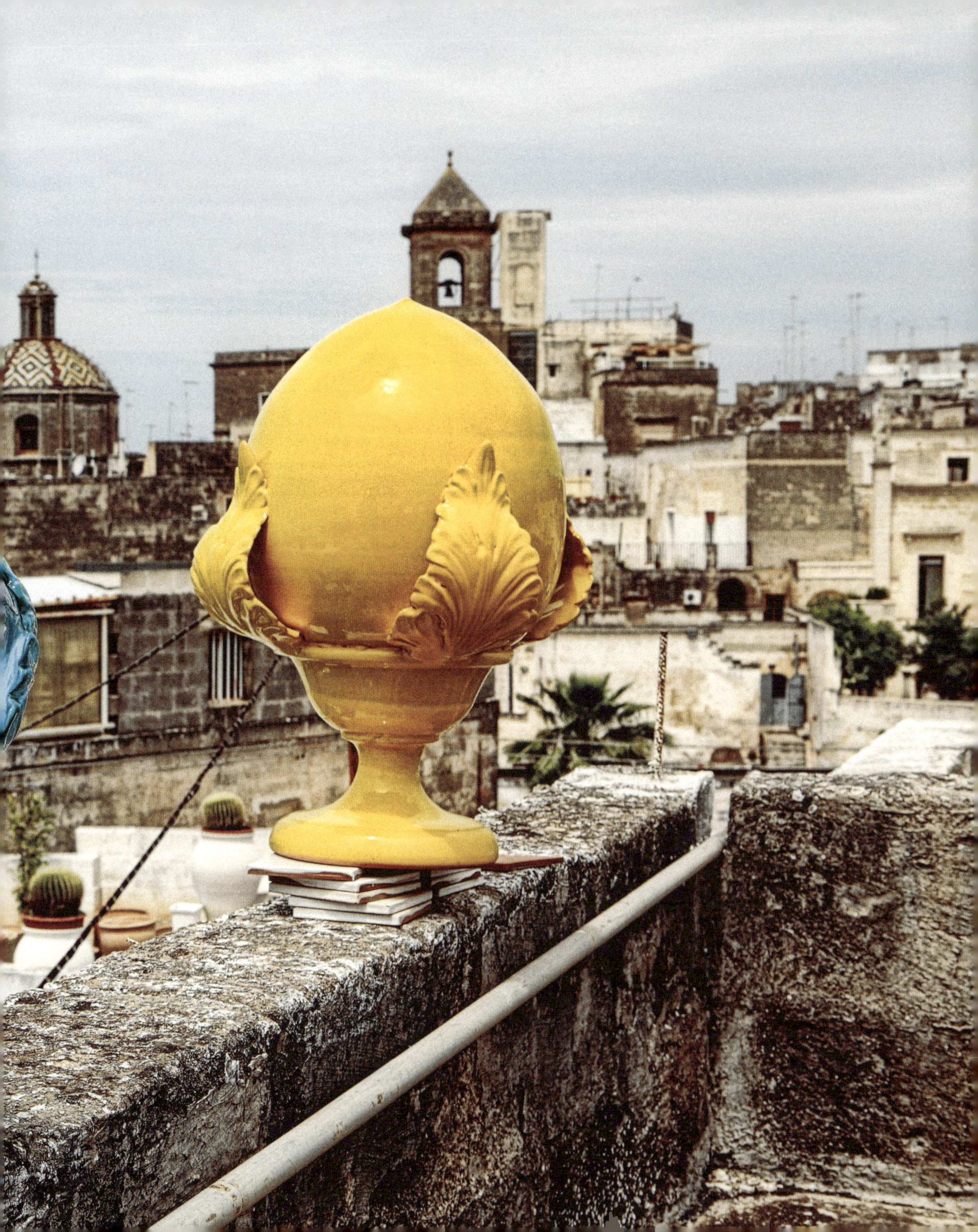

Maiale, manzo, vitello…
ma soprattutto agnello
e capretto, insieme
al cavallo, sono protagonisti
dei secondi a base di carne.

Lamb and kid take pride
of place among Puglia's
traditional meat dishes,
but pork, beef, veal and
horsemeat are also on the
menu.

141

Carne - Meat

142

Salsiccia a punta di coltello

Alta Murgia sausages

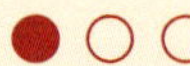

Ingredienti per 4 persone
- 500 g di salsiccia a punta di coltello
- 1 bicchiere di vino bianco secco
- 1 rametto di rosmarino
- olio extravergine d'oliva
- sale

Serves 4
- 500g (1 lb) Alta Murgia 'Punta di Coltello' sausages
- 1 glass dry white wine
- 1 sprig rosemary
- extra virgin olive oil
- salt

Ungere una teglia e mettere in forno la salsiccia con un rametto di rosmarino, lasciando cuocere a 180 °C per 30 minuti circa.

A metà cottura irrorare la salsiccia con il vino bianco secco, aggiungere un pizzico di sale e terminare la cottura.

Grease a baking tray and roast the sausages with a sprig of rosemary at 180°C (350°F) for 30 minutes.

Halfway through cooking, sprinkle the sausages with the dry white wine and lightly salt.

Vino Wine:
"Vigna del Melograno" - Castel del Monte DOC Rosso

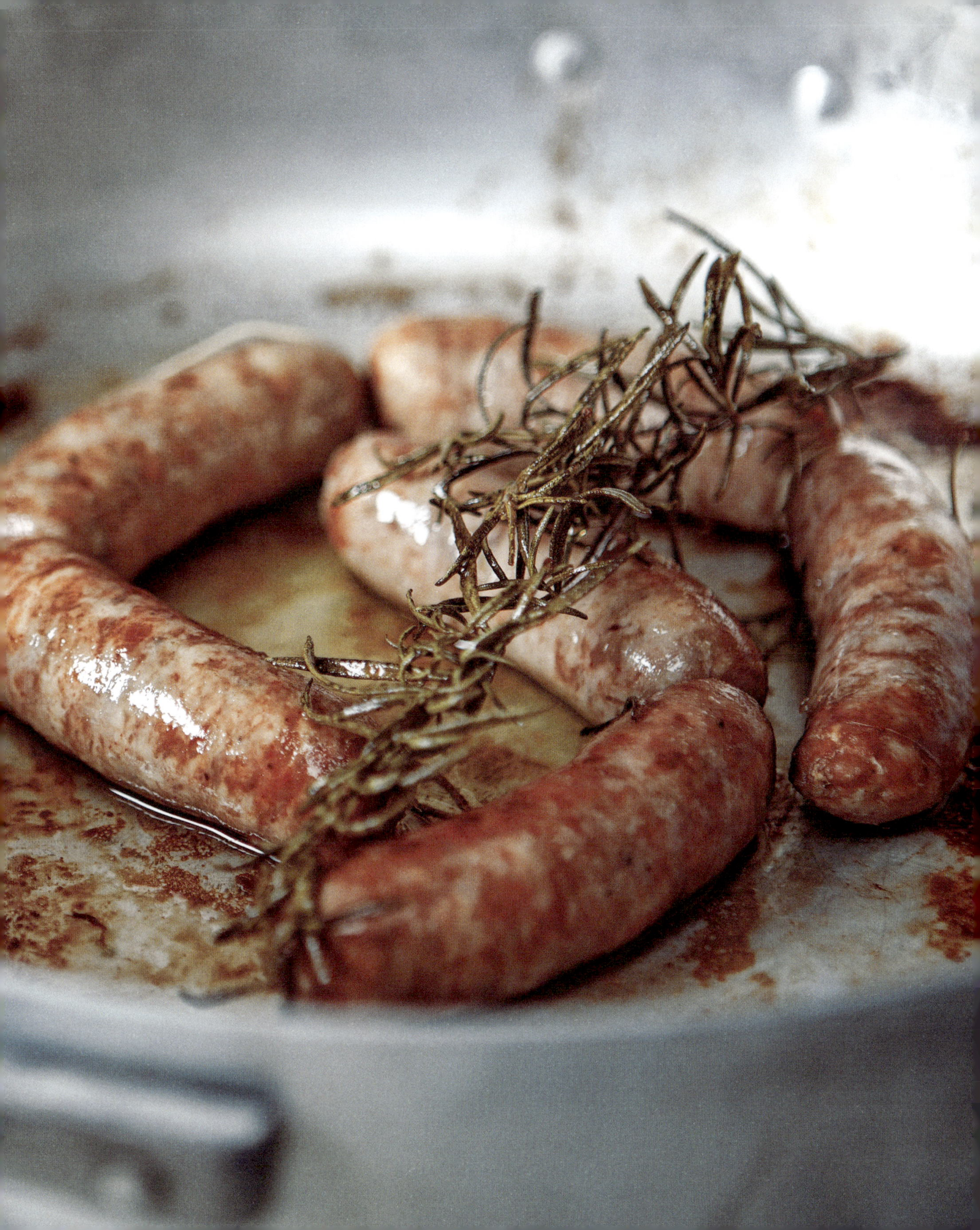

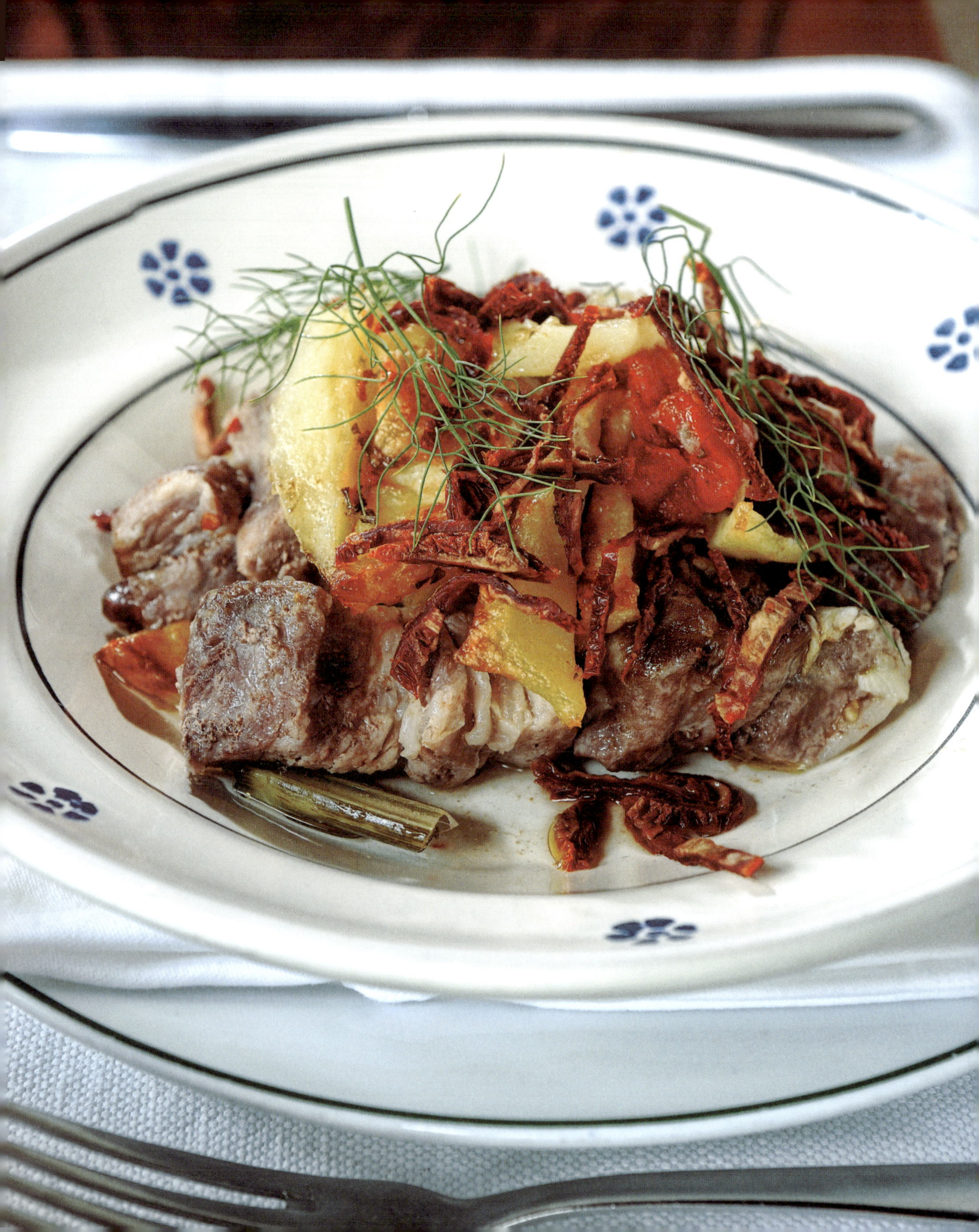

145

Tegame al fornello di rasciale di maiale

Roast pork shoulder

●●○

Ingredienti per 4 persone

- 500 g di rasciale (capocollo) di maiale in pezzi
- 150 g di patate
- 100 g di pomodori secchi
- 50 g di finocchietto selvatico fresco
- mollica di pane
- pecorino canestrato grattugiato
- prezzemolo
- 1 spicchio di aglio
- ½ bicchiere di vino bianco
- olio extravergine d'oliva
- sale
- pepe

Serves 4

- 500g (1 lb) pork shoulder in pieces
- 150g (5 oz) potatoes
- 100g (¾ cup) dried tomatoes
- 50g (1¾ oz) fresh fennel
- bread with crusts removed
- grated pecorino canestrato cheese
- Italian parsley
- 1 garlic clove
- ½ glass dry white wine
- extra virgin olive oil
- salt
- pepper

Sbucciare e affettare le patate e porre in acqua fredda i pomodori secchi per 2 ore circa.

Cospargere di olio il fondo di un tegame da forno in terracotta o in ceramica dai bordi alti.

Adagiare sul fondo i pezzi di maiale, quindi le patate affettate e i pomodori secchi.

Insaporire con il finocchietto, bagnare con il vino e cospargere con prezzemolo, pecorino, mollica di pane, aglio, sale e pepe.

Riempire il tegame con acqua e infornare a 180 °C per 2 ore circa.

Ultimare la cottura quando l'acqua si sarà ridotta a pochi centimetri.

Peel and slice the potatoes and place the dried tomatoes in cold water for approximately 2 hours.

Oil the bottom of an earthenware or ceramic baking dish with high sides.

Place the pieces of pork, the sliced potatoes and the dried tomatoes in the dish.

Sprinkle on the fennel, wine, parsley, pecorino, bread, garlic, salt and pepper.

Fill the baking dish with water and roast at 180°C (350°F) for approximately 2 hours.

The meat is fully cooked when the water had been reduced to a little under two inches.

Vino Wine:
"Parco Marano" - Castel del Monte DOC Rosso

146

Pezzetti di cavallo in pignatta

Horsemeat pieces in earthenware

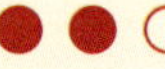

Ingredienti per 4 persone
- 800 g di muscolo di cavallo a pezzi
- 200 g di salsa di pomodoro
- 4 carote
- 2 cipolle
- 1 costa di sedano
- 2 foglie di alloro
- 1 rametto di rosmarino
- 2 foglie di salvia
- 1 ciuffetto di prezzemolo
- peperoncino
- olio extravergine d'oliva
- sale
- pepe

Serves 4
- 800g (1¾ lbs) lean horsemeat in pieces
- 200g (1 cup) basic tomato sauce
- 4 carrots
- 2 onions
- 1 celery stick
- 2 bay leaves
- 1 sprig rosemary
- 2 sage leaves
- 1 bunch Italian parsley
- chilli pepper
- extra virgin olive oil
- salt
- pepper

Disporre la carne in una pignatta (tegame in terracotta) con le verdure mondate e tagliate a pezzi.

Aggiungere la salsa, gli aromi, un pizzico di sale, il pepe, 2 dl di acqua e l'olio.

Portare a ebollizione a fuoco dolce e lasciare cuocere la carne per 2 ore circa e fino a restringimento del sugo e a cottura completa della carne.

Place the meat in an earthenware pot with the vegetables, peeled and cut into pieces.

Add the sauce, herbs, a pinch of salt, pepper, 0.2l of water, and the oil.

Bring to the boil over a low heat and cook for approximately 2 hours, until the sauce has reduced and the meat is thoroughly cooked.

Vino Wine:
"Amativo" - Salento IGT Rosso

147

Tiella di agnello e patate

Layered roast lamb and potatoes

Ingredienti per 4 persone
- 1,2 kg di agnello in pezzi
- 1 kg di patate
- 3 spicchi di aglio
- pangrattato
- olio extravergine d'oliva
- sale
- pepe

Serves 4
- 1.2 kg (2⅔ lbs) lamb pieces
- 1kg (2¼ lbs) potatoes
- 3 garlic cloves
- breadcrumbs
- extra virgin olive oil
- salt
- pepper

Disporre in una pignatta ben oliata i pezzi di agnello con le patate sbucciate e affettate.

Spolverare con abbondante pangrattato, aglio tritato e aggiustare di sale e pepe.

Bagnare con olio e aggiungere ½ bicchiere di acqua.

Cuocere in forno a 180 °C per 45 minuti circa.

Place the lamb pieces, and the peeled and sliced potatoes in a well-oiled earthenware pot.

Sprinkle with plenty of breadcrumbs and minced garlic, and season with salt and pepper.

Sprinkle with olive oil and add ½ cup of water.

Roast at 180°C (350°F) for approximately 45 minutes.

Vino Wine:
"Terragnolo" - Salento IGT Rosso

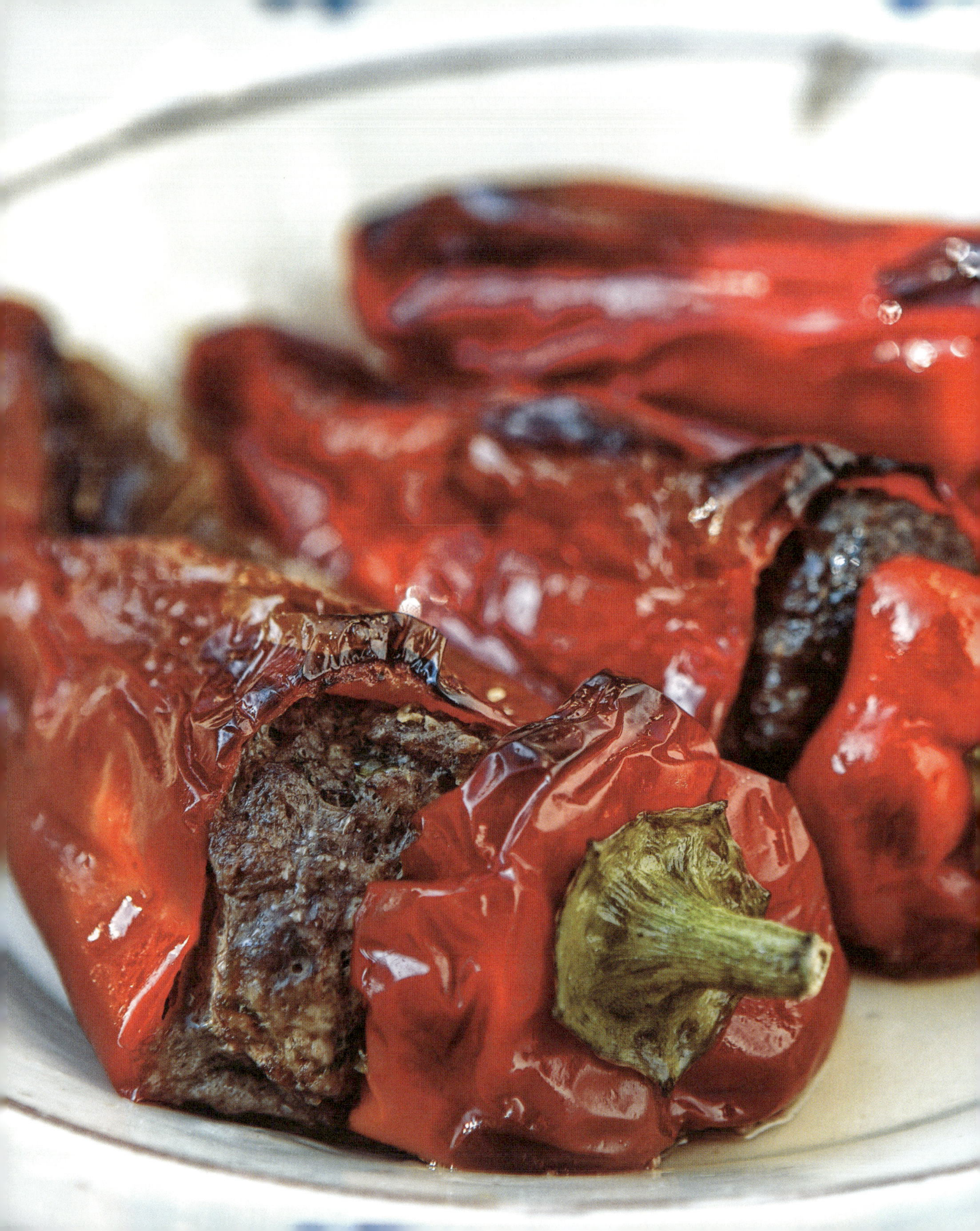

149 *Peperoni ripieni*

Stuffed peppers

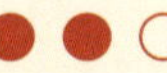

Ingredienti per 4 persone
- 4 peperoni di media grandezza
- 400 g di carne di vitello tritata
- mollica di pane
- latte
- 1 uovo intero
- 70 g di pecorino grattugiato
- qualche cappero
- 1 spicchio di aglio
- prezzemolo
- olio extravergine di oliva
- sale
- pepe

Serves 4
- 4 medium peppers
- 400g (14 oz) minced veal
- bread with crusts removed
- milk
- 1 egg
- 70g (⅔ cup) pecorino cheese, grated
- a few capers
- 1 garlic clove
- Italian parsley
- extra virgin olive oil
- salt
- pepper

In una ciotola lavorare la carne con l'uovo, la mollica di pane precedentemente imbevuta nel latte, il pecorino, qualche cappero tritato, il prezzemolo tritato con l'aglio, il sale e il pepe.

Tagliare i peperoni a pochi centimetri dal gambo e privarli dei semi.

Inserire il composto nei peperoni una volta che risulterà morbido e umido.

Disporre i peperoni in una teglia e cospargerli d'olio, infornarli a 180 °C per 20 minuti circa.

In a bowl, combine the meat, egg, bread (previously soaked in milk), pecorino cheese, a few chopped capers, the parsley chopped with the garlic, salt and pepper.

Cut the peppers near the stem and remove the seeds.

When the filling is soft and damp, stuff the peppers.

Arrange the peppers in a baking dish and sprinkle with oil. Bake at 180°C (350°F) for approximately 20 minutes.

Vino Wine:
"Zaniah" - Puglia IGT Rosso

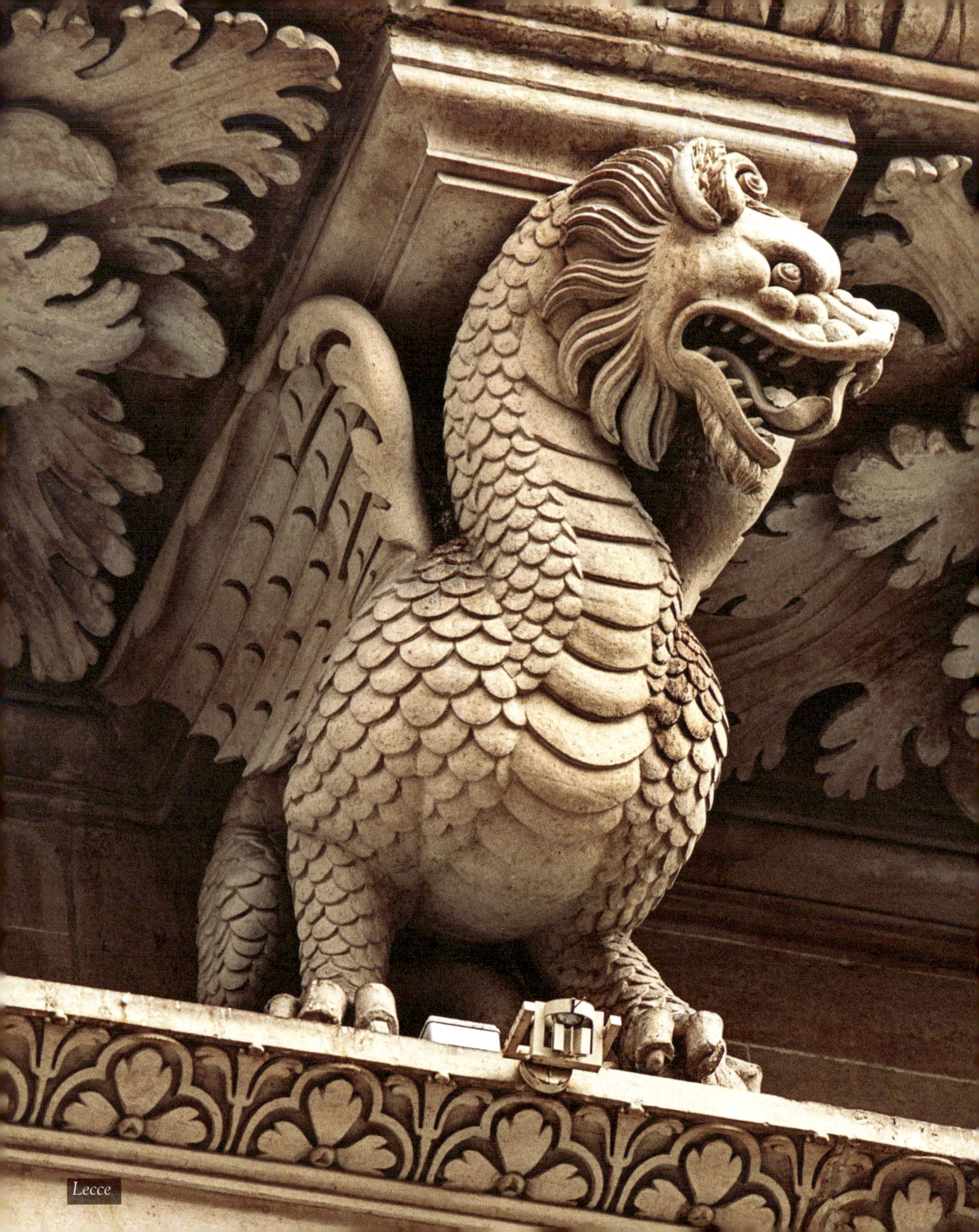

Lecce

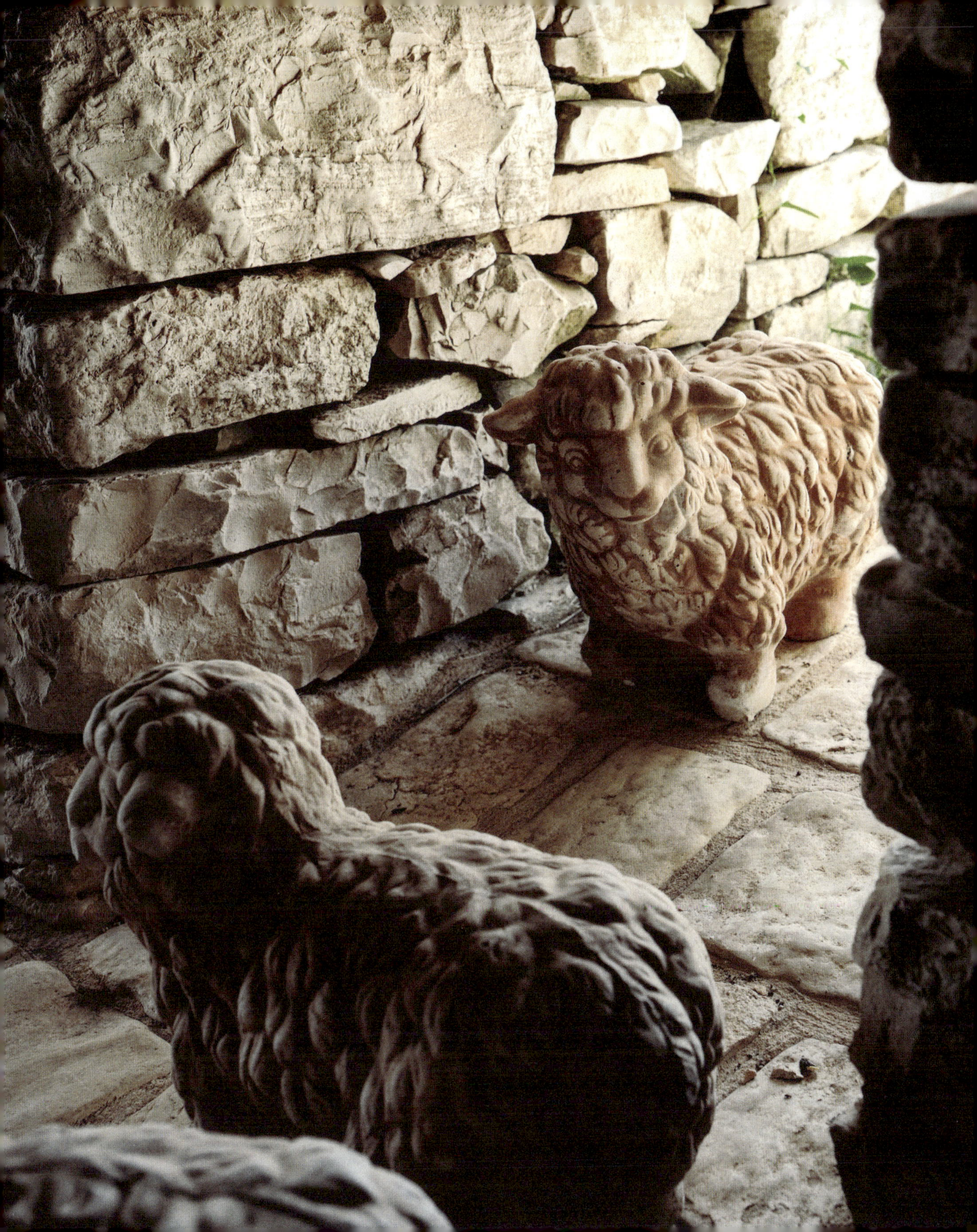

152

Carré d'agnello croccante alle erbette

Crispy loin of lamb with herbs

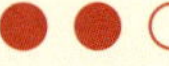

Ingredienti per 4 persone
- 1 kg di carrè d'agnello
- 1 rametto di rosmarino
- 1 rametto di salvia
- 2 cucchiai di origano
- una manciata di prezzemolo tritato
- 2 spicchi di aglio
- ½ mestolo di brodo
- olio extravergine d'oliva
- sale
- pepe

Serves 4
- 1kg (2¼ lbs) lamb loin
- 1 sprig rosemary
- 1 sprig sage
- 2 Tbsps oregano
- 1 handful Italian parsley, chopped
- 2 garlic cloves
- ½ ladle of broth
- extra virgin olive oil
- salt
- pepper

Tritare finemente le foglie di salvia e di rosmarino e unire all'origano.

Strofinare il carrè con questo composto, fino alla creazione di una crosticina su tutta la sua superficie.

Rosolare l'agnello in una casseruola con dell'olio per qualche minuto a fiamma vivace, unire il brodo e lasciare in cottura per 40 minuti, aggiustando di sale e pepe.

In un'altra casseruola soffriggere l'aglio tritato in olio, quindi aggiungere il prezzemolo.

Bagnare la carne con l'olio aromatizzato prima di servire.

Finely chop the sage and rosemary, and add to the oregano.

Rub the herbs into the loin until there is a fine covering over its entire surface.

Brown the lamb in the oil in a pot over a high heat for a few minutes. Add the broth and cook for 40 minutes, adding salt and pepper.

In another pot, fry the chopped garlic in oil, then add the parsley.

Sprinkle the meat with the flavoured oil before serving.

Vino Wine:
"Nero di Troia" - Puglia IGT Rosso

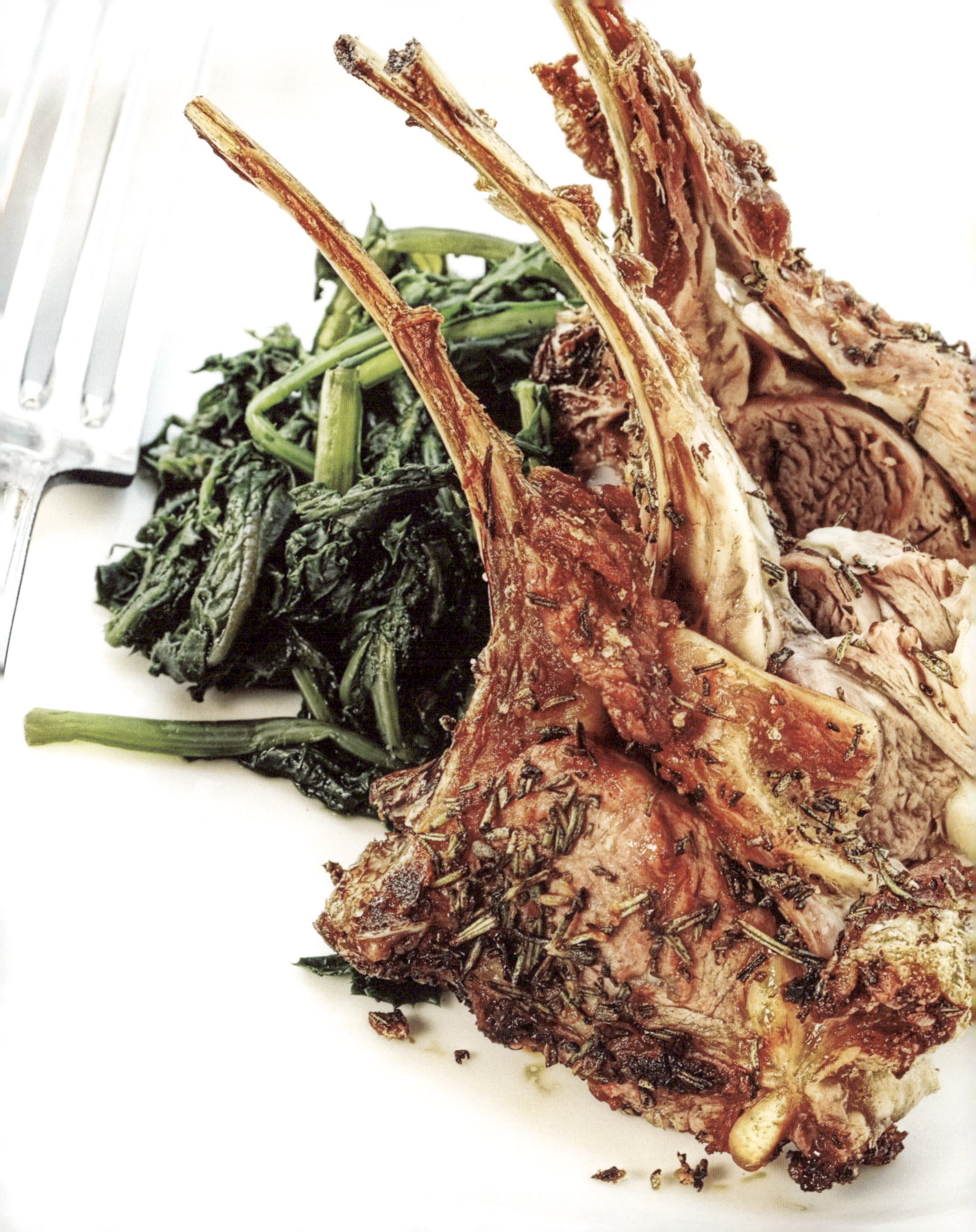

154

Turcinieddhi (gnumarieddhi)

Offal rolls

●●●

Ingredienti:
- interiora di agnello da latte o capra (polmone, fegato, milza, cuore)
- budelline di agnello da latte o capretto
- foglie di alloro o prezzemolo
- aceto
- sale
- pepe

Ingredients:
- suckling lamb or goat offal (lungs, liver, spleen, heart)
- lamb or kid intestines
- bay leaves or Italian parsley
- vinegar
- salt
- pepper

Lavare con grande cura le budelline di agnello con acqua tiepida e aceto e lasciare asciugare per qualche ora.

Spezzettare le interiora e comporre degli spiedini, aggiustare di sale e pepe e fasciare con le budelline tagliate a strisce, intervallando a piacere con foglie di alloro o con prezzemolo.

Cuocere alla brace oppure in forno coprendo con un filo d'olio.

Thoroughly wash the lamb intestines in lukewarm water and vinegar, and allow to dry for a few hours.

Chop the offal and place on skewers. Season with salt and pepper. Wrap with the intestines cut into strips, adding the bay leaves or parsley as desired.

Grill or roast after sprinkling with a little olive oil.

Vino Wine:
"Nero di Velluto" - Salento IGT Rosso

155

Capretto al fornello

Roast kid

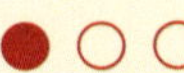

Ingredienti per 4 persone
- **1 kg di capretto**
- **sale**

Serves 4
- 1kg (2¼ lbs) kid
- salt

Tagliare a pezzi il capretto (o acquistarlo già spezzettato).

Infilzare i pezzi su uno spiedo e cuocere su fornello a legna o, in alternativa, cuocere in forno elettrico per 30 minuti circa.

Salare prima di servire.

Cut the kid into pieces (or buy in pieces).

Skewer the pieces and cook on a wood stove or roast in an electric oven for approximately 30 minutes.

Salt before serving.

Vino Wine:
"Primitivo di Manduria" - Primitivo di Manduria DOC

156

Involtini di cavallo al ragù

Horsemeat roulades with sauce

●●○

Ingredienti per 4 persone
- 800 g di fesa di cavallo tagliata in 8 fettine
- 1 kg di passata di pomodoro
- 100 g di pecorino grattugiato
- 50 g di capperi
- 1 ciuffo di prezzemolo
- 1 spicchio di aglio
- 1 bicchiere di vino rosso
- 100 g di olio extravergine d'oliva
- sale
- pepe

Serves 4
- 800g (1¾ lbs) horse rump steak cut into 8 slices
- 1kg (4 cups) tomato purée
- 100g (1 cup) pecorino cheese, grated
- 50g (¼ cup) capers
- 1 bunch Italian parsley
- 1 garlic clove
- 1 glass red wine
- 125ml (½ cup) extra virgin olive oil
- salt
- pepper

Battere le fette di carne e condirle con capperi, prezzemolo, pecorino e pepe.

Arrotolare le fette e chiuderle con degli stecchini.

In una casseruola soffriggere l'olio con l'aglio e la carne aggiungendovi il vino fino a evaporazione.

Aggiungere la passata di pomodoro, salare e cuocere per almeno 3 ore aggiungendo poca acqua.

Tenderize the meat slices and top with the capers, parsley, pecorino and a sprinkle of pepper.

Roll the slices and close with toothpicks.

In a saucepan, fry the meat in oil with the garlic. Add the wine and allow to evaporate.

Add the tomato purée and salt, and cook for at least 3 hours, adding a little water.

Vino Wine:
"Amativo" - Salento IGT Rosso

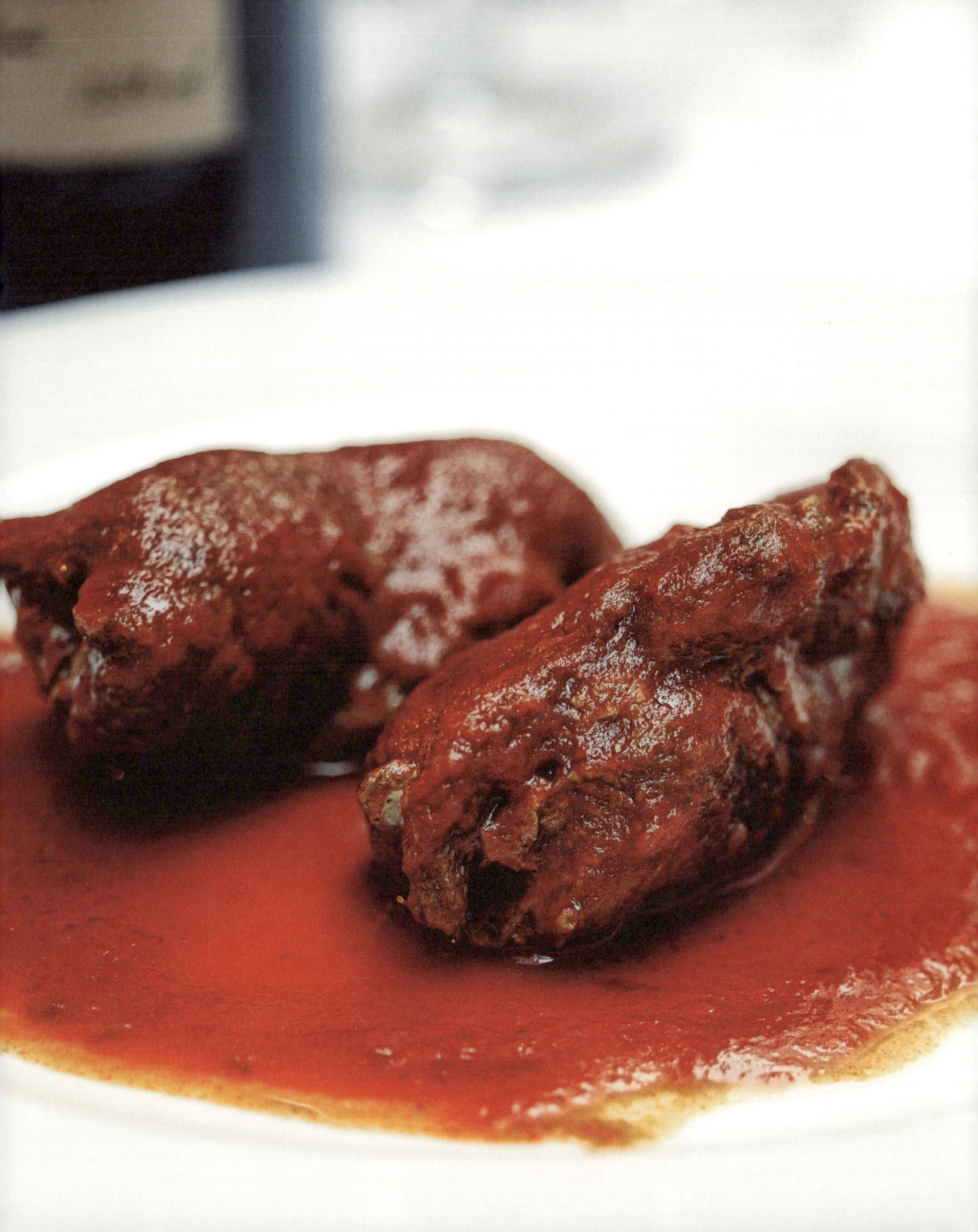

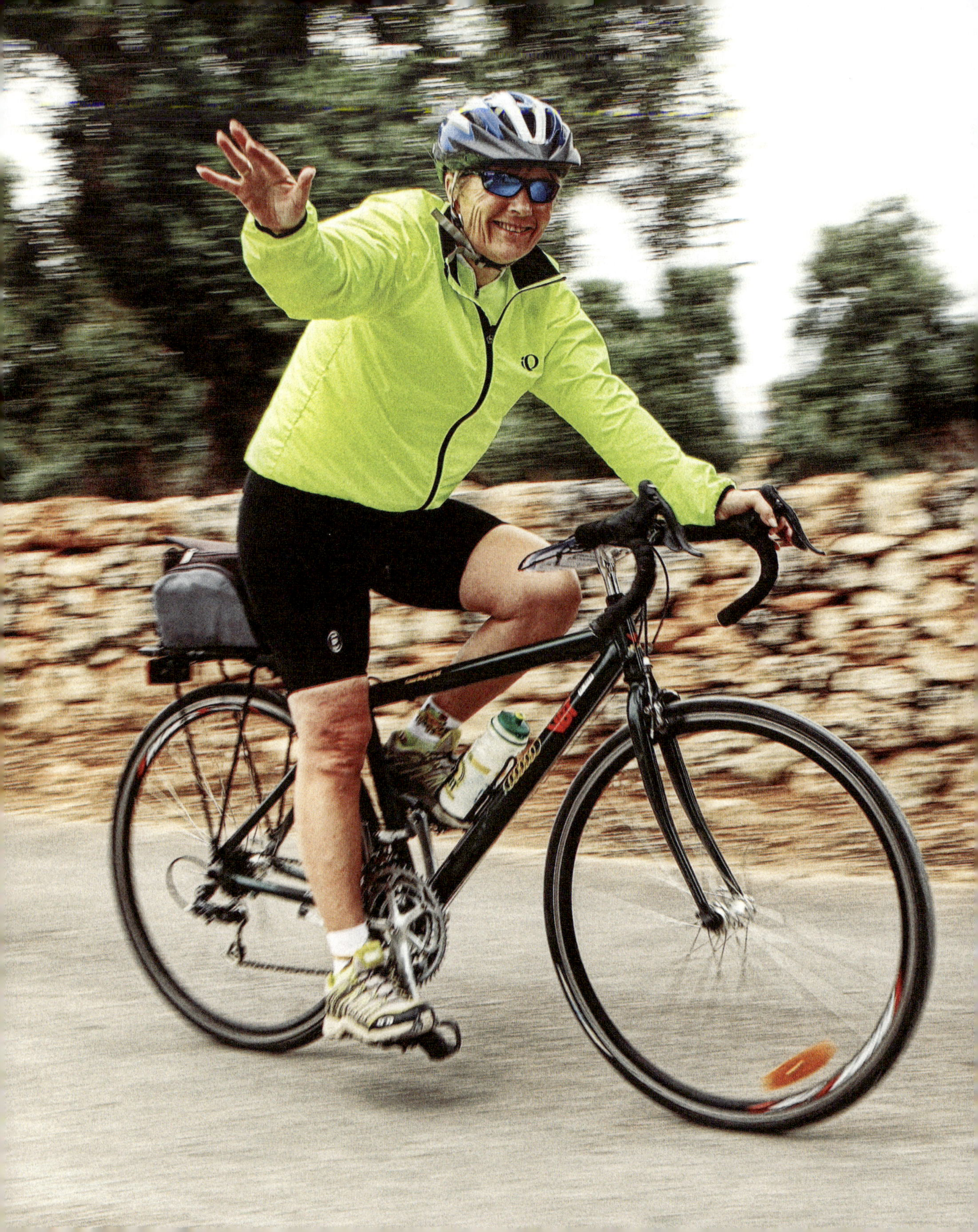

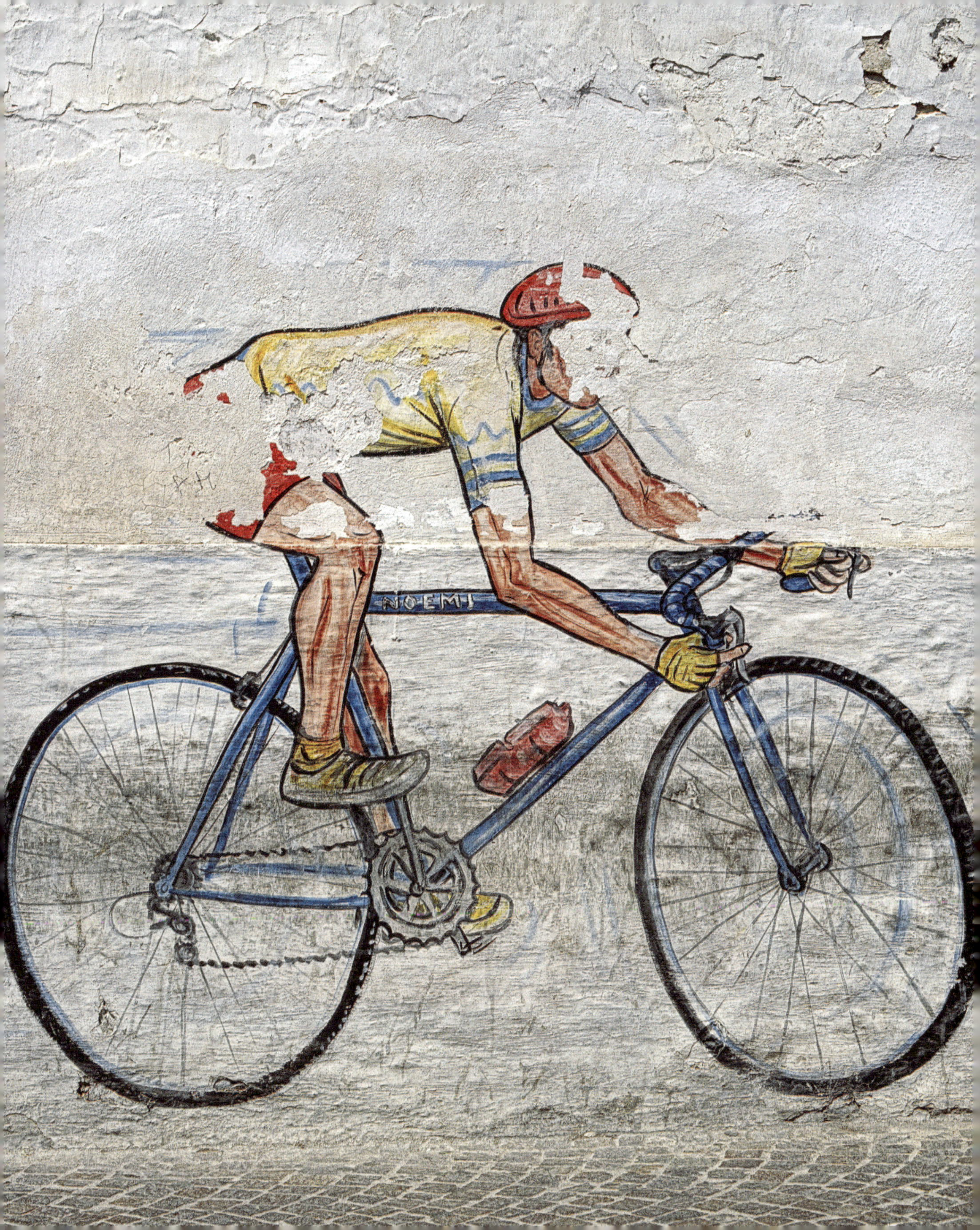
NOEMI

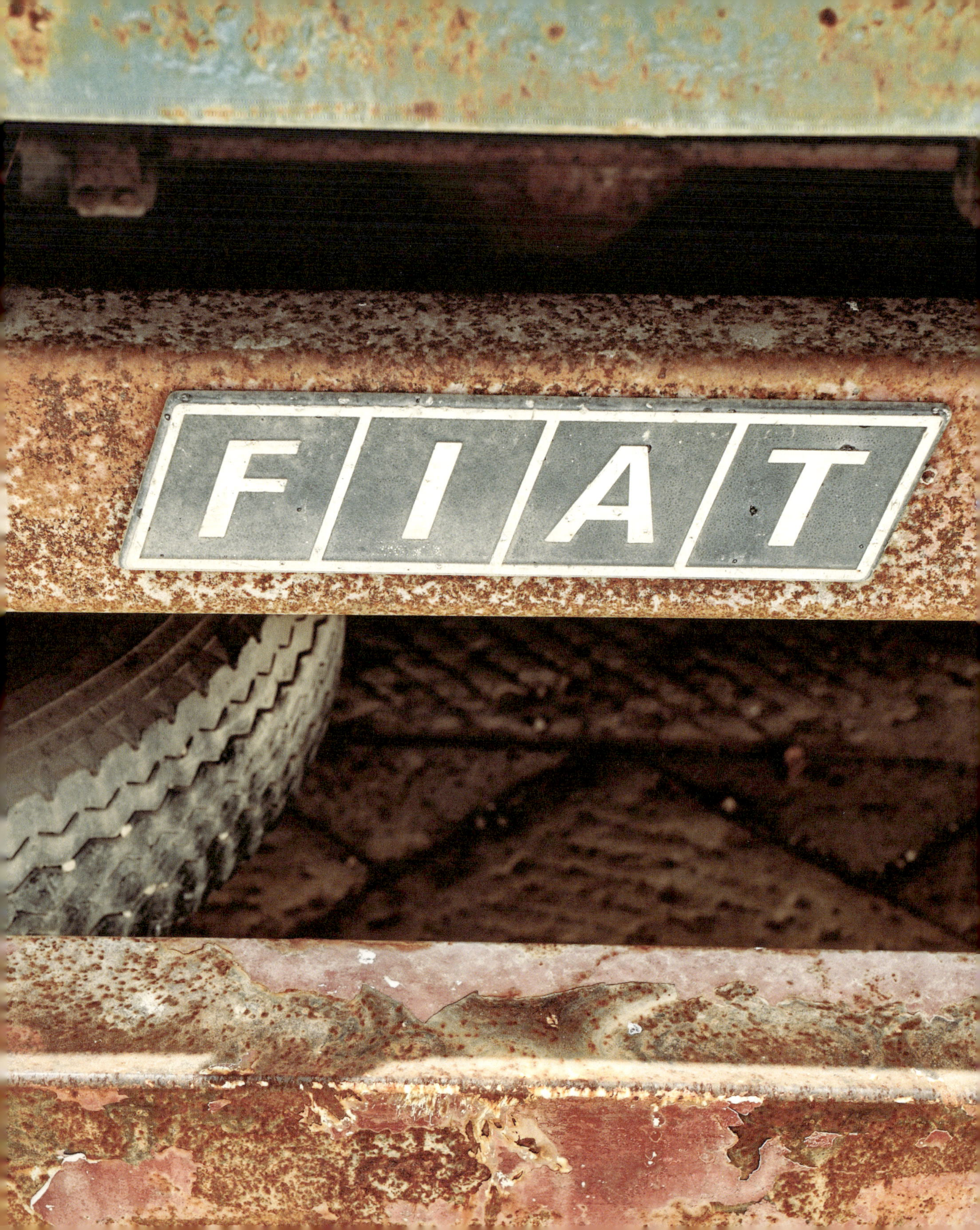
FIAT

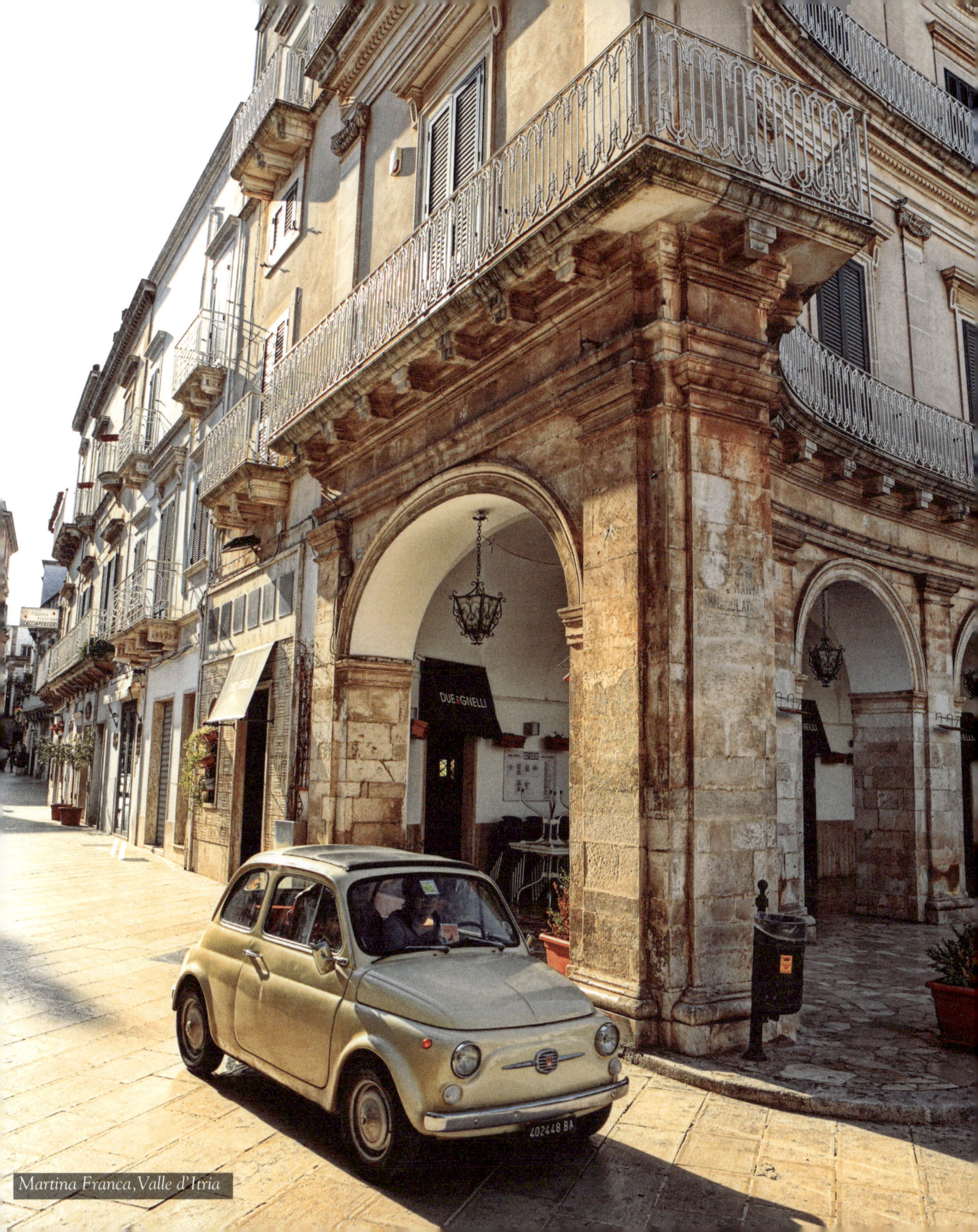

Martina Franca, Valle d'Itria

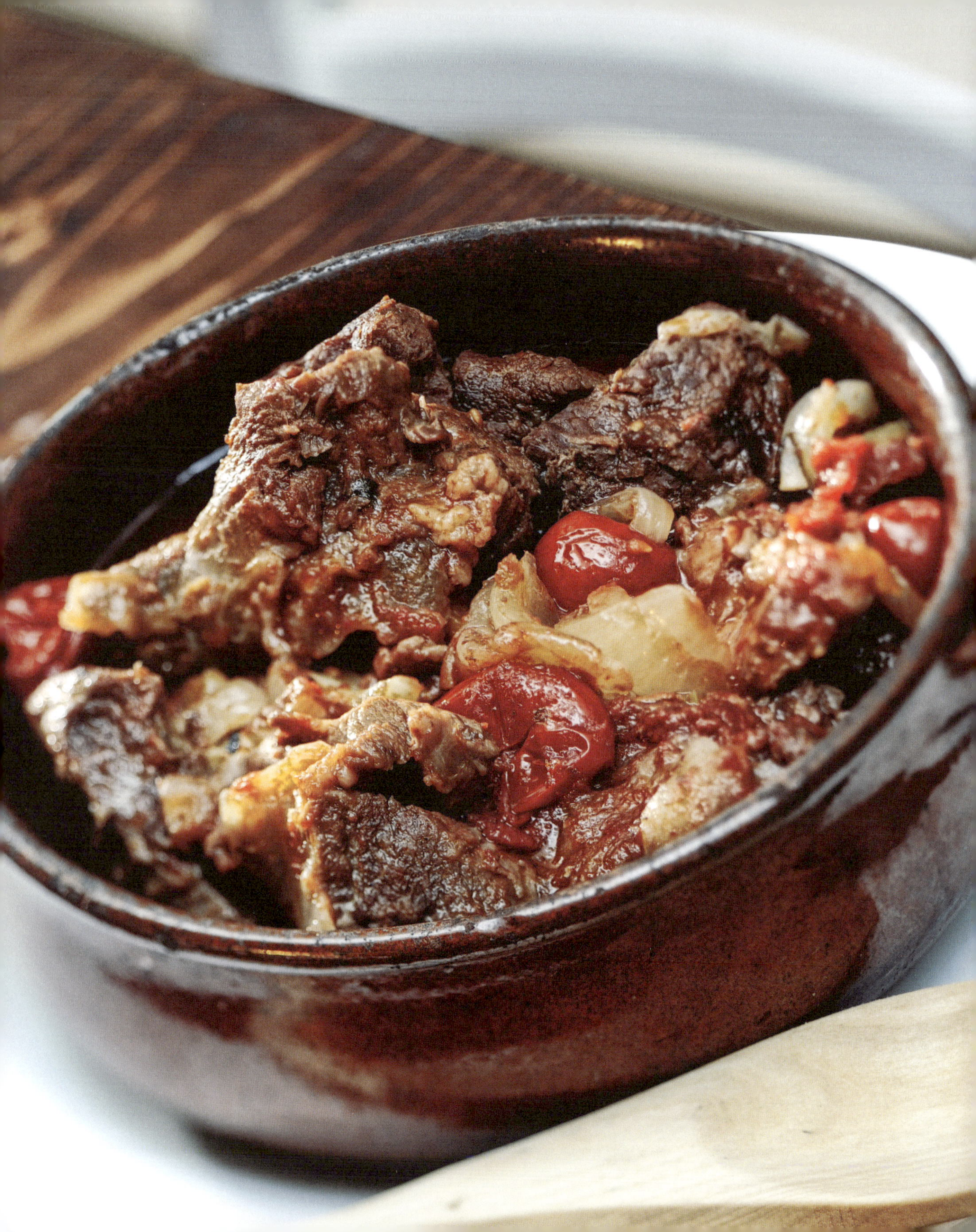

163

Asino stufato in terracotta

Donkey stew in earthenware

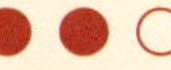

Ingredienti per 4 persone
- 800 g di asino in grossi pezzi
- 1 grossa cipolla
- 1 carota
- 1 costa di sedano
- 4 grossi pomodori
- 1 foglia di alloro
- 1 bicchiere di vino rosso
- peperoncino
- 100 g di olio extravergine d'oliva
- sale

Serves 4
- 800g (1¾ lbs) donkey meat in large pieces
- 1 large onion
- 1 carrot
- 1 celery stick
- 4 large tomatoes
- 1 bay leaf
- 1 glass red wine
- chilli pepper
- 125ml (½ cup) extra virgin olive oil
- salt

In una terracotta mettere l'olio con tutti gli ortaggi e lasciarli appassire.

Aggiungere i pezzettoni di asino, il vino, i pomodori e le spezie.

Coprire con un coperchio e lasciare cuocere a fuoco lento per almeno 4 o 5 ore.

Put all the chopped vegetables in an earthenware with the oil until the oil is thoroughly absorbed.

Add the donkey pieces, wine, tomatoes and spices.

Cover and let simmer for at least 4-5 hours.

Vino Wine:
"Curti Russi" - Salento IGT Rosso

164

Cosciotto di capretto farcito con lampascioni e asparagi

Leg of kid stuffed with hyacinth bulbs and asparagus

●●○

Ingredienti per 4 persone
- 1 cosciotto di agnello disossato (600 g circa)
- 300 g di lampascioni
- 300 g di punte di asparagi
- 5 cipolle piccole
- 5 carote
- 1 gambo di sedano
- bacche di ginepro
- vino rosso
- olio extravergine d'oliva
- sale
- pepe

Serves 4
- 1 deboned leg of lamb (approx. 600g - 1⅓ lbs)
- 300g (11 oz) hyacinth bulbs
- 300g (11 oz) asparagus spears
- 5 small onions
- 5 carrots
- 1 celery stick
- juniper berries
- red wine
- extra virgin olive oil
- salt
- pepper

Lavare con cura e pulire i lampascioni, lasciarli a bagno per un'ora circa e sbollentarli per 15 minuti circa.

Tagliare a grossi pezzi le cipolle, le carote e il sedano e disporre il tutto in una teglia da forno.

Farcire il cosciotto con bacche di ginepro, una parte dei lampascioni, sale e pepe.

Chiudere il cosciotto con spago da cucina e adagiarlo nella teglia delle verdure.

Bagnare con abbondante olio e con un bicchiere di vino rosso corposo, quindi infornare per 30 minuti circa.

A parte, sbollentare gli asparagi e unire ai lampascioni rimanenti.

Thoroughly wash and clean the hyacinth blubs, then leave them to soak in water for about an hour. Blanch for approximately 15 minutes.

Chop the onions, carrots and celery into large pieces and place in a baking dish.

Stuff the leg with the juniper berries, some of the hyacinth bulbs, salt and pepper.

Close the leg with kitchen twine and place it with the vegetables in the baking dish.

Moisten with a generous amount of olive oil and a glass of full-bodied red wine, then roast for approximately 30 minutes.

Separately, blanch the asparagus and add the remaining hyacinth bulbs.

Vino Wine:
"Terragnolo" - Salento IGT Rosso

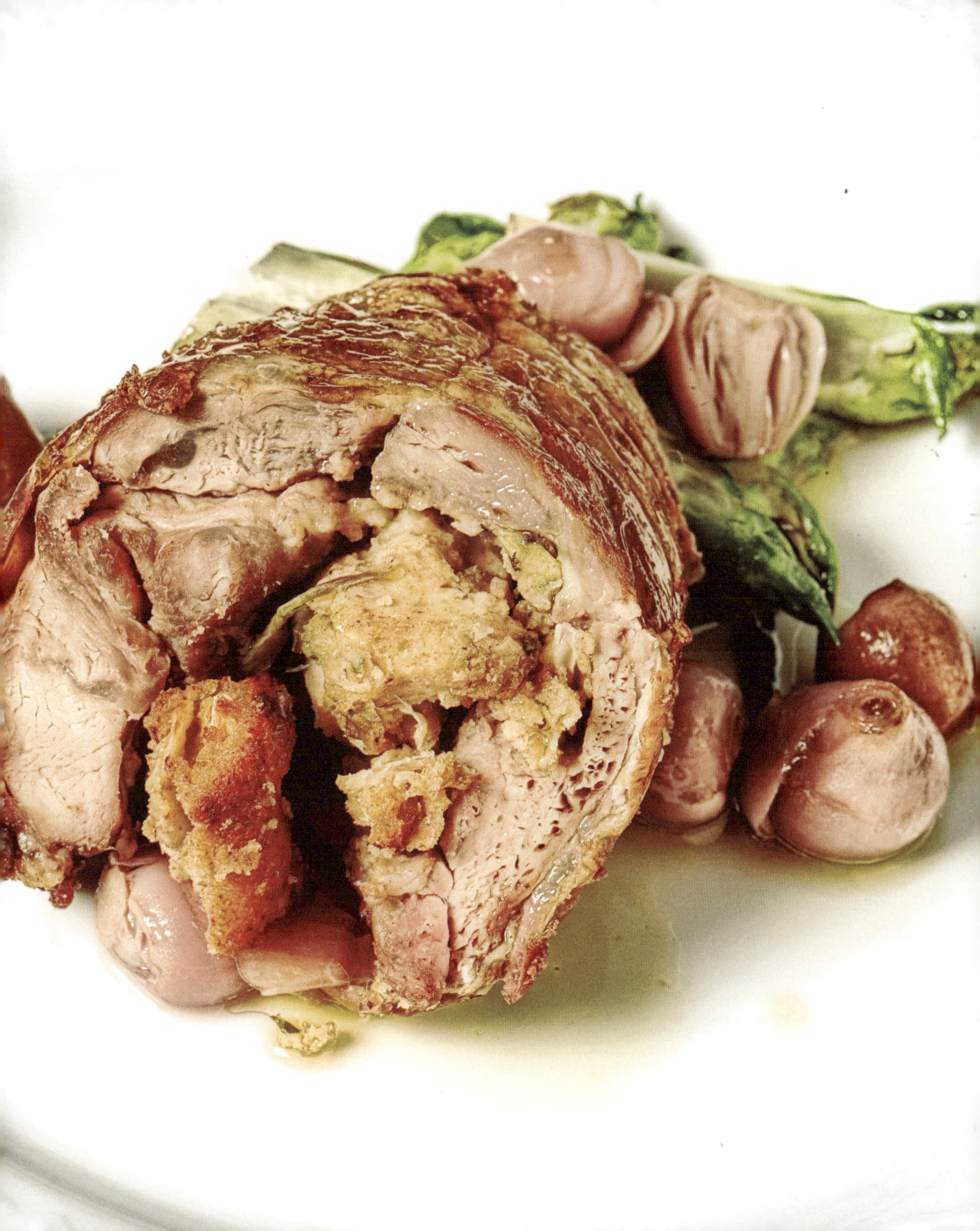

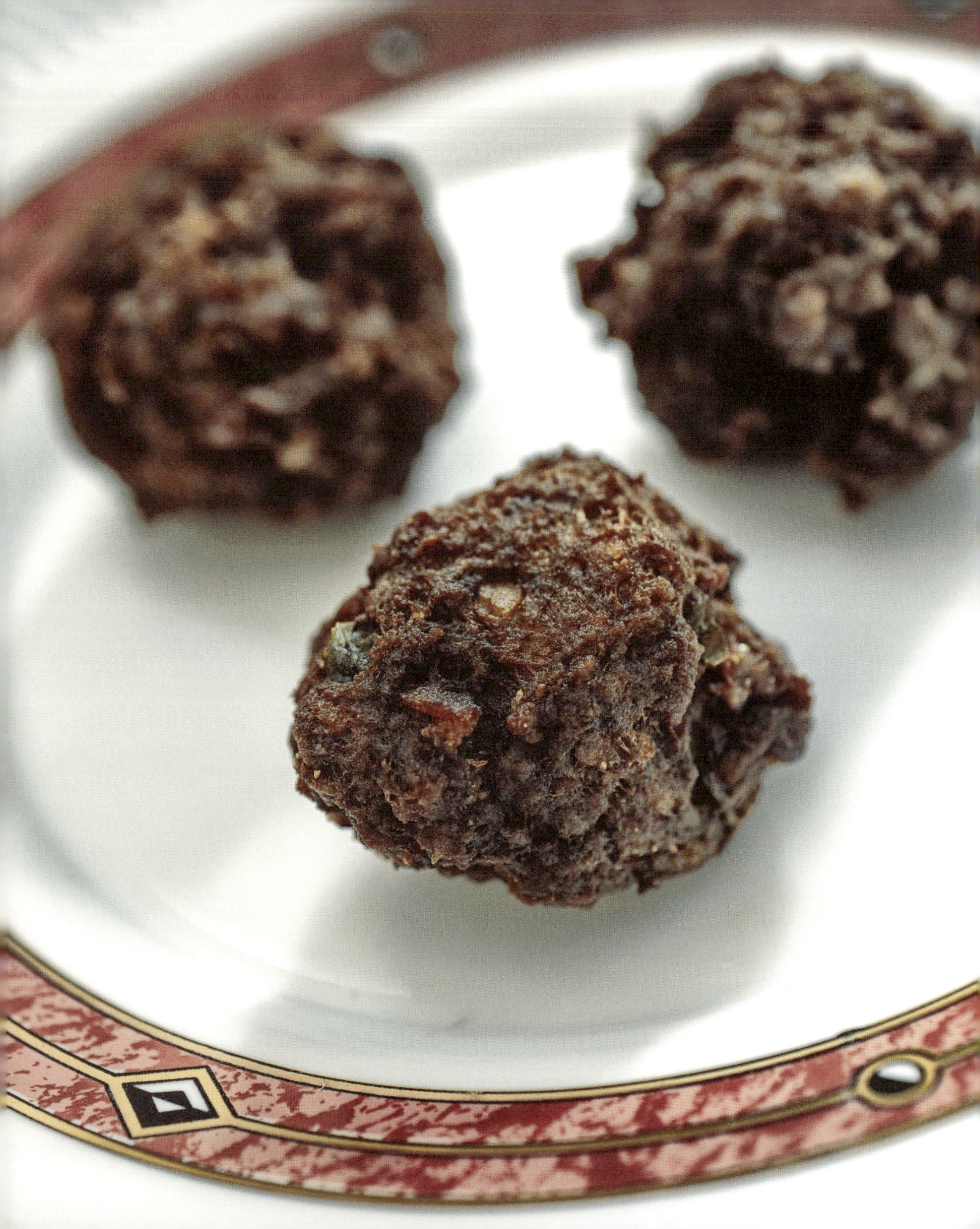

167

Polpette fritte

Fried rissoles

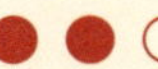

Ingredienti per 4 persone
- 500 g di carne macinata
- 2 uova
- 1 spicchio di aglio
- prezzemolo
- 1 manciata di pecorino grattugiato
- 1 spruzzata di vino bianco
- olio extravergine d'oliva
- sale
- pepe

Serves 4
- 500g (1 lb) mince meat
- 2 eggs
- 1 garlic clove
- Italian parsley
- 1 handful grated pecorino cheese
- 1 dash white wine
- extra virgin olive oil
- salt
- pepper

Amalgamare prima con una forchetta, quindi con le mani, la carne con le uova, un trito di aglio e prezzemolo, il formaggio, il vino, sale e pepe, fino a ottenere un composto omogeneo.

Formare delle sfere di media grandezza e friggerle in olio bollente.

Le polpette fritte possono anche essere tuffate nel sugo.

Mix first with a fork and then with your hands the meat, eggs, minced garlic, chopped parsley, the cheese, wine, salt and pepper to form a smooth paste.

Form medium sized rissoles and fry in hot oil.

The fried rissoles can also be dipped in sauce.

Vino Wine:
"Sogno di Volpe" - San Severo DOC Rosato

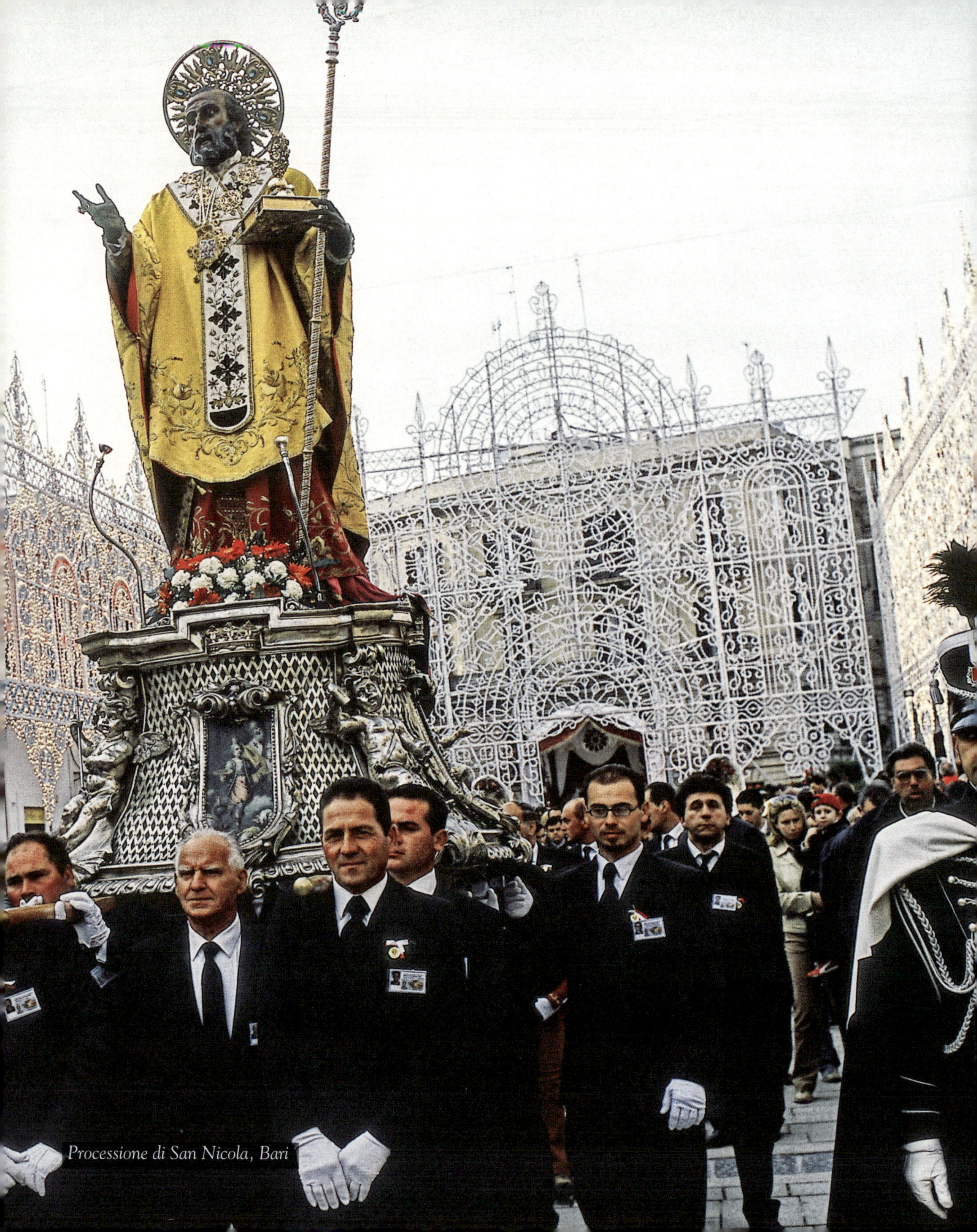

Processione di San Nicola, Bari

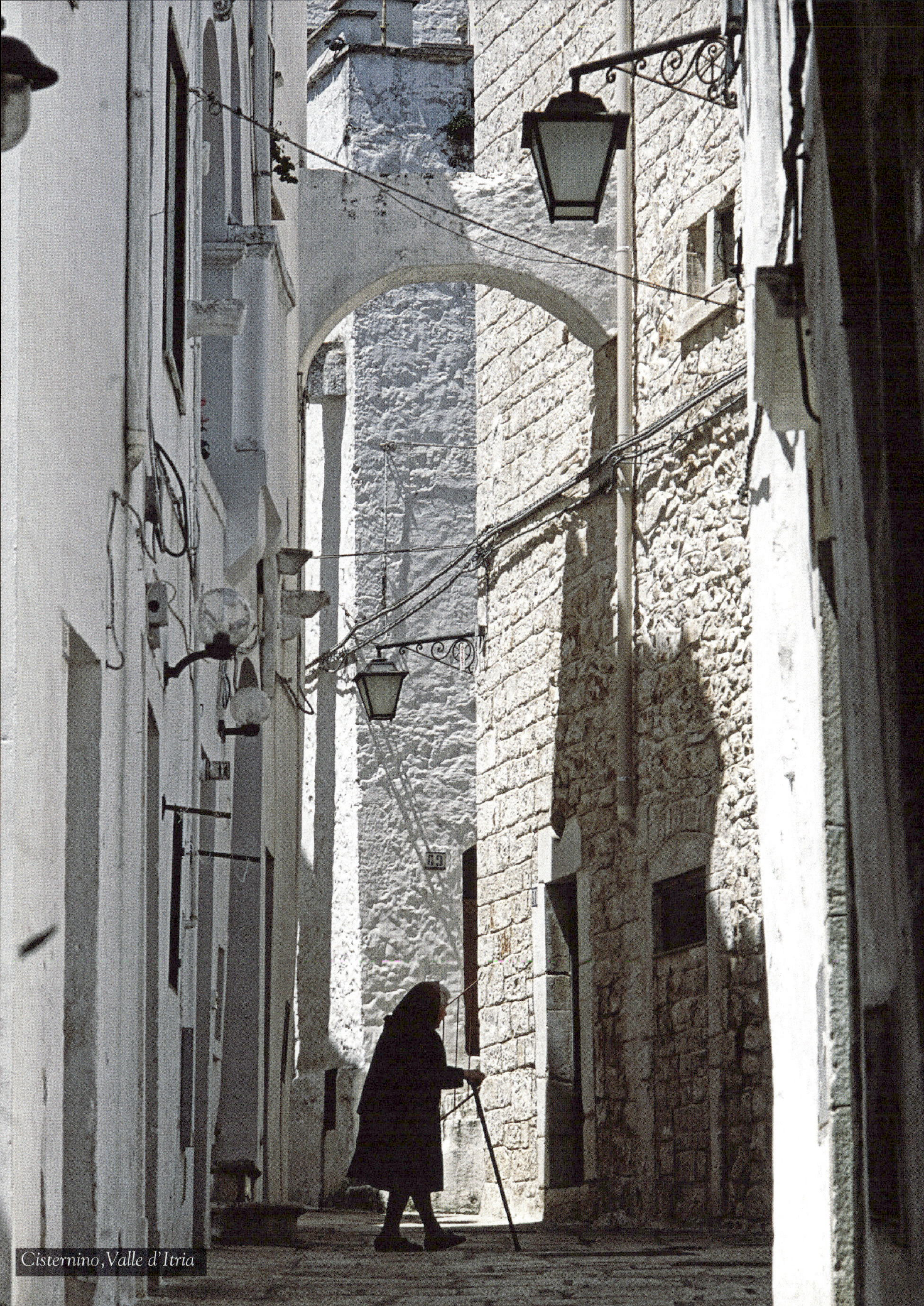
Cisternino, Valle d'Itria

Il mare che bagna la Puglia
per centinaia di chilometri
è una fonte inesauribile
di pesci, polpi, gamberi
e frutti di mare,
che finiscono in ottimi
secondi piatti...
With hundreds of
kilometres of coastline,
Puglia is richly blessed
with fish, octopus, prawns
and seafood of every
kind...

Pesce - Fish

172

Cozze gratinate

Mussels au gratin

●○○

Ingredienti per 4 persone

- 1 kg di cozze
- 100 g di pangrattato
- 50 g di grana grattugiato
- 1 spicchio di aglio tritato
- 1 mazzetto di prezzemolo tritato
- origano
- olio extravergine d'oliva
- pepe

Serves 4

- 1kg (2¼ lbs) mussels
- 100g (¾ cup) breadcrumbs
- 50g (¼ cup) Grana cheese, grated
- 1 clove garlic, minced
- 1 bunch Italian parsley, chopped
- oregano
- extra virgin olive oil
- pepper

Pulire accuratamente le cozze, aprirle eliminando la valva superiore e disporle in una teglia da forno.

Preparare un composto molto fino di pangrattato, formaggio, pepe, origano, aglio, prezzemolo e un filo di olio.

Amalgamare con cura e cospargere le cozze con il composto.

Infornare a 200 °C per 5 minuti circa e servire calde.

Thoroughly clean the mussels, discarding the top shell, and place in a baking dish.

Prepare a very fine mixture of breadcrumbs, cheese, pepper, oregano, garlic, parsley and a little oil.

Mix thoroughly and top the mussels with the mixture.

Bake at 200°C (400°F) for approximately 5 minutes and serve hot.

Vino Wine:
"Cantalupi" - Salice Salentino DOC Bianco

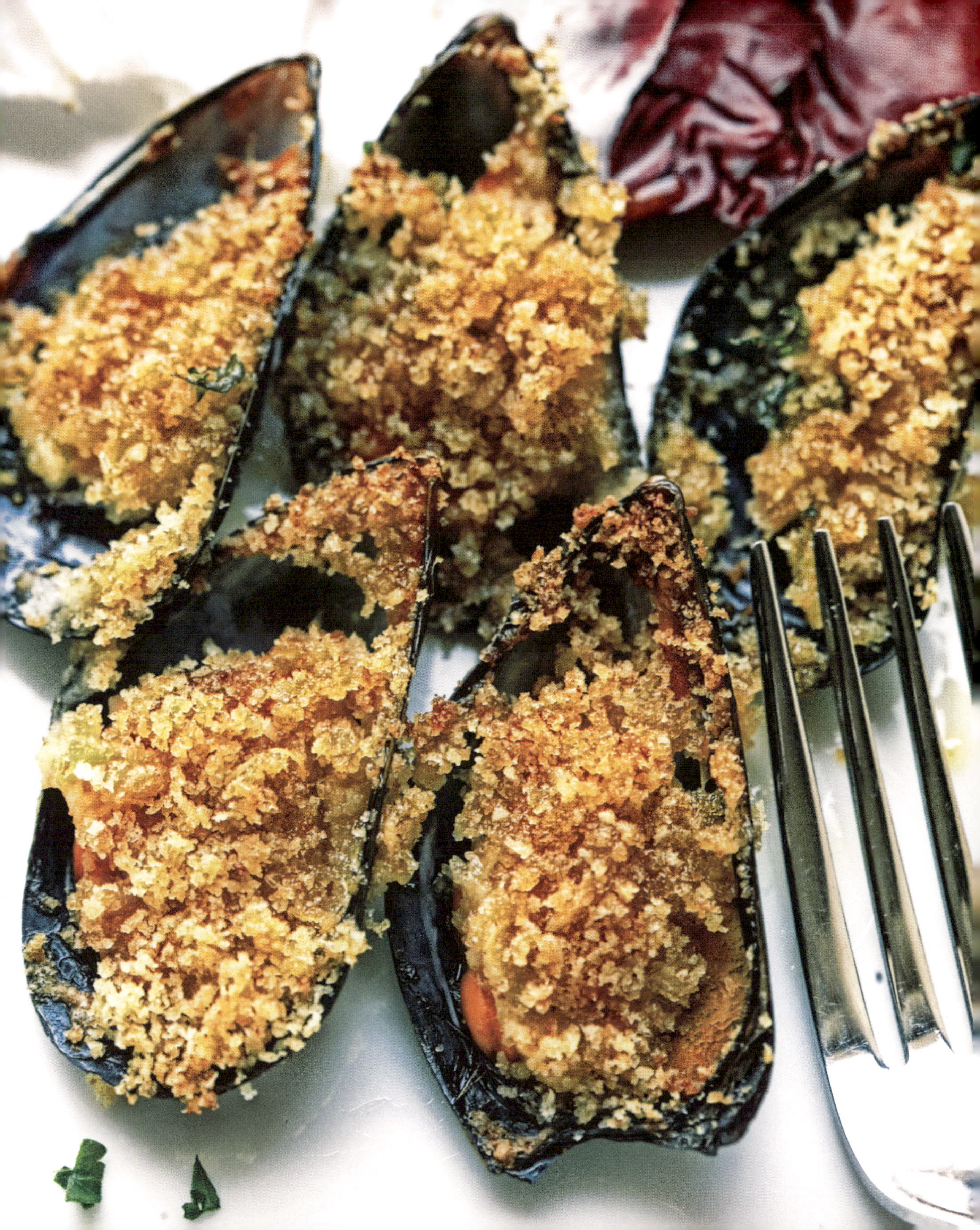

174

Pesce alla crudaiola

Fish with raw tomatoes

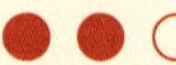

Ingredienti:
- 1 orata oppure 1 branzino oppure 1 dentice da 1,2 kg
- 300 g di pomodori rossi
- 1 spicchio di aglio
- basilico
- olio extravergine d'oliva
- sale
- pepe

Ingredients:
- 1 x 1.2kg (2⅔ lbs) bream, sea bass or red snapper
- 300g (10½ oz) red tomatoes
- 1 garlic clove
- basil
- extra virgin olive oil
- salt
- pepper

Lasciare cuocere al vapore il pesce per 20 minuti circa.

Lasciare che si raffreddi, quindi spinarlo.

A parte, tagliare a cubetti molto piccoli i pomodori, unire il basilico e l'aglio, condire con sale, pepe e olio e lasciare marinare per 1 ora.

Disporre i filetti su un piatto piano e guarnirli con il composto di pomodori.

Servire a temperatura ambiente con un filo d'olio.

Steam the fish for approximately 20 minutes.

Allow to cool, then remove the bones.

Separately, finely dice the tomatoes and combine with the basil and garlic. Season with salt, pepper and oil, and let marinate for 1 hour.

Arrange the fillets on a plate and garnish with the tomato mixture.

Serve at room temperature with a drizzle of olive oil.

Vino Wine:
"Erbaceo" - Puglia IGT Bianco

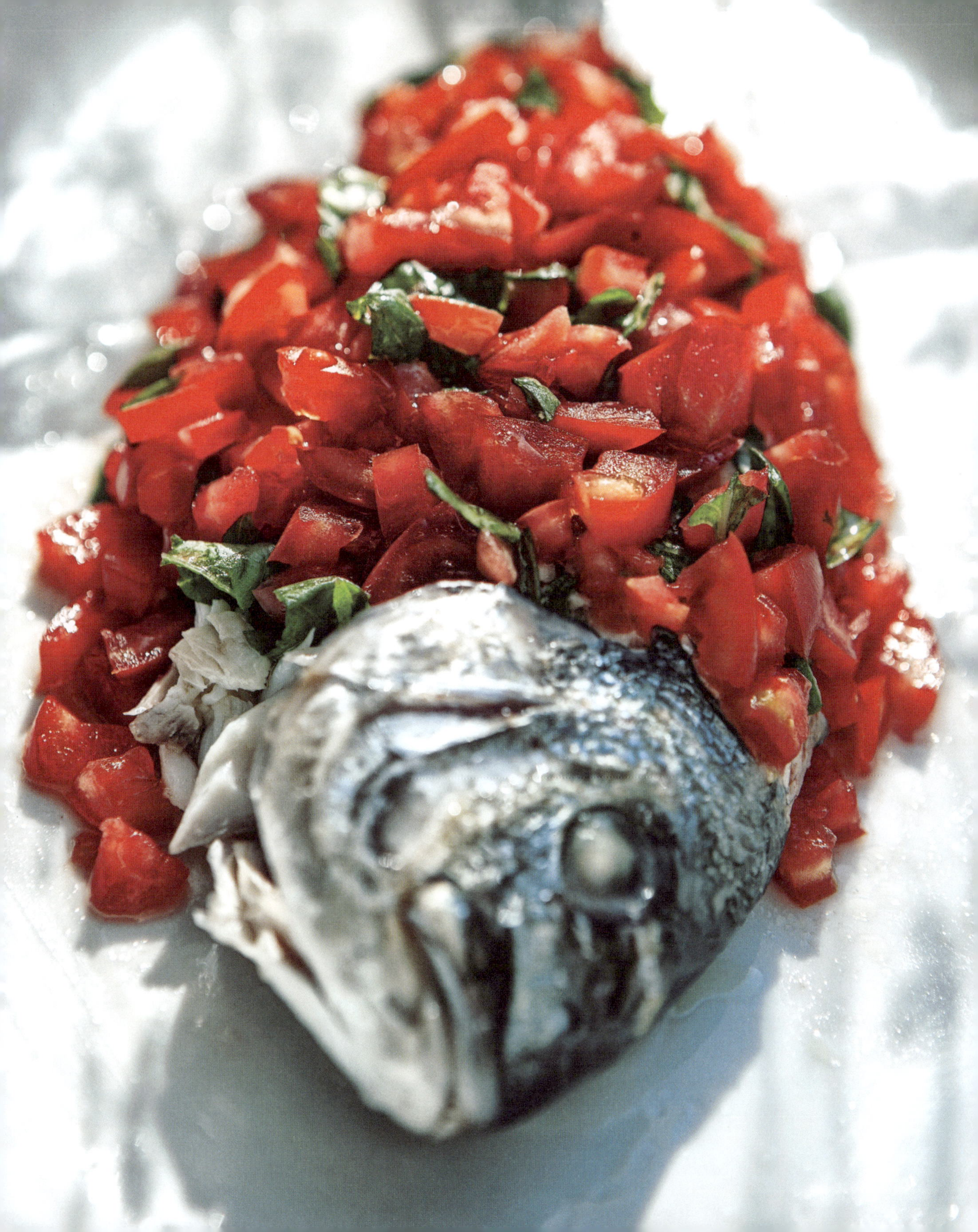

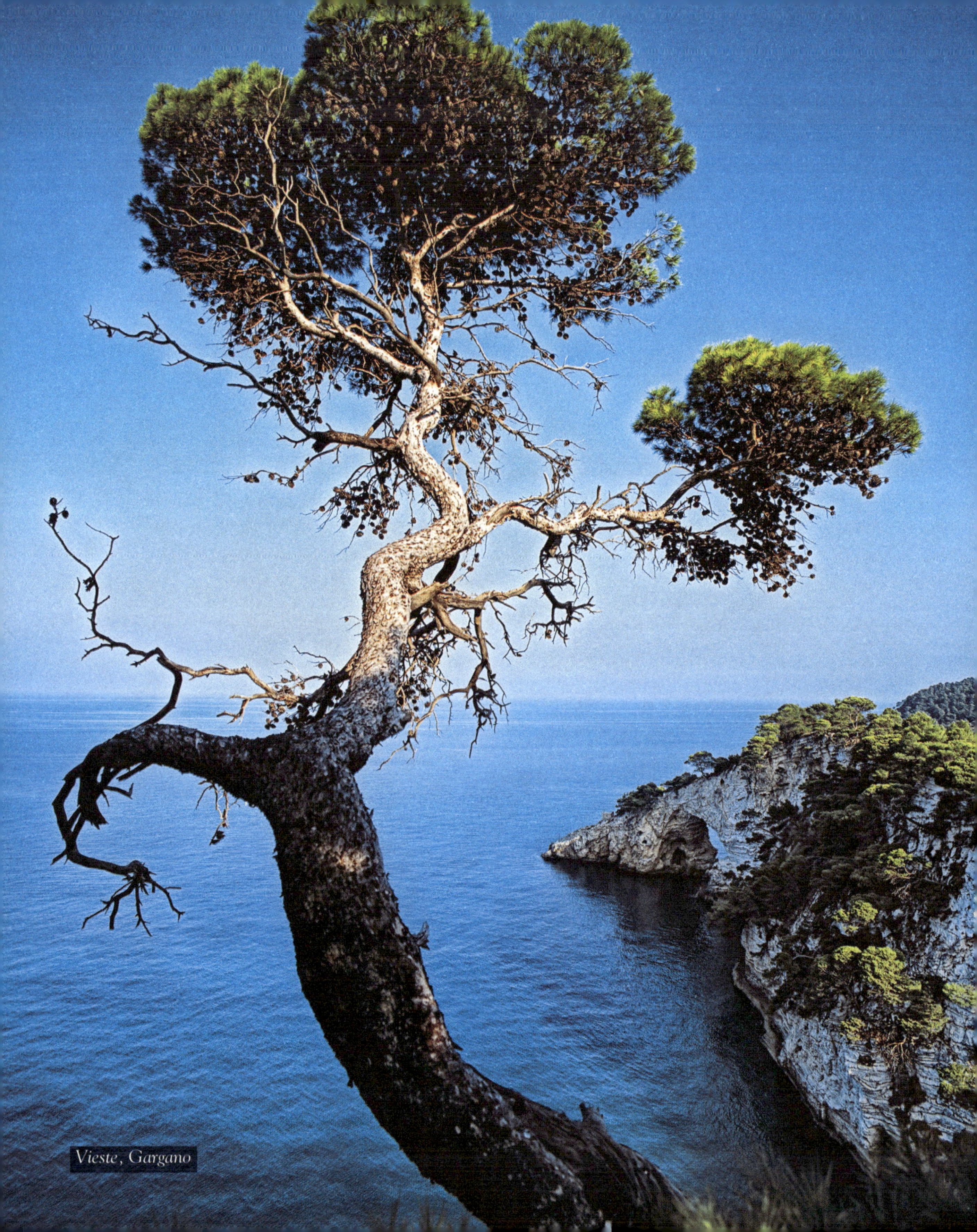

Vieste, Gargano

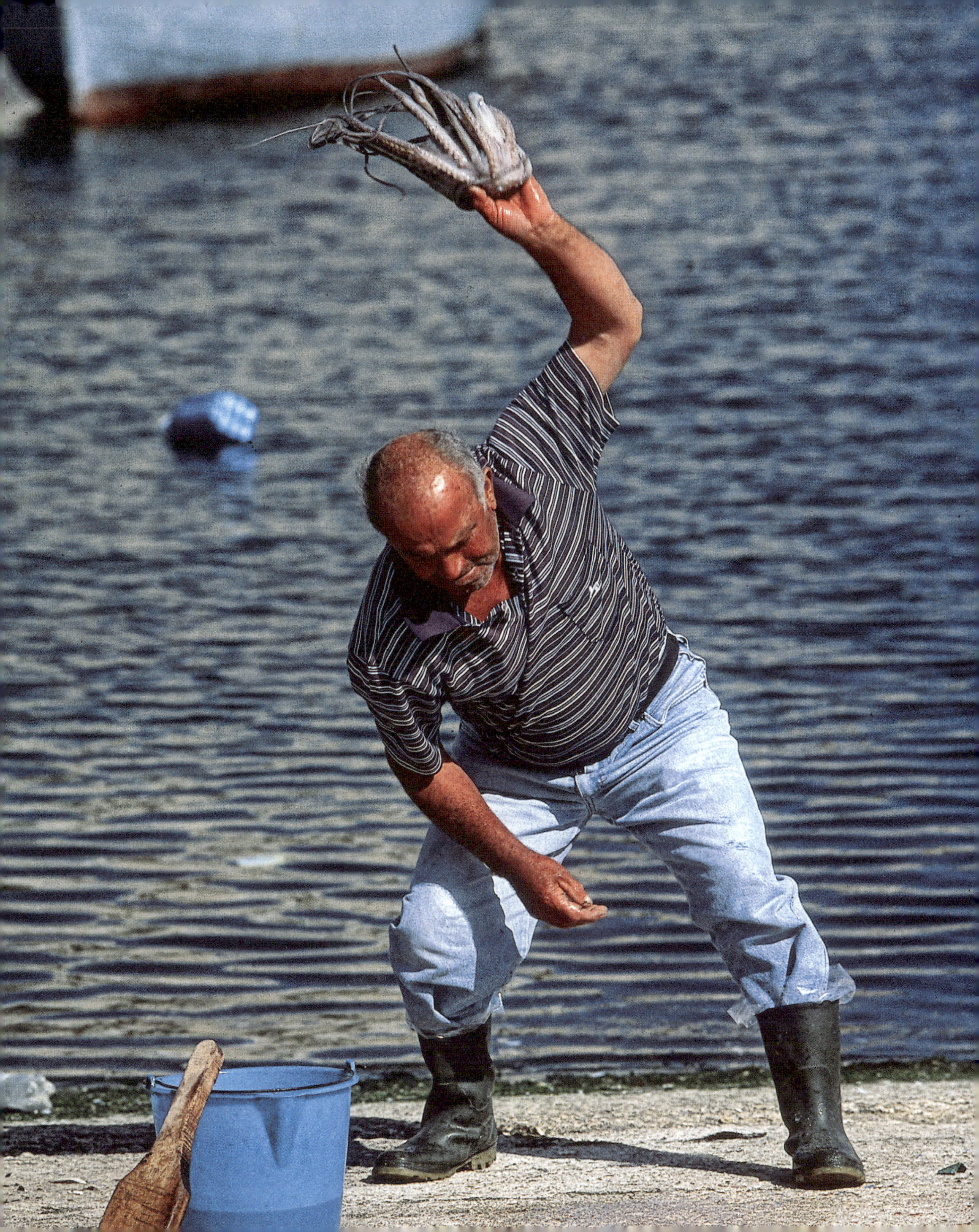

178

Zuppa di pesce alla gallipolina

Fish soup Gallipoli style

●●○

Ingredienti per 4 persone
- 1 scorfano intero o 4 piccoli
- 2 tranci di cernia
- 1 filetto di pesce azzurro
- 1 rana pescatrice
- 2 seppie
- 4 gamberoni
- cozze
- 2 cipolle
- 1 spicchio di aglio
- 10 pomodorini
- prezzemolo
- qualche foglia di alloro
- vino bianco secco
- olio extravergine d'oliva
- sale, pepe

Serves 4
- 1 large or 4 small rose fish
- 2 fillets grouper
- 1 fillet oily fish
- 1 angler
- 2 squid
- 4 prawns
- mussels
- 2 onions
- 1 garlic clove
- 10 cherry tomatoes
- Italian parsley
- a few bay leaves
- dry white wine
- extra virgin olive oil
- salt, pepper

Pulire con cura il pesce, i gamberoni e le cozze e dividere a metà le seppie.

Imbiondire l'aglio e le cipolle affettate nell'olio per qualche minuto

Unire tutto il pesce, bagnando con un po' di vino.

Lasciare evaporare il vino e aggiungere i pomodorini.

Aggiustare di sale e pepe e aggiungere il prezzemolo tritato e le foglie di alloro.

Cuocere per 20 minuti circa a fuoco moderato.

Servire accompagnando con pane tostato e spolverare con una manciata di prezzemolo.

Thoroughly clean the fish, prawns and mussels. Cut the squid in half.

Fry the garlic and sliced onions in oil for a few minutes.

Add all the fish and splash on a little wine.

Let the wine evaporate then add the tomatoes.

Season with salt and pepper. Add the chopped parsley and bay leaves.

Cook for approximately 20 minutes over a medium heat.

Serve with toasted bread and sprinkled with a handful of Italian parsley.

Vino Wine:
"Sessantanni" - Primitivo di Manduria DOC

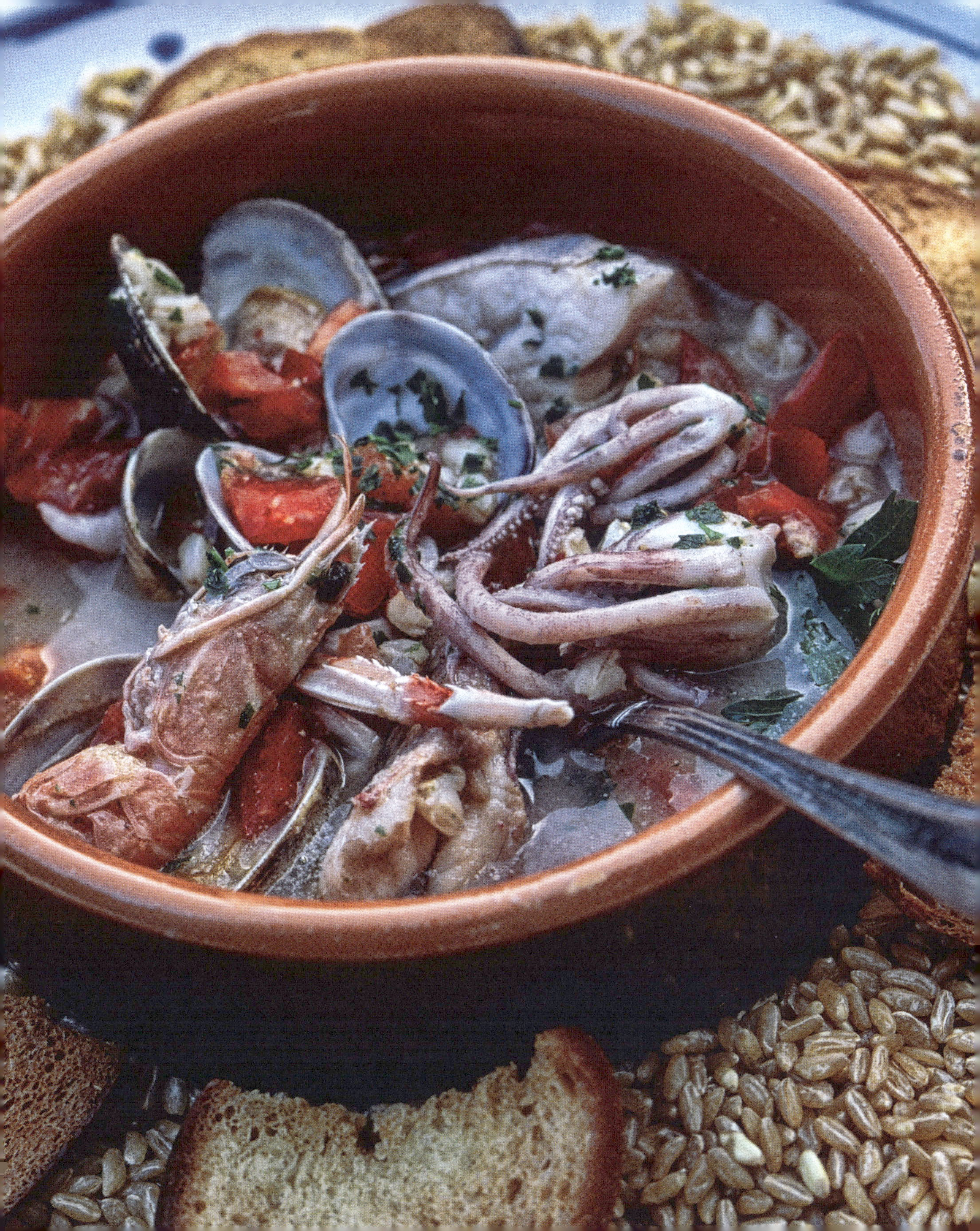

180

Seppie ripiene

Stuffed squid

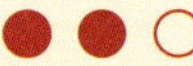

Ingredienti per 4 persone
- 500 g di seppie
- 1 uovo
- 2 spicchi di aglio
- un ciuffetto di prezzemolo
- pangrattato
- salsa di pomodoro
- sale
- pepe

Serves 4
- 500g (1 lb) squid
- 1 egg
- 2 garlic cloves
- 1 bunch Italian parsley
- breadcrumbs
- basic tomato sauce
- salt
- pepper

Svuotare le seppie, eliminando la vescica del nero, gli occhi e la bocca.

Tritare finemente i tentacoli con aglio e prezzemolo.

Unire l'uovo sbattuto, il sale e il pepe e due manciate di pangrattato, amalgamando con cura.

Riempire le seppie con questo impasto e sigillare con filo per evitare la fuoriuscita dell'impasto.

Rosolare in olio e infine aggiungere salsa di pomodoro regolando di sale e pepe.

Lasciare cuocere coprendo ed eliminare il filo prima di servire.

Clean the squid, removing the ink bladder, eyes and mouth.

Finely chop the tentacles with the garlic and parsley.

Thoroughly combine the beaten egg, salt, pepper and two handfuls of breadcrumbs.

Stuff the squid with the mixture and seal with wire to prevent leaks.

Fry in oil then add the tomato sauce and salt and pepper to taste.

Cover and cook. Remove the wire before serving.

Vino Wine:
"Pungirosa" - Castel del Monte DOC Rosato

181

Polpo in pignatta

Octopus in earthenware

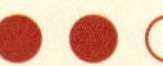

Ingredienti per 4 persone
- 1 polpo da 1 kg già pulito, battuto e lavato
- 1 cipolla
- 3 pomodori
- 1 ciuffetto di prezzemolo
- 1 foglia di alloro
- 1 spicchio di aglio
- olio extravergine d'oliva
- pepe

Serves 4
- 1 x 1kg (2¼ lbs) octopus cleaned, tenderized and washed
- 1 onion
- 3 tomatoes
- 1 bunch Italian parsley
- 1 bay leaf
- 1 garlic clove
- extra virgin olive oil
- pepper

Disporre il polpo intero in una pignatta con i pomodori tagliati a pezzi, la cipolla affettata, l'aglio, il prezzemolo tritato, l'alloro e il pepe.

Bagnare con olio e coprire la pignatta, lasciando cuocere per 2 ore circa.

Place the whole octopus in an earthenware pot with the chopped tomatoes, sliced onion, garlic, chopped parsley, bay leaf and pepper.

Sprinkle with oil, cover and cook for approximately 2 hours.

Vino Wine:
"Ponte della Lama" - Puglia IGT Rosato

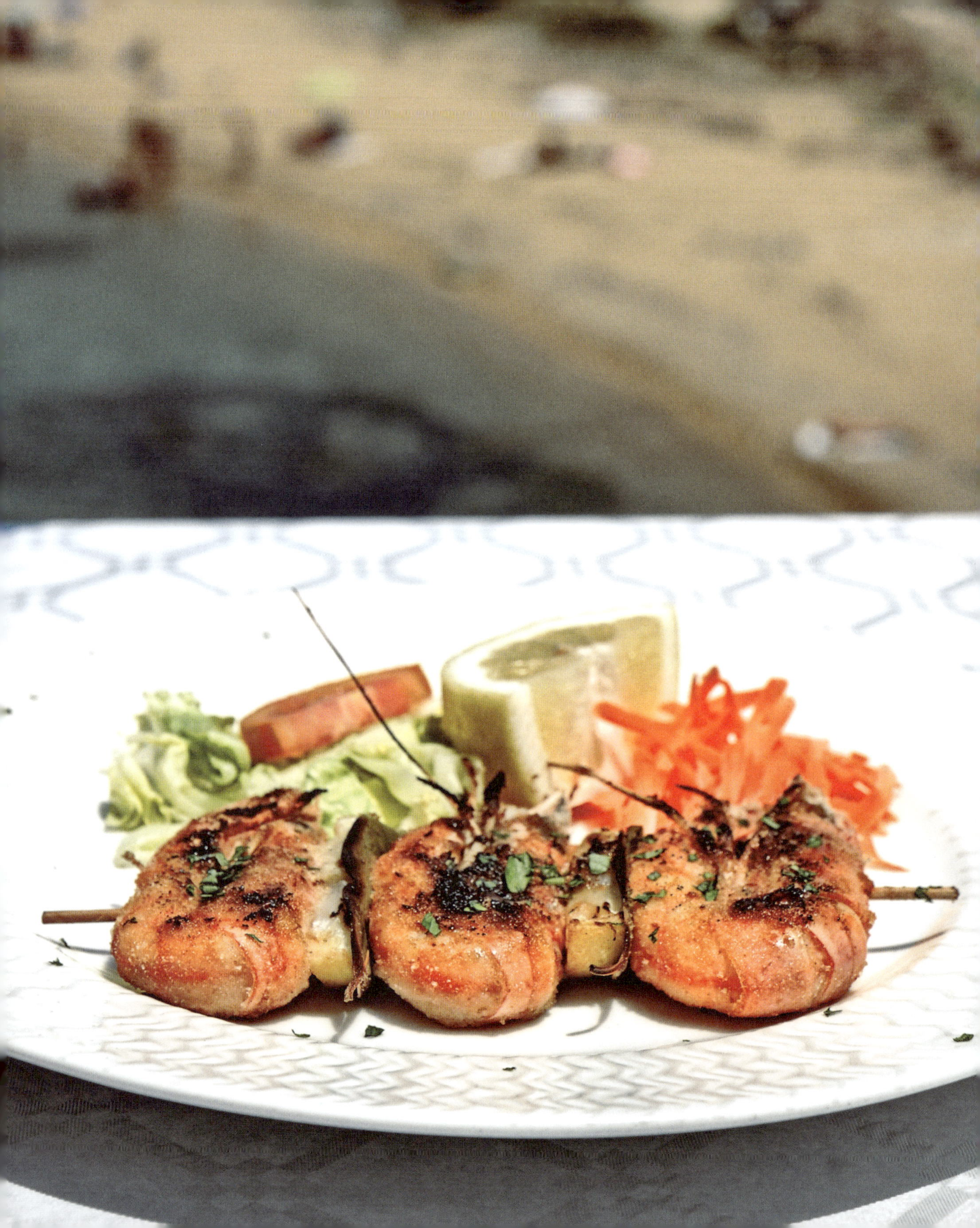

183

Gamberoni alla gallipolina

Prawns Gallipoli style

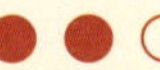

Ingredienti per 4 persone
- 12 gamberoni rossi
- pangrattato
- prezzemolo
- limone
- olio extravergine d'oliva

Serves 4
- 12 red prawns
- breadcrumbs
- Italian parsley
- lemon
- extra virgin olive oil

Sgusciare i gamberoni e bagnarli con olio.

Passare i gamberoni in un composto di pangrattato e trito di prezzemolo.

Infilzarli su spiedini e grigliare.

A cottura ultimata, spolverare con prezzemolo tritato e accompagnare con fettine di limone.

Shell the prawns and moisten with oil.

Roll the prawns in a mixture of breadcrumbs and chopped parsley.

Place on skewers and grill.

When cooked, sprinkle with chopped parsley and serve with lemon slices.

Vino Wine:
"Bolina" - Salento IGT Bianco

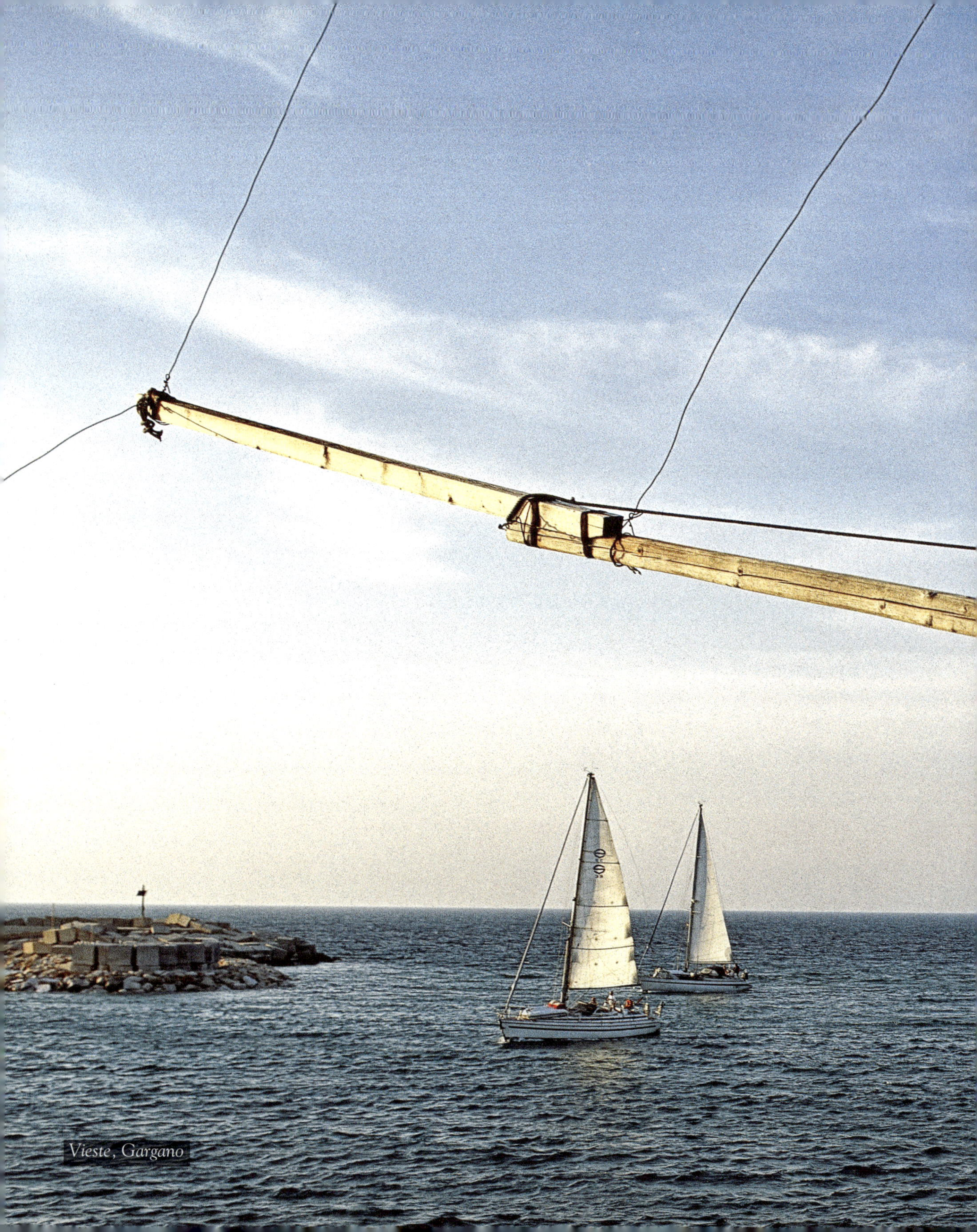

Vieste, Gargano

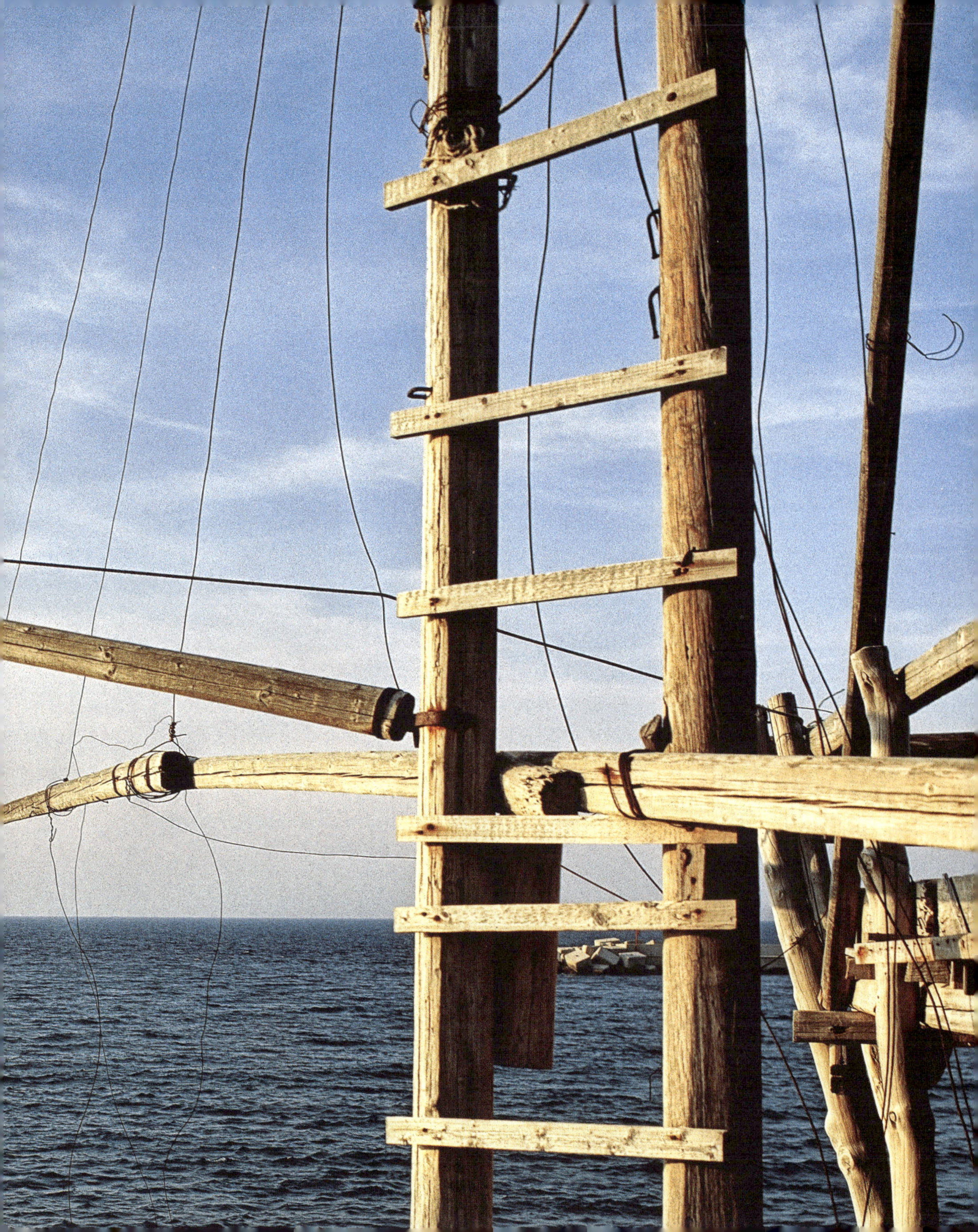

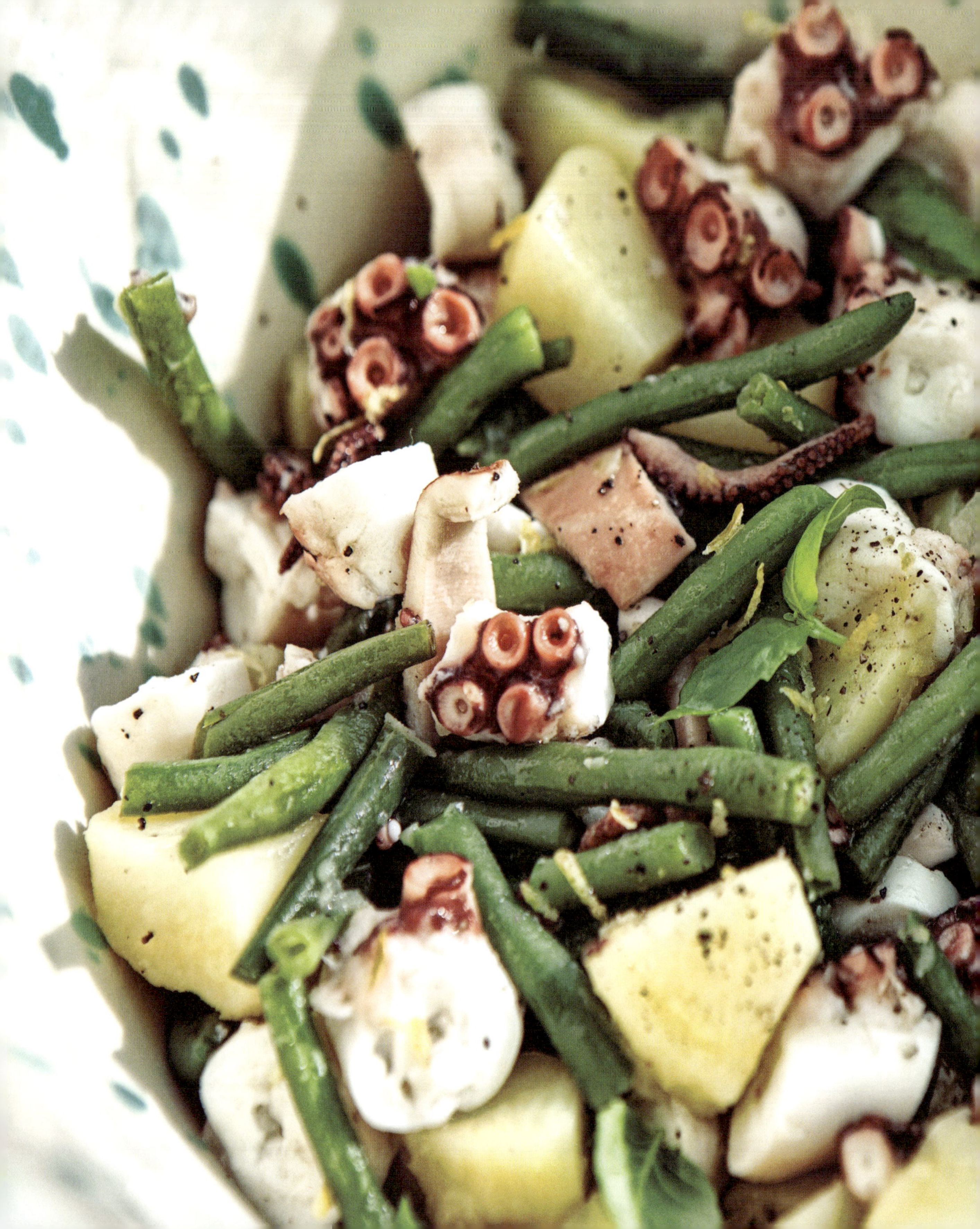

187

Insalata di polpo, fagiolini e patate

Octopus salad with green beans and potatoes

●●○

Ingredienti per 4 persone
- 700 g di polpo
- 3 patate medie
- 300 g di fagiolini
- 1 limone
- 1 spicchio di aglio
- qualche fogliolina di menta
- olio extravergine d'oliva
- sale
- pepe

Serves 4
- 700g (1½ lbs) octopus
- 3 medium potatoes
- 300g (10½ oz) green beans
- 1 lemon
- 1 garlic clove
- a few peppermint leaves
- extra virgin olive oil
- salt
- pepper

Mettere il polpo in acqua fredda e cuocere per almeno 35 minuti.

A cottura ultimata, toglierlo dall'acqua e lasciarlo raffreddare su un piatto.

A parte, cuocere al vapore o in acqua salata i fagiolini e le patate, scolare e lasciare raffreddare.

Tagliare a piccoli pezzi il polpo e le verdure disponendo in un'insalatiera.

Condire con sale, succo di limone, olio, pepe, l'aglio tritato, le foglioline di menta e la buccia grattugiata del limone.

Servire tiepido.

Place the octopus in cold water in a pan and cook for at least 35 minutes.

When cooked, remove from the water and allow to cool on a plate.

Separately, steam or boil in salted water the green beans and potatoes. Drain and allow to cool.

Cut the octopus and vegetables into small pieces, and place in a salad bowl.

Season with salt, lemon juice, oil, pepper, minced garlic, peppermint leaves and grated lemon rind.

Serve at room temperature.

Vino Wine:
"Primaluce" - Castel del Monte DOC Rosato

188

Alici fritte

Fried anchovies

●●○

Ingredienti per 4 persone
- **600 g di alici freschissime**
- **farina**
- **1 l di olio extravergine d'oliva**
- **sale**

Serves 4
- **600g (1⅓ lbs) very fresh anchovies**
- **flour**
- **1l (2 pts) extra virgin olive oil**
- **salt**

Eviscerare le alici sotto acqua corrente.

Portate l'olio a 180 °C in una padella in ferro dai bordi alti.

Infarinare con cura e passare al setaccio le alici, in modo da eliminare la farina in eccesso.

Friggere le alici rimestando e rigirando di tanto in tanto fino a doratura uniforme.

Scolare e versare in una teglia con della carta assorbente, salare e terminare l'asciugatura.

Servire molto calde.

Clean the anchovies under running water.

Bring the oil to 180°C (350°F) in an iron skillet with high sides.

Flour the anchovies and then carefully remove the excess flour using a sieve.

Fry the anchovies, turning occasionally until evenly golden.

Drain and tip into a pan lined with kitchen towel to dry. Salt.

Serve very hot.

Vino Wine:
"Ruah" - Salento IGT Bianco

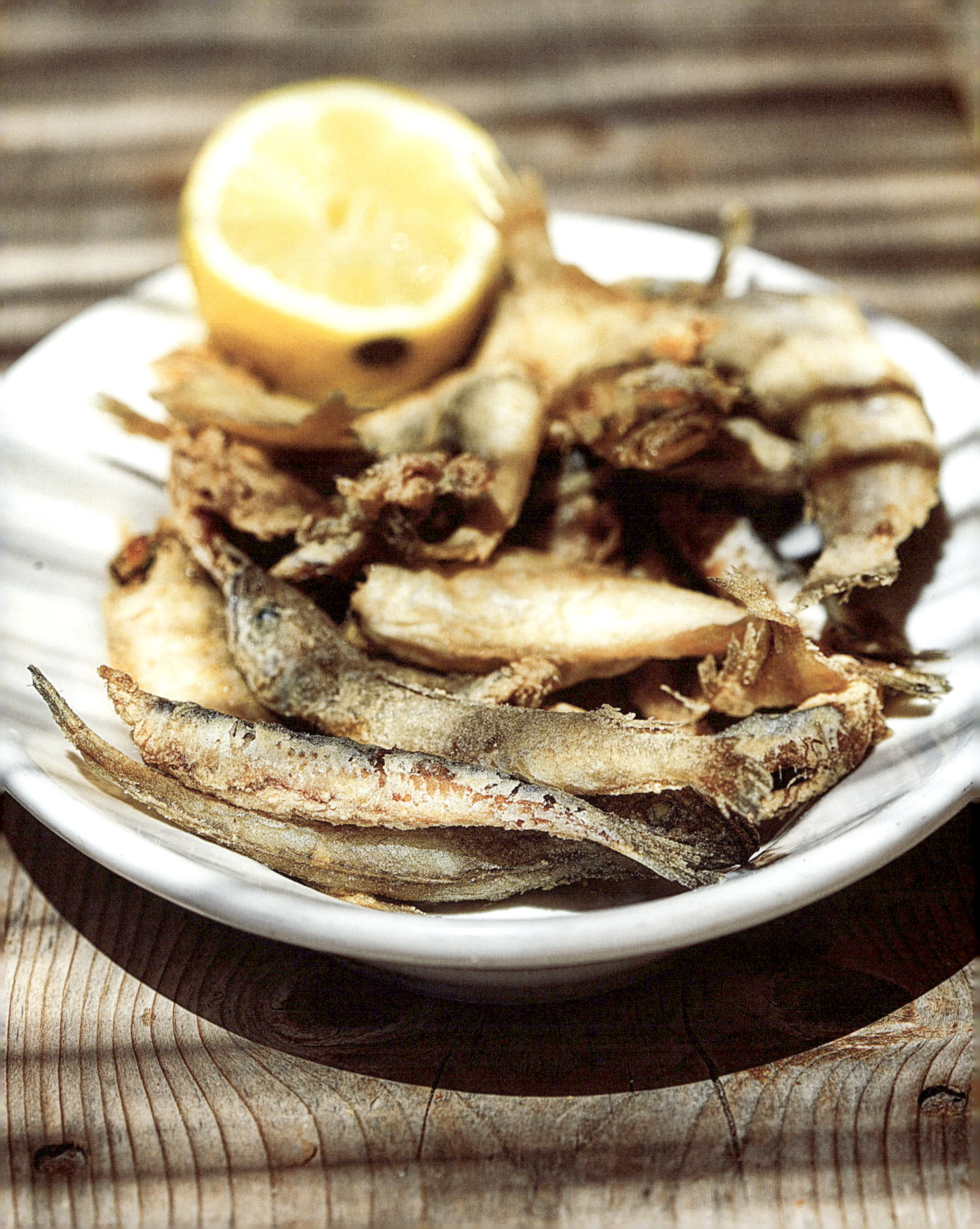

Tutto il meglio dell'orto pugliese finisce in padella, pronto ad accompagnare i secondi di carne o di pesce o come piatto autonomo...

The finest produce from Puglia's gardens ends up in the cooking pot, ready to be served with meat or fish dishes, or all by itself.

Contorni - Side dishes

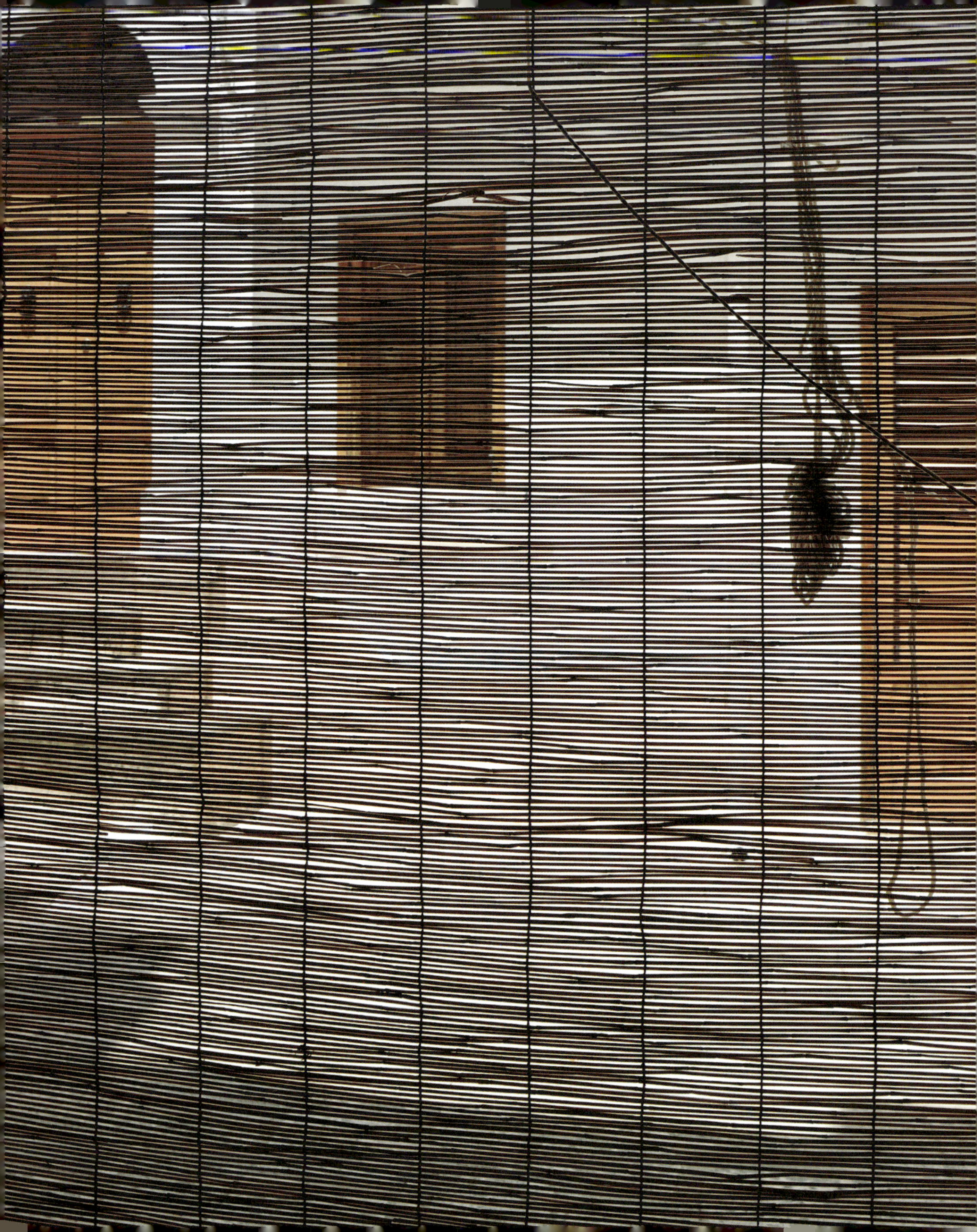

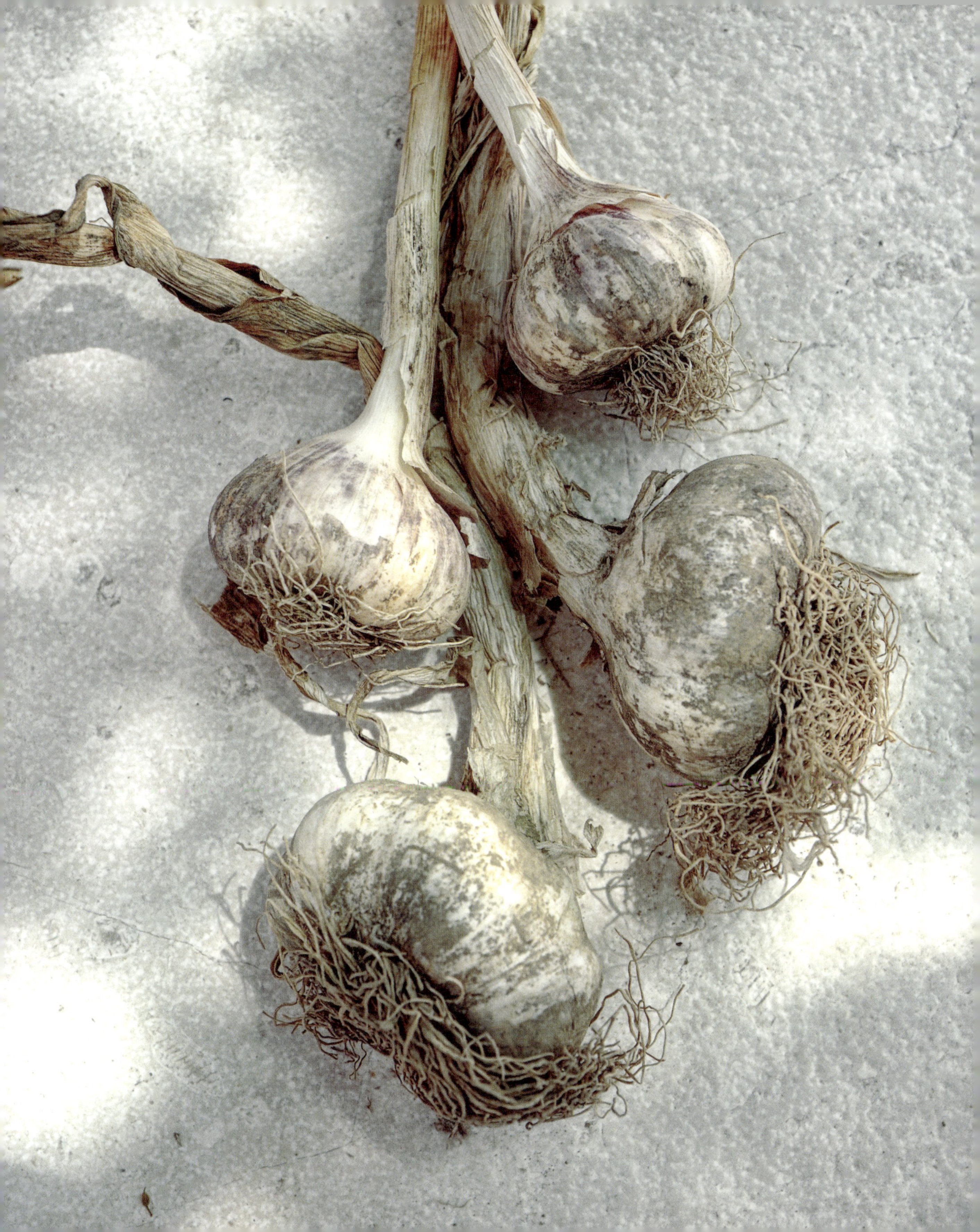

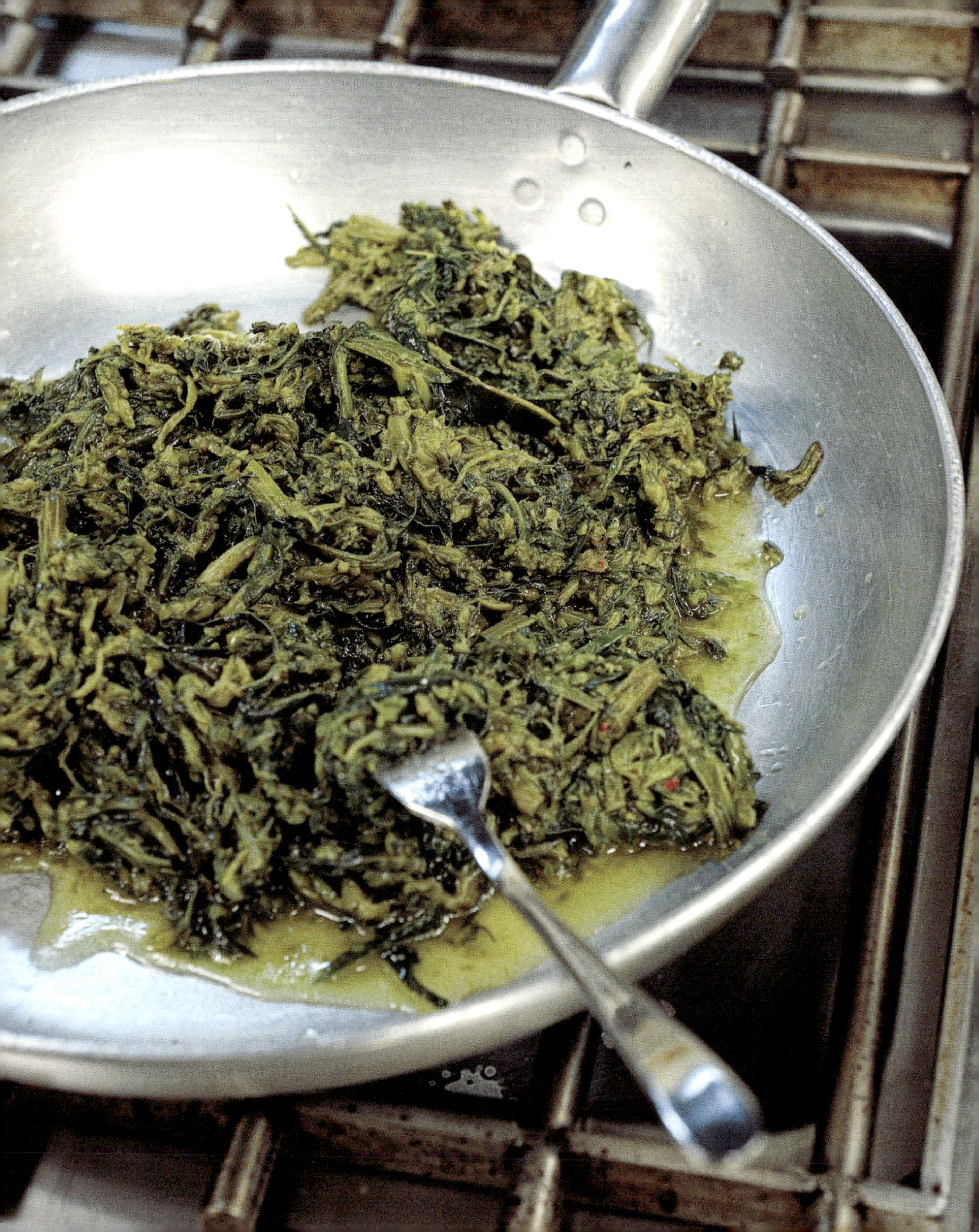

195

Cicoria saltata

Sautéed chicory

●○○

Ingredienti per 4 persone

- **800 g di cicorietta selvatica**
- **aglio**
- **peperoncino**
- **olio extravergine d'oliva**
- **sale**

Serves 4

- 800g (1¾ lbs) wild chicory
- garlic
- chilli pepper
- extra virgin olive oil
- salt

Pulire la cicoria e sbollentarla in acqua salata per 3 minuti, quindi scolarla e farla raffreddare.

Saltare la verdura in padella con olio, aglio e peperoncino.

Clean the chicory and boil in salted water for 3 minutes. Drain and allow to cool.

Sauté in a pan with olive oil, garlic and chilli.

196

Involtini di melanzane alla menta

Aubergine and peppermint rolls

●●○

Ingredienti per 4 persone
- **1 melanzana di 400 g circa**
- **150 g di burrata oppure mozzarella**
- **150 g di prosciutto crudo**
- **qualche fogliolina di menta**
- **50 ml di vino bianco**
- **olio extravergine d'oliva**
- **sale**

Serves 4
- 1 x approx. 400g (14 oz) aubergine (eggplant)
- 150g (5¼ oz) burrata or mozzarella cheese
- 150g (5¼ oz) prosciutto
- a few peppermint leaves
- 3½ Tbsps white wine
- extra virgin olive oil
- salt

Lavare e tagliare (possibilmente con l'affettatrice) la melanzana in 16 fettine sottili.

Preparare il ripieno con la burrata (o la mozzarella), il prosciutto tagliato a julienne, menta, sale e olio.

Farcire le fettine di melanzana con il ripieno e chiuderle con degli stecchini.

Disporre gli involtini in una teglia oliata, spruzzare con il vino e l'olio e aggiustare di sale.

Infornare a 200 °C per 10 minuti circa.

Prima di servire, decorare con foglie di menta.

Wash and cut (preferably using a slicing machine) the aubergine into 16 uniform slices.

Prepare the filling by combining the burrata cheese (or mozzarella), prosciutto cut into thin strips, peppermint, salt and oil.

Place the filling on the sliced aubergine, roll and close with toothpicks.

Place the rolls in an oiled baking pan, sprinkle with wine, olive oil and salt.

Bake at 200°C (400°F) for approximately 10 minutes.

Before serving, garnish with peppermint leaves.

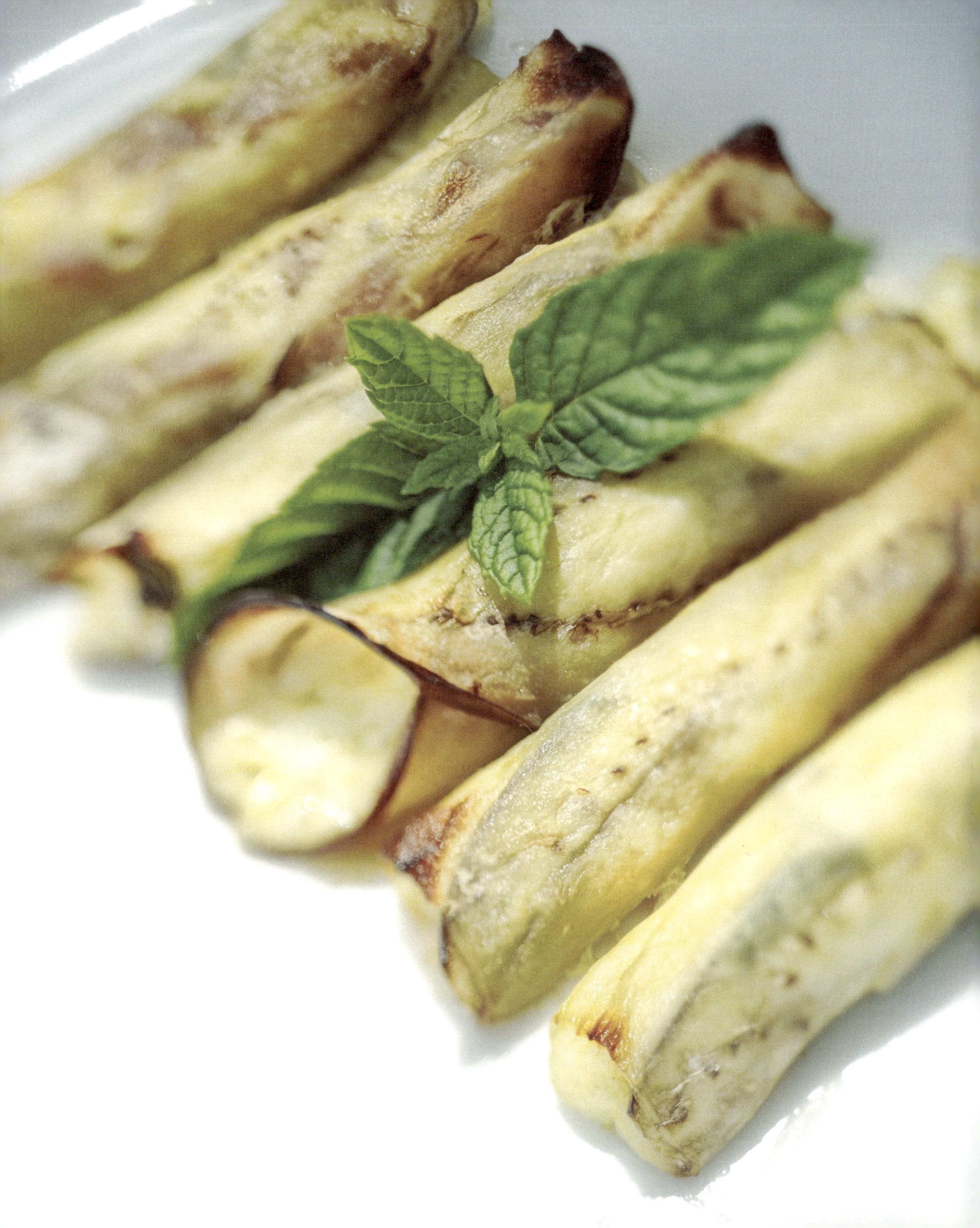

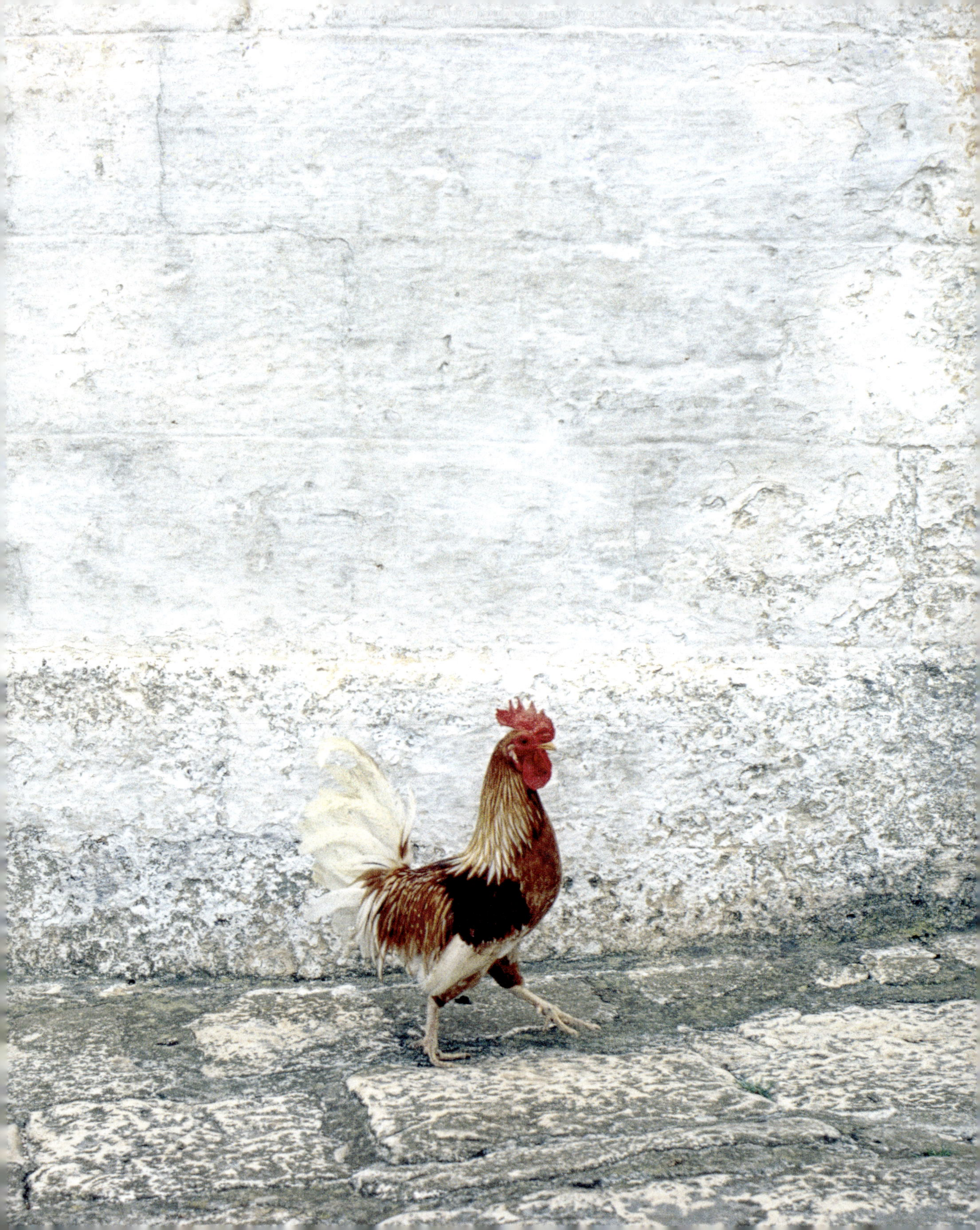

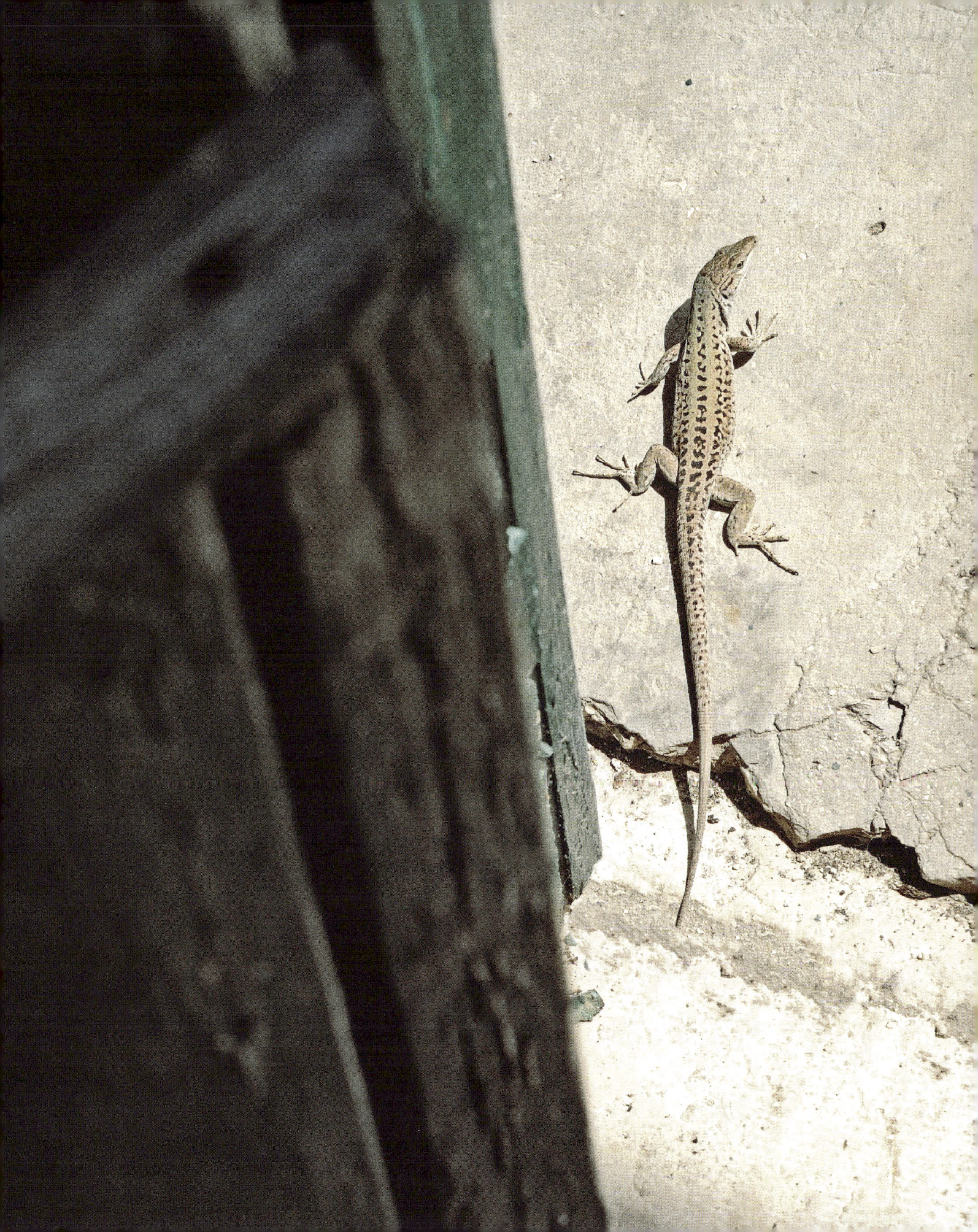

200 *Funghi cardoncelli trifolati*

King oyster mushrooms in oil, parsley and garlic

●○○

Ingredienti per 4 persone

- 800 g di funghi cardoncelli
- 1 spicchio di aglio
- prezzemolo
- 1 limone
- olio extravergine d'oliva
- sale
- pepe

Serves 4

- 800g (1¾ lbs) king oyster mushrooms
- 1 garlic clove
- Italian parsley
- lemon
- extra virgin olive oil
- salt
- pepper

Pulire con cura i cardoncelli, eliminando la parte terrosa, pelare teste e gambi e tagliarli in piccoli pezzi.

Versare in una padella qualche cucchiaio di olio e far imbiondire l'aglio finemente tritato.

Mettere i funghi in padella, aggiungere sale e pepe, e cuocere a fuoco vivo.

Togliere i funghi dal fuoco, disporli su un piatto da portata e spolverarli con prezzemolo tritato e un goccio di limone.

Thoroughly clean the mushrooms, discarding the earthy part. Peel the caps and stems, and cut into small pieces.

Soften the finely chopped garlic in a plan with a few tablespoons of olive oil.

Add the mushrooms to the pan, add salt and pepper, and cook over a high heat.

Remove the mushrooms from the heat, place on a serving plate and sprinkle with chopped parsley and a dash of lemon.

201

Contorno di peperoni e patate

Pepper and potato

●○○

Ingredienti per 4 persone
- 3 patate grosse
- 1 peperone
- 3 pomodori rossi piccoli
- prezzemolo
- un cucchiaio di capperi (a piacere)
- olio extravergine d'oliva
- sale

Serves 4
- 3 large potatoes
- 1 pepper
- 3 small red tomatoes
- Italian parsley
- 1 Tbsp capers (optional)
- extra virgin olive oil
- salt

Pelare le patate, tagliarle a pezzi e cuocerle per pochi minuti in acqua salata e bollente.

Privare il peperone dei semi, tagliarlo a strisce, cuocerlo in padella con l'olio e i pomodori a pezzi.

Unire le patate e continuare a cuocere.

A fine cottura condire con una manciata di prezzemolo fresco e, a piacere, con un cucchiaio di capperi.

Da servire caldo o freddo.

Peel the potatoes, cut into pieces and cook for few minutes in salted boiling water.

Remove the seeds from the pepper, cut into strips, and cook in a pan with oil and the chopped tomatoes.

Add the potatoes and continue cooking.

When cooked, season with a handful of fresh parsley and, if desired, a tablespoon of capers.

Can be served hot or cold.

202

Fagiolini verdi al pomodoro

Green beans with tomato

●○○

Ingredienti per 4 persone
- **1 kg di fagiolini verdi**
- **500 g di pomodori maturi**
- **1 spicchio di aglio**
- **olio extravergine d'oliva**
- **sale**

Serves 4
- **1kg (2¼ lbs) green beans**
- **500g (1 lb) ripe tomatoes**
- **1 garlic clove**
- **extra virgin olive oil**
- **salt**

Pulire e lessare i fagiolini, lasciandoli al dente.

In una padella fare imbiondire nell'olio l'aglio tritato e aggiungere i pomodori, lasciando cuocere per una decina di minuti.

Unire i fagiolini, regolare di sale e completare la cottura.

Clean and boil the beans until *al dente*.

In a pan, soften the minced garlic in the oil and add chopped tomatoes. Cook for approximately ten minutes.

Add the beans, season with salt and finish cooking.

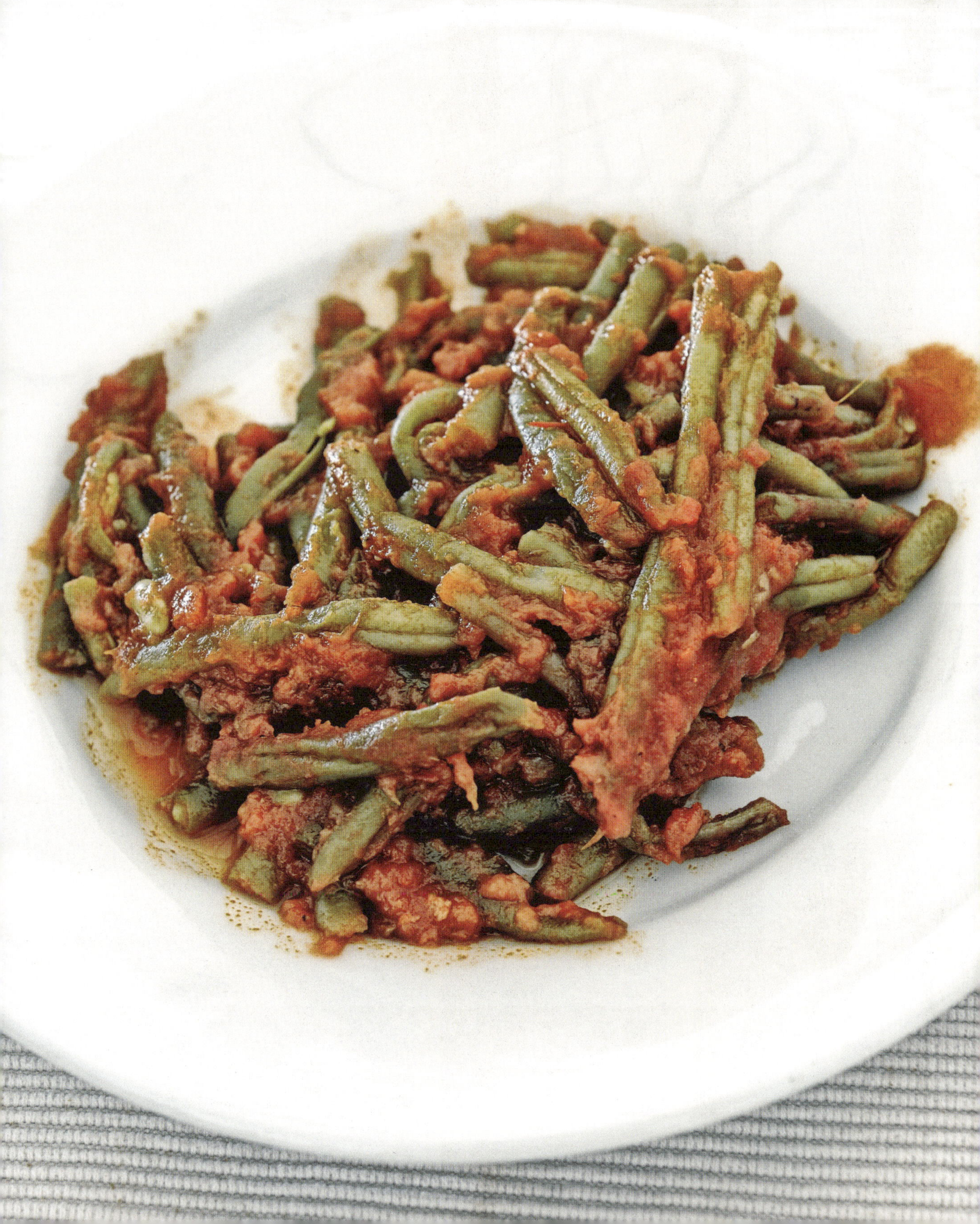

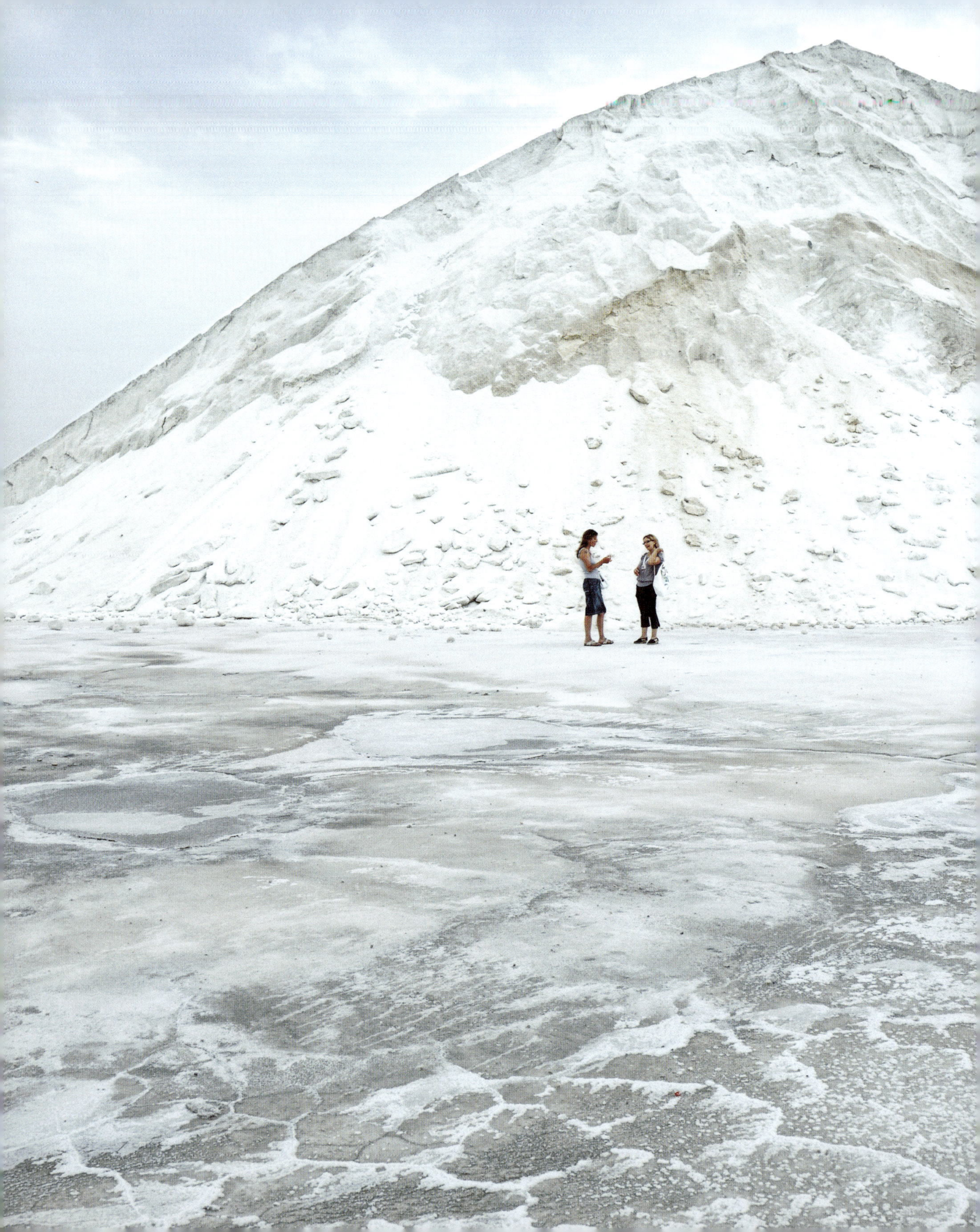

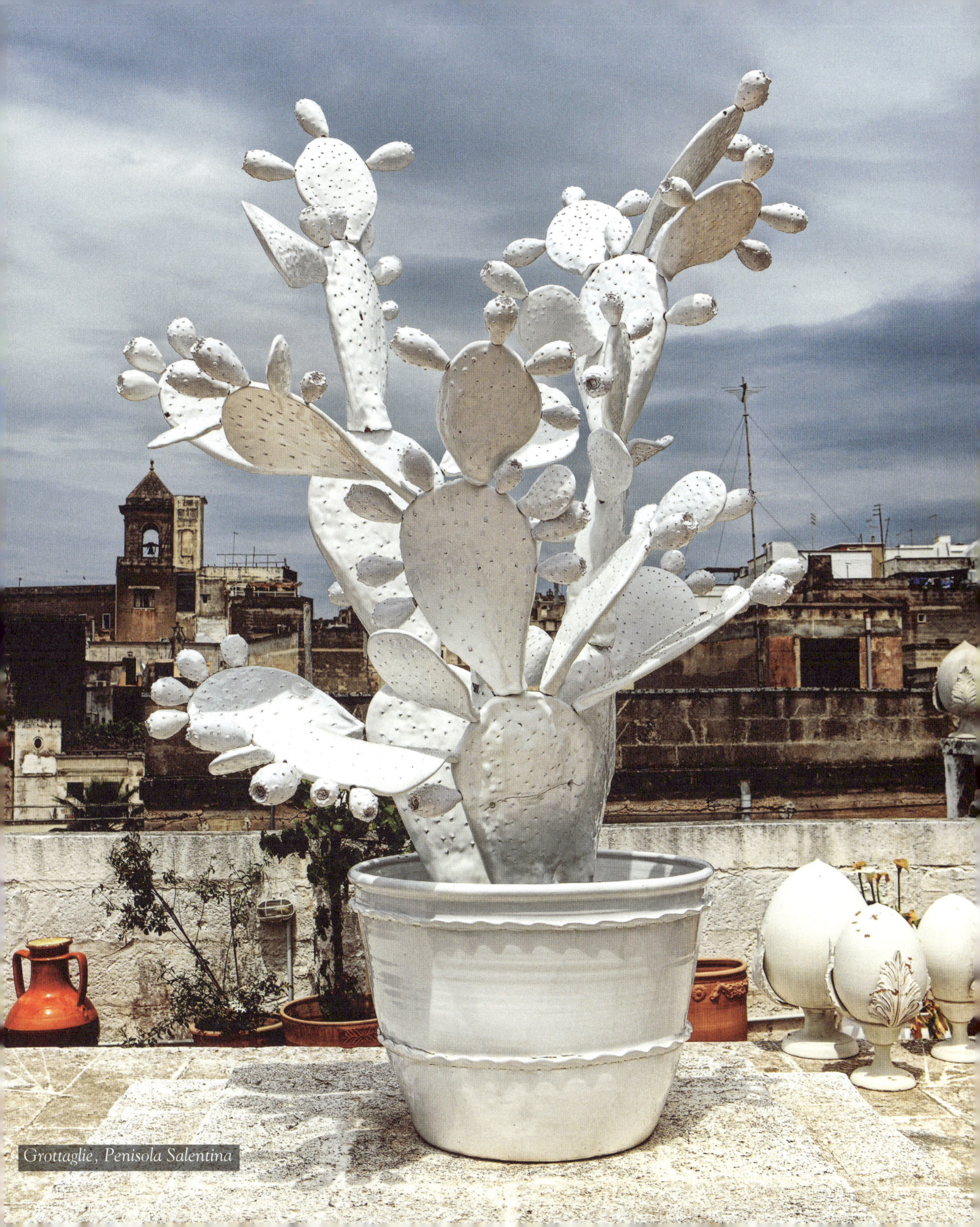

Grottaglie, Penisola Salentina

206

Ciambotta orsarese

Vegetable stew Orsara di Puglia style

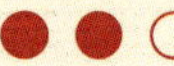

Ingredienti per 4 persone
- 800 g di ortaggi misti (zucchine, melanzane, patate, cipolla, sedano, fagiolini, germogli di zucca, pomodorini, basilico)
- 4 uova
- 100 g di cacioricotta di capra
- 4 fette di pane di grano duro raffermo
- 100 g di olio extravergine d'oliva
- sale

Serves 4
- 800g (1¾ lbs) mixed vegetables (courgettes, aubergines, potatoes, onion, celery, green beans, squash shoots, cherry tomatoes, basil)
- 4 eggs
- 100g (3½ oz) goat's milk cacioricotta cheese
- 4 slices old durum wheat bread
- 100g (½ cup) extra virgin olive oil
- salt

Tagliare a pezzi tutti gli ortaggi e tagliare in due i pomodorini.

In una pentola rosolare la cipolla con l'olio e aggiungere i pomodorini.

Aggiungere in ordine di cottura le patate, le melanzane, le zucchine, i fagiolini, il sedano, i germogli di zucca e il basilico.

Colmare la pentola con acqua tiepida e lasciare cuocere per 30 minuti circa aggiungendo le uova 5 minuti prima della fine della cottura.

Servire su fette di pane con una grattugiata di cacioricotta.

Chop all the vegetables and halve the tomatoes.

In a saucepan, fry the onion in the oil and add the tomatoes.

In cooking order, add the potatoes, aubergines, courgettes, green beans, celery, squash shoots and the basil.

Fill the saucepan with lukewarm water and cook for approximately 30 minutes, adding the eggs 5 minutes before the end.

Serve on slices of bread with grated cacioricotta cheese.

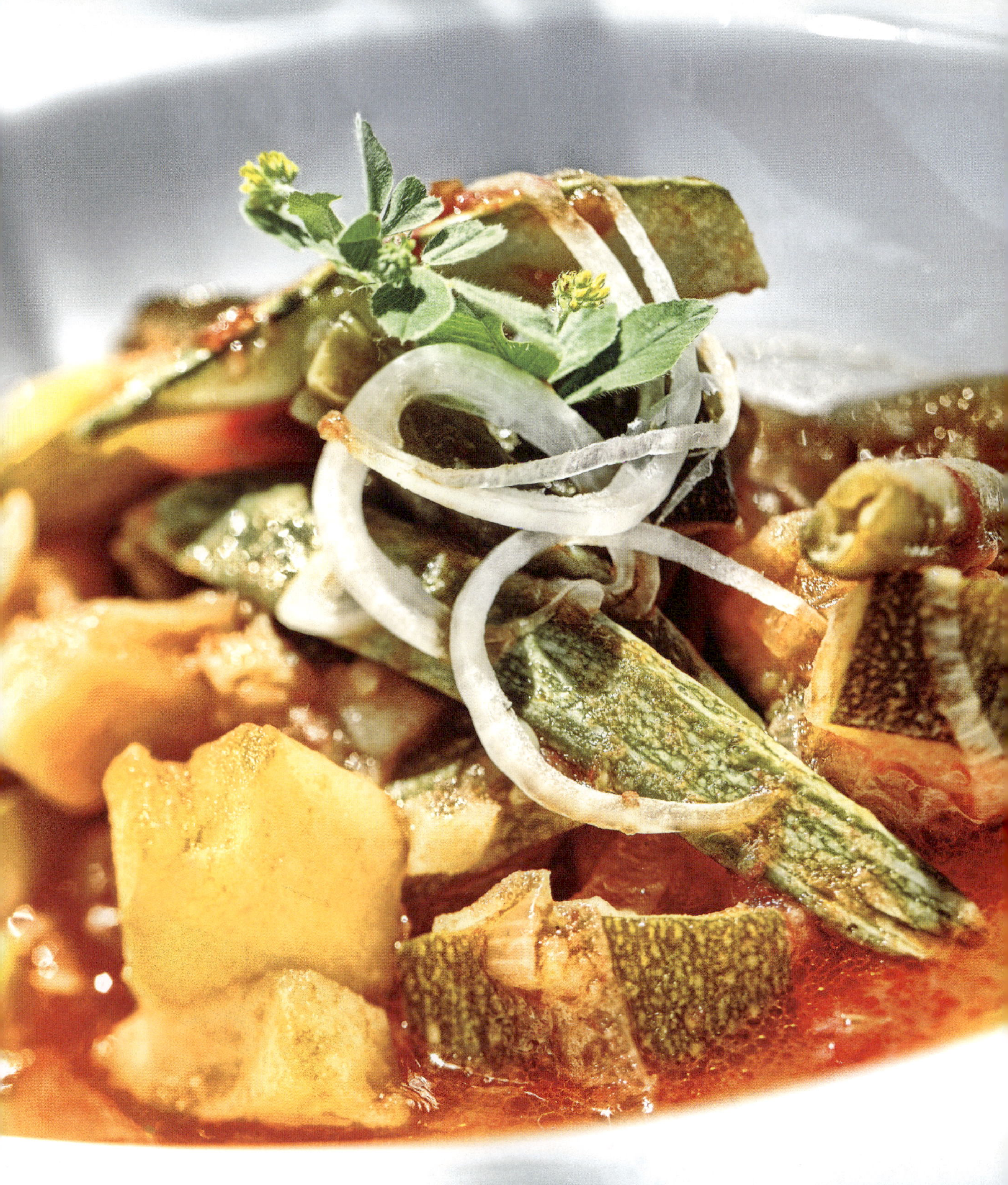

È durante le festività natalizie e pasquali che la Puglia dà il meglio di sé, sformando dolci in cui mandorle e ricotta sono grandi protagoniste.

It's during Christmas and Easter that Puglia serves up its best desserts, with almonds and ricotta in abundance.

209

Dolci - Desserts

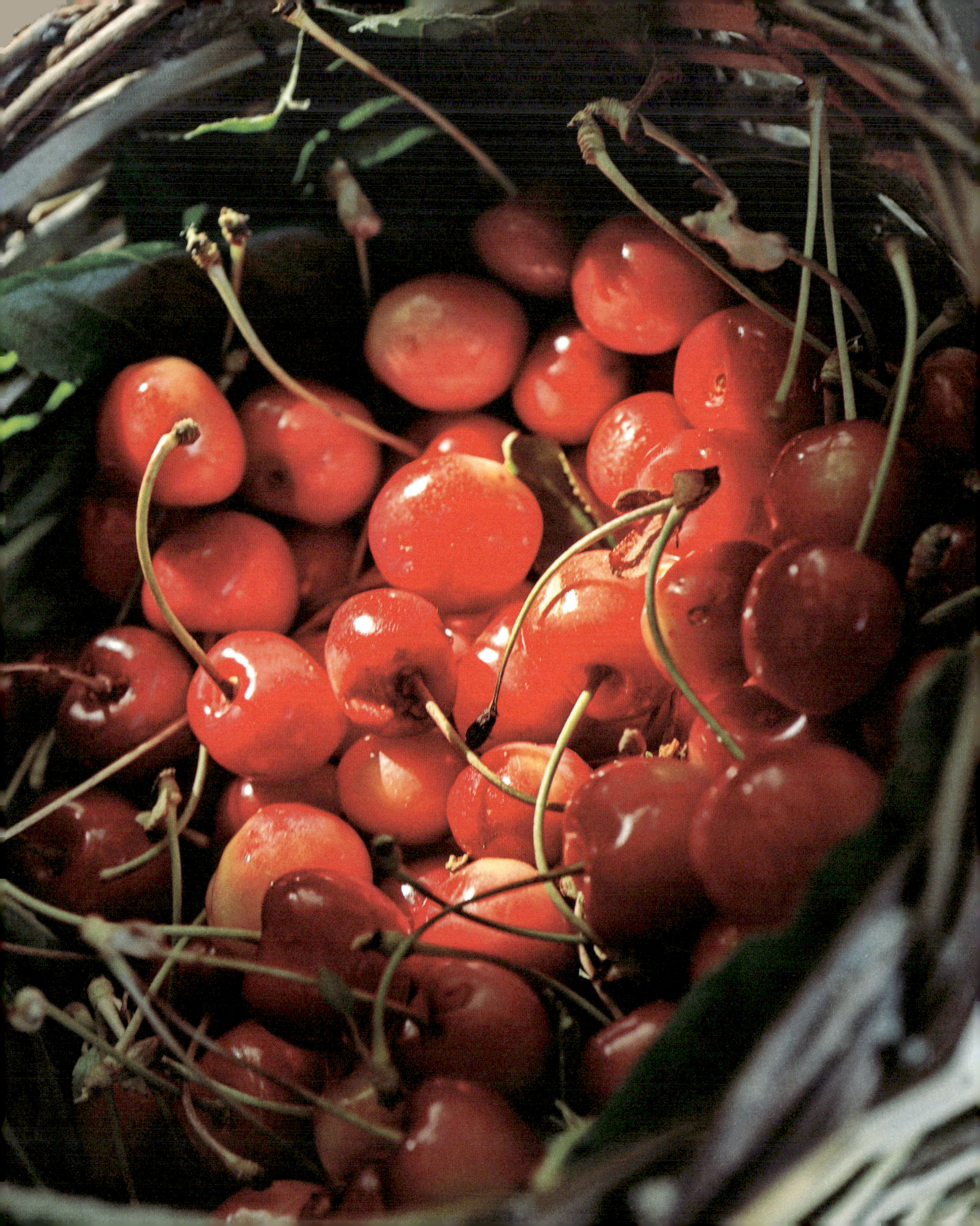

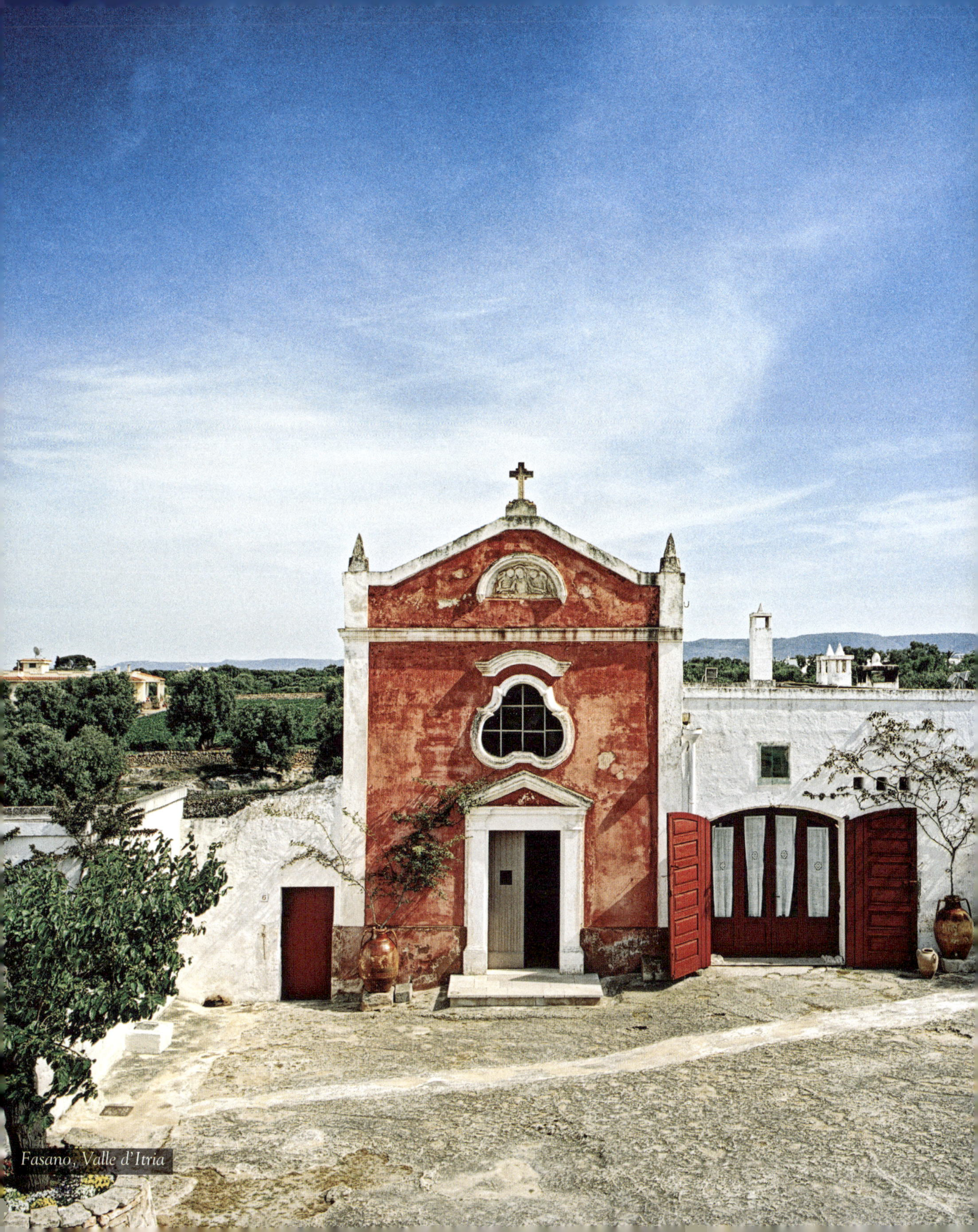

Fasano, Valle d'Itria

212 Dolce di ricotta e pasta di mandorle

Ricotta and almond dessert

●●●

Ingredienti per 4 persone

- 400 g di ricotta vaccina
- 100 g di pasta di mandorle
- 100 g di zucchero vanigliato
- 50 g cubetti di macedonia canditi
- cioccolato fondente
- pandispagna
- rum o liquore Strega

Serves 4

- 400g (14 oz) fresh cow's milk ricotta
- 100g (3½ oz) almond dough
- 100g (½ cup) vanilla sugar
- 50g (⅓ cup) diced candied fruit
- plain chocolate
- sponge cake
- rum or Strega liqueur

Stendere con un matterello la pasta di mandorle dopo averla lavorata con le mani per renderla più elastica.

A parte, sciogliere il cioccolato a bagnomaria o nel microonde.

Creare una forma conica con la pasta, aiutandosi possibilmente con uno stampo e spennellare il cioccolato fuso nella parte interna, lasciando quindi riposare.

Unire e lavorare con la frusta la ricotta, lo zucchero vanigliato, i cubetti di macedonia canditi e una spolverata di cioccolato fondente.

Riempire l'involucro di pasta di mandorle con l'impasto così ottenuto e chiudere con il pandispagna imbevuto nel rum o in altro liquore dolce.

Lasciare riposare per qualche ora prima di servire.

Knead the almond dough to make it more elastic and then roll with a rolling pin.

Separately, melt the chocolate in a double boiler or microwave.

Form the dough into a pie shape, possibly using a mould, and brush the inside with the melted chocolate. Leave aside to set.

Combine using a whisk the ricotta, vanilla sugar, candied fruit and a sprinkling of the chocolate.

Fill the almond dough shell with the mixture and cover with the sponge soaked in rum or other sweet liqueur.

Let stand for several hours before serving.

Vino Wine:
"La Chicca" - Moscato di Trani DOC Dolce Naturale

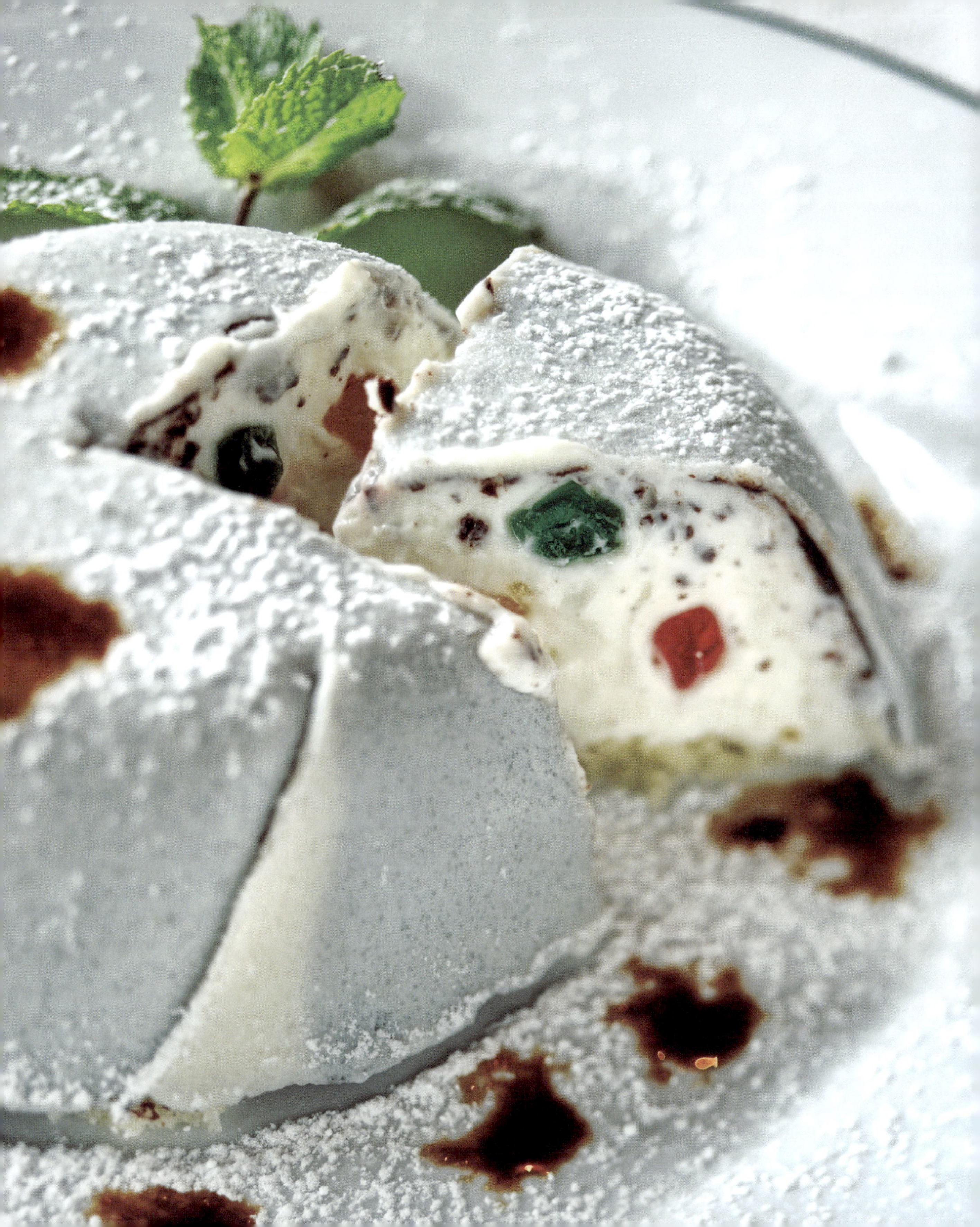

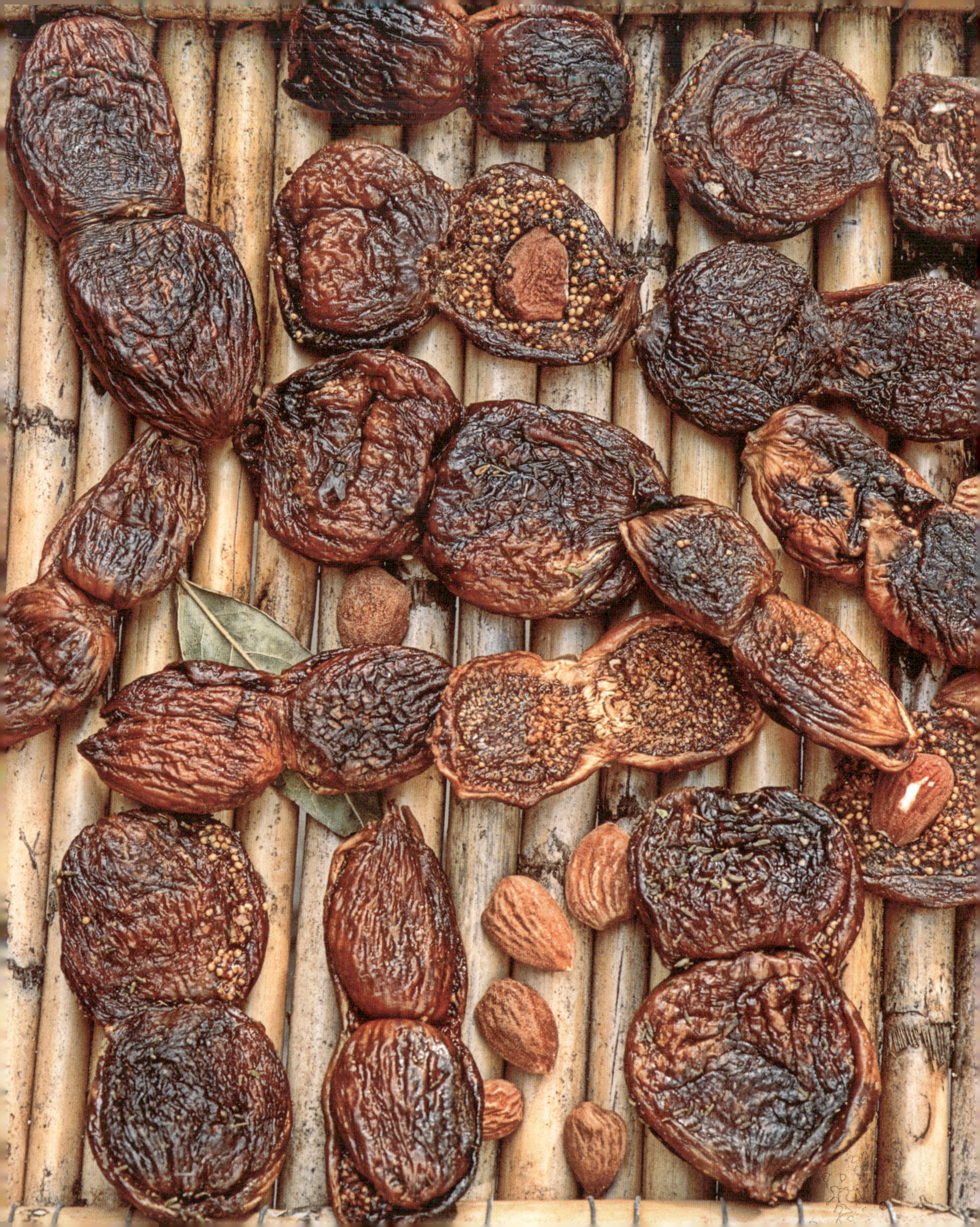

215

Fichi secchi

Dried figs

●●○

Ingredienti:
- fichi bianchi
- mandorle tostate
- buccia di limone (a piacere)
- cioccolato (a piacere)
- foglie di alloro
- semi di finocchio

Ingredients:
- white figs
- toasted almonds
- lemon zest (optional)
- chocolate (optional)
- bay leaves
- fennel seeds

Esporre al sole i fichi interi e maturi per una settimana circa, posizionandoli su un graticcio che favorisca la traspirazione e avendo cura di coprirli con un velo e di rigirarli con frequenza.

A seccatura avvenuta, sbollentarli per pochi istanti, scolarli e lasciarli asciugare su un canovaccio.

Tagliarli a metà in senso verticale dalla base del peduncolo, senza staccare le due parti, e farcire ognuno con una mandorla tostata e, a piacere, buccia di limone e un pezzetto di cioccolato.

Richiudere e infornare a 220 °C per 30 minuti circa.

Riporre in vasetti in vetro o terracotta e aromatizzare con semi di finocchio e foglie di alloro.

Leave whole ripe figs in the sun for approximately a week on a fruit drying rack. Keep covered with cheese cloth or fine netting and turn frequently.

Once dried, blanch for a few seconds, drain and allow to dry on a towel.

Slice lengthways from the base of the stalk, without separating the two halves, and stuff each with a toasted almond and, if desired, a little lemon zest and chocolate.

Close and place in the oven at 220°C (425°F) for approximately 30 minutes.

Place in glass or earthenware jars with fennel seeds and bay leaves.

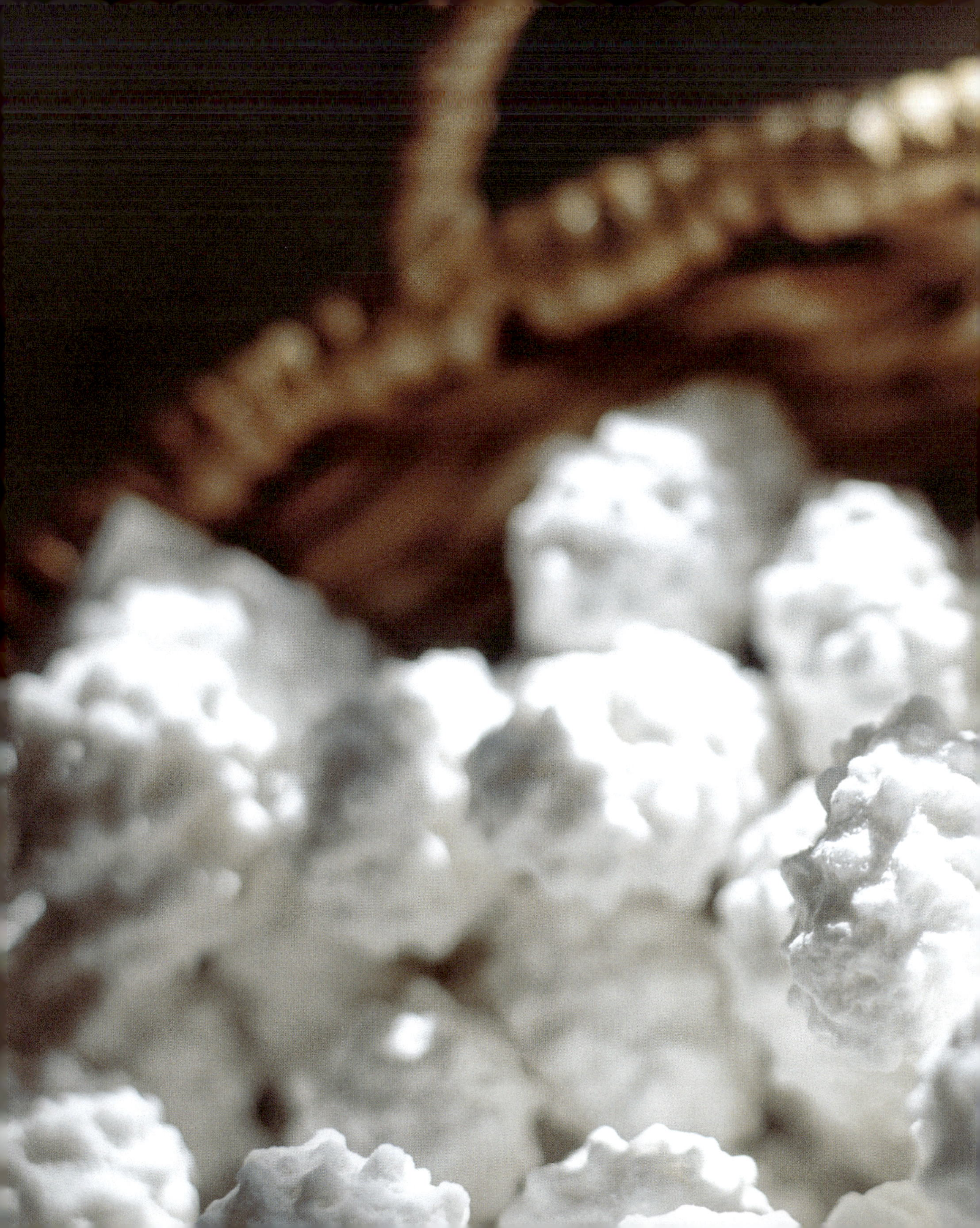

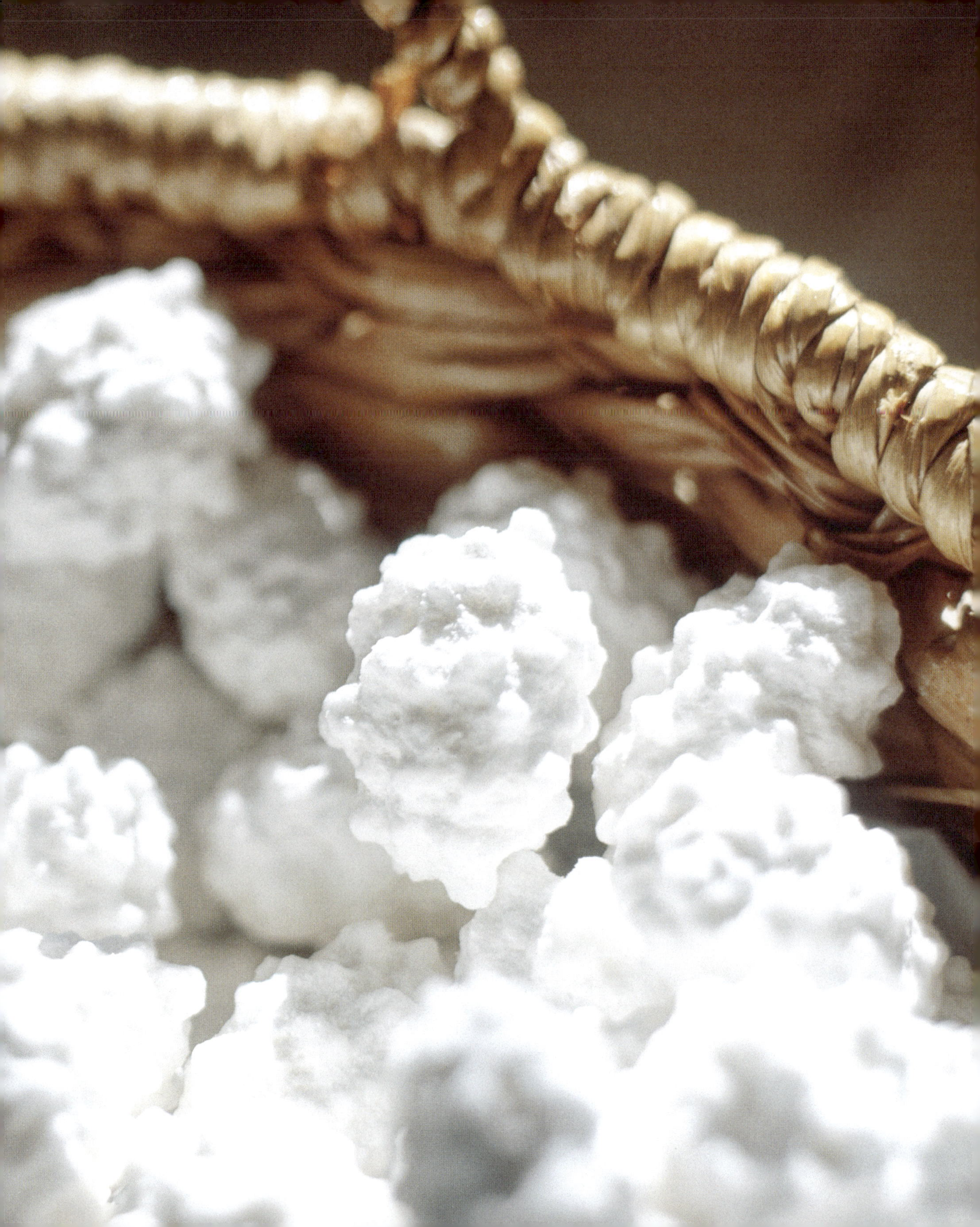

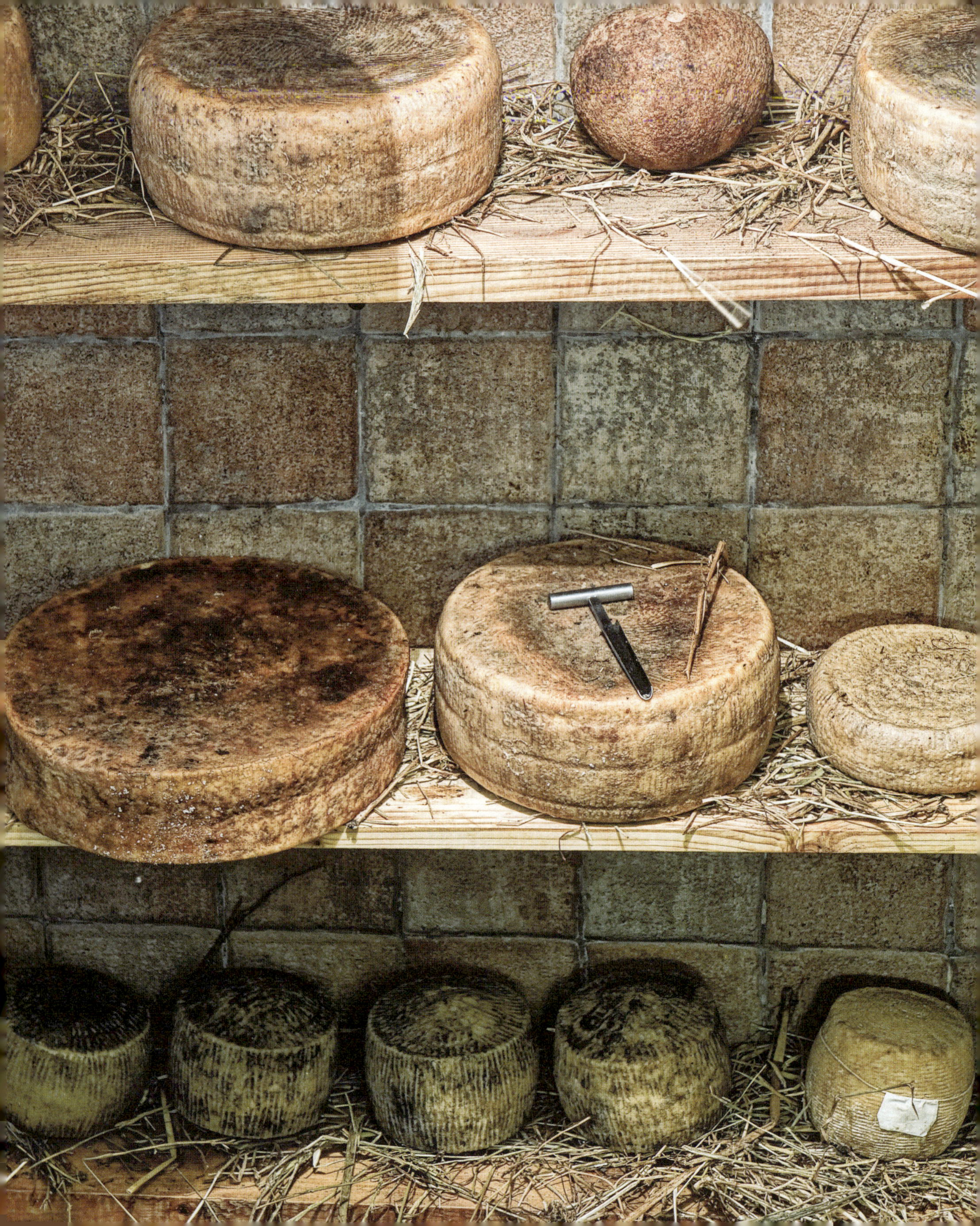

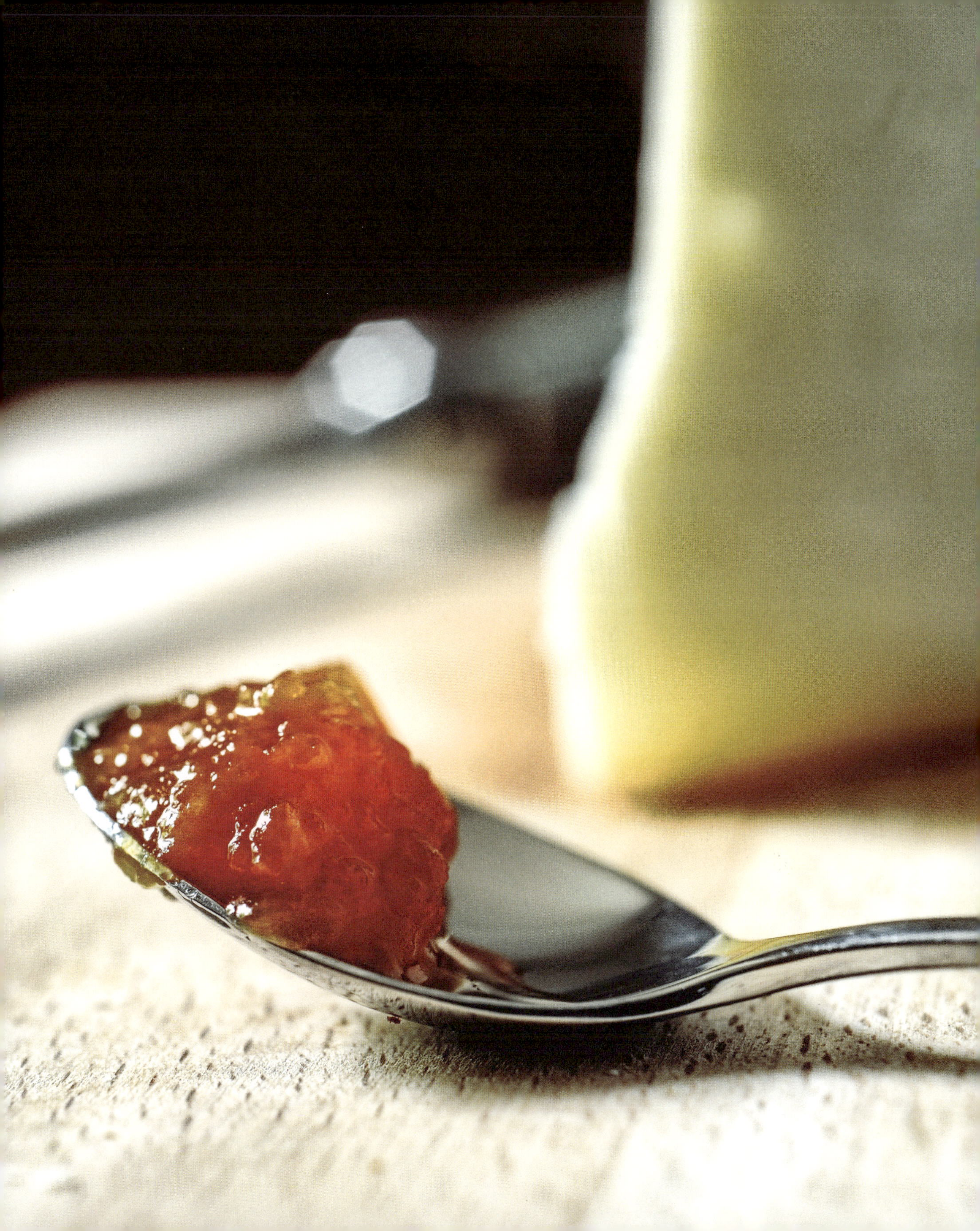

220

Crema di ricotta di capra e sedano caramellato

Goat's milk ricotta cream and caramelized celery

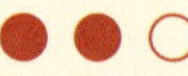

Ingredienti:
- 1 ricottina di capra di 200 g circa tenuta calda in acqua tiepida
- 200 g di gambi di sedano fresco
- 100 g di zucchero semolato
- 1 limone

Ingredients:
- 1 approx. 200g (7 oz) goat's milk ricotta (to be kept warm in warm water)
- 200g (7 oz) fresh celery stalks
- 100g (¾ cup) fine sugar
- 1 lemon

Lavare e asciugare i gambi di sedano e tagliarli a cubetti.

In un tegame aggiungere una tazzina da caffè di acqua, il succo di mezzo limone, lo zucchero e i gambi di sedano.

Cuocere a fuoco alto fino a caramellare il sedano, prestando attenzione a rimestare il tutto molto energicamente per 20 minuti circa.

Unire alla ricotta tiepida.

Wash and dry the celery stalks, and cut into cubes.

In a pan, add a coffee cup of water, the juice of the lemon, sugar and celery.

Cook over a high heat until the celery caramelizes (approximately 20 minutes) while constantly stirring vigorously.

Combine with the warm ricotta.

Vino Wine:
"Pampanuto" - Castel del Monte DOC Bianco

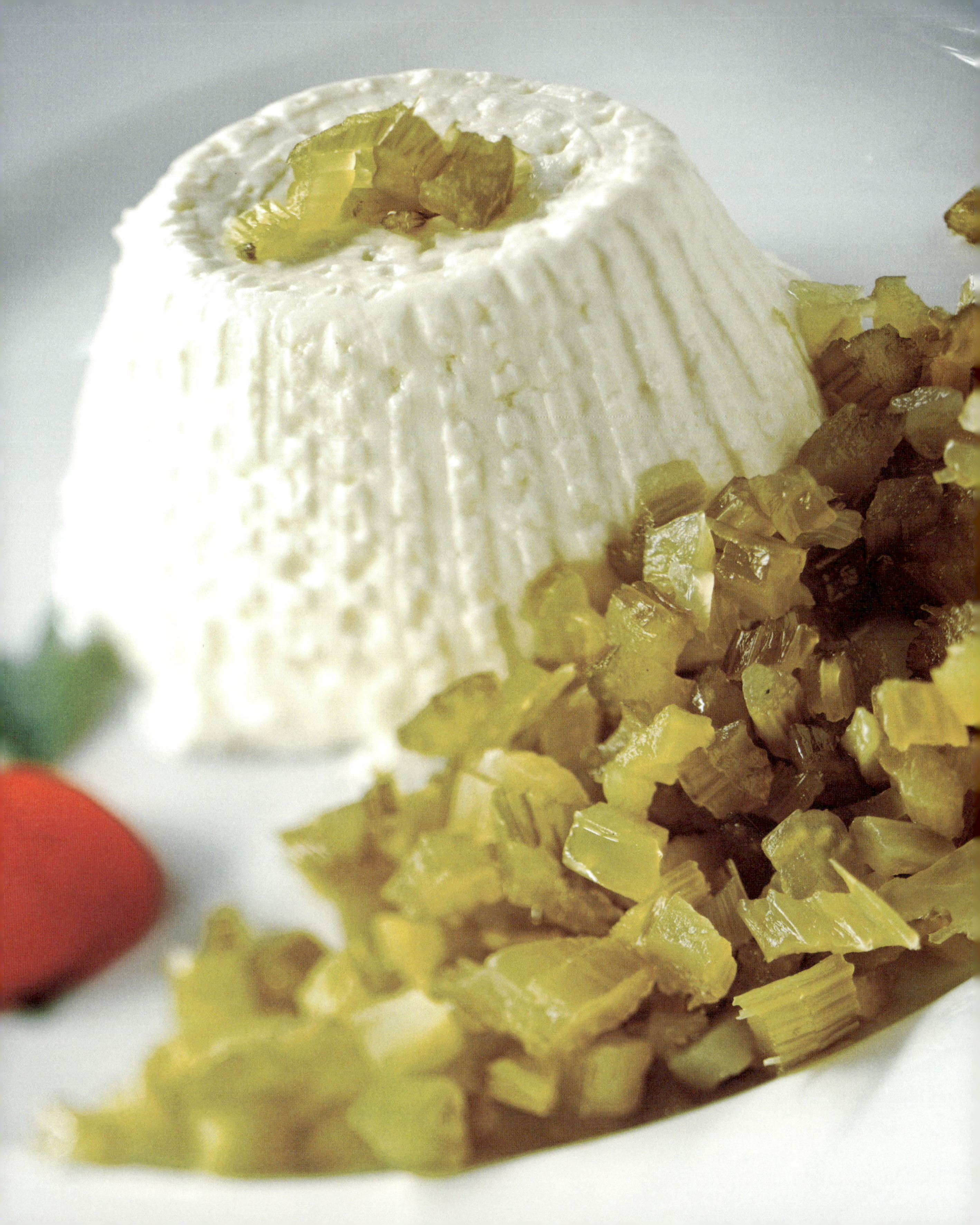

222

Ricottina di capra con mandorle tostate

Goat's milk ricotta with roasted almonds

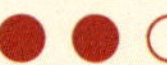

Ingredienti per 4 persone
- 300 g di ricotta di capra
- 50 g di mandorle tostate
- peperoncino
- sale

Serves 4
- 300g (10½ oz) goat's milk ricotta cheese
- 50g (⅓ cup) roasted almonds
- chilli pepper
- salt

Tritare grossolanamente le mandorle dopo averle tostate in forno.

In una terrina disporre la ricotta, mantecarla energicamente, aggiungere le mandorle, un pizzico di peperoncino e sale quanto basta.

Porre il tutto in un coccio e lasciare intiepidire per qualche minuto prima di servire.

Roughly chop the almonds after roasting in the oven.

In a bowl, add the ricotta and stir vigorously, adding the almonds. Add a pinch of salt and chilli to taste.

Place the mixture in an earthenware pot and allow to cool for a few minutes before serving.

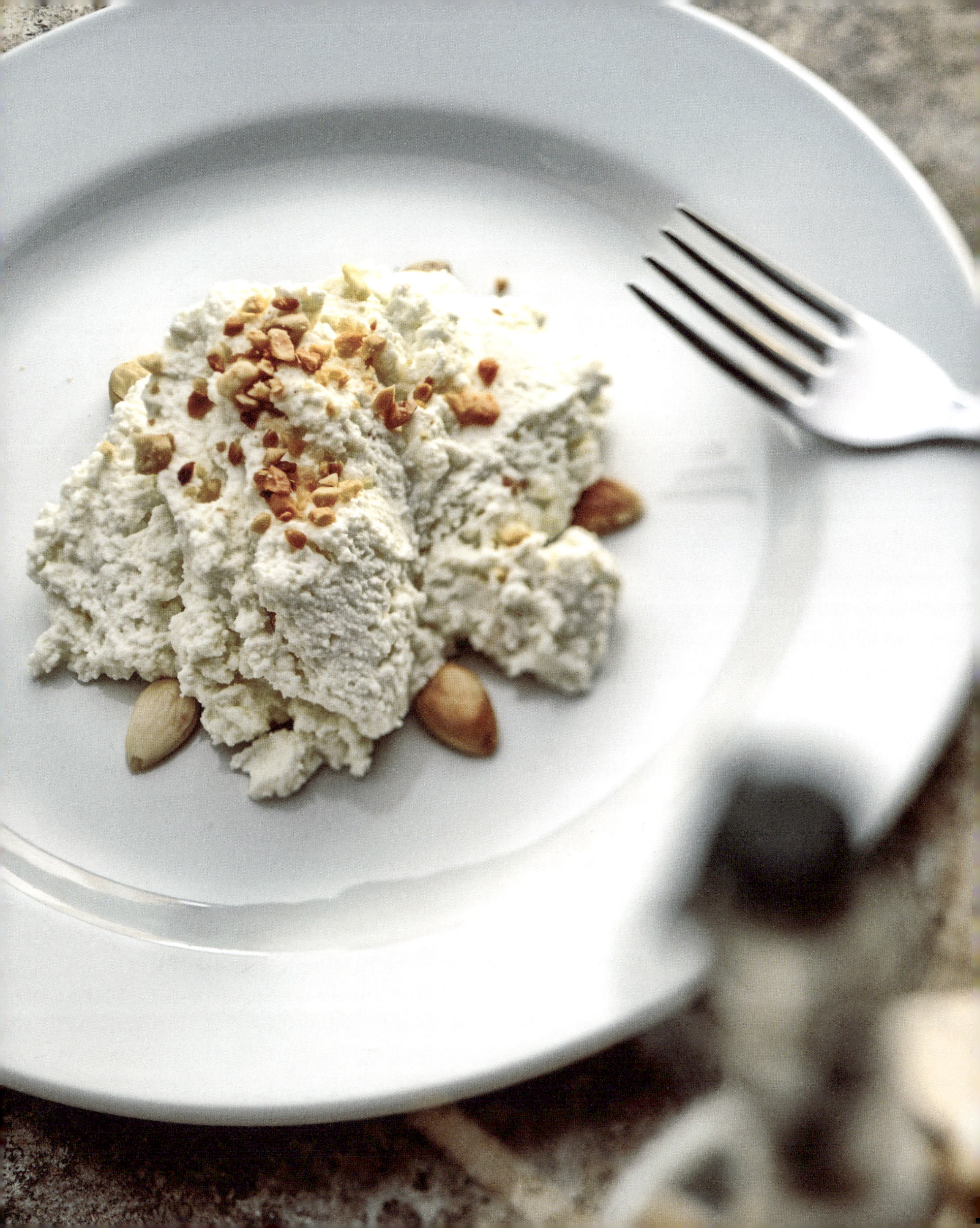

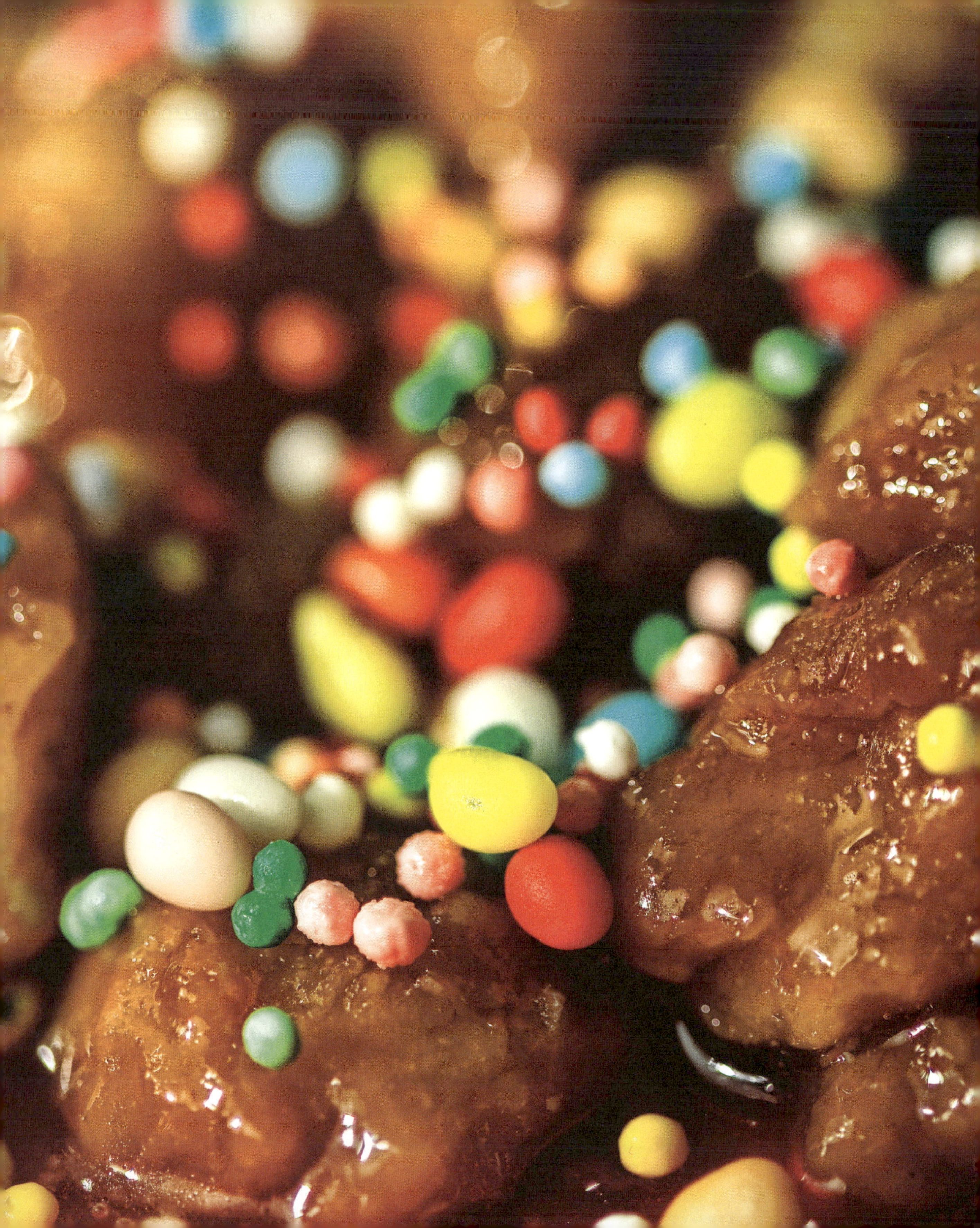

225

Purceddhruzzi

Fried sweet dumplings

●●○

Ingredienti per 4 persone
- **250 g di farina 00**
- **10 g di lievito di birra**
- **marsala**
- **miele**
- **confettini colorati**
- **olio extravergine d'oliva**

Serves 4
- **250g (1⅔ cups) 00 flour**
- **10g (½ Tbsp) brewer's yeast**
- **Marsala wine**
- **honey**
- **coloured comfits**
- **extra virgin olive oil**

Impastare la farina, il lievito precedentemente sciolto in acqua tiepida e con un po' di sale, 50 g di olio e il marsala, fino a ottenere una pasta di buona consistenza.

Coprire con un canovaccio e lasciare lievitare per 2 ore.

Ricavare dalla pasta delle piccole sfere simili a gnocchi.

Friggere i purceddhruzzi in una padella con abbondante olio: estrarli quando sono ben dorati ed eliminare l'olio in eccesso posandoli su carta da cucina.

Scaldare il miele in un pentolino fino a renderlo liquido, quindi immergere i purceddhruzzi fino a completa copertura.

Disporre i dolcetti in un piatto da portata e spolverare con i confettini.

Mix the flour, yeast (previously dissolved in lukewarm water with a little salt), 60ml (¼ cup) of oil and the Marsala into a solid dough.

Cover with a cloth and allow to rise for 2 hours.

Make small balls (similar in size to gnocchi) from the dough.

Fry the dumplings in plenty of oil. Remove as soon as golden brown and place on kitchen paper to get rid of the excess oil.

Heat the honey in a saucepan until it liquefies, then dunk in the dumplings, fully covering them.

Place the dumplings on a serving dish and sprinkle with the comfits.

Vino Wine:
"Il Sava" - Primitivo di Manduria DOC Dolce Naturale

226

Carteddhate

Carteddhate

Ingredienti:
- **1 kg di farina bianca**
- **200 g di vino bianco**
- **olio extravergine d'oliva**
- **vincotto di uva**
- **confettini colorati**

Ingredients:
- **1kg (2¼ lbs) white flour**
- **200ml (¾ cup) white wine**
- **extra virgin olive oil**
- **grape vincotto**
- **coloured comfits**

Versare la farina su un piano e impastarla con 200 g di olio e il vino; aggiungere acqua secondo necessità fino a ottenere un composto di media consistenza.

Separare dalla massa delle piccole porzioni di pasta e schiacciarle con il matterello in forma di dischi circolari dello spessore di una sfoglia.

Con una rotellina a smerli ricavare dai dischi delle strisce larghe 4 cm circa e lunghe 20/30 cm circa.

Ripiegare ogni striscia su se stessa nel senso della lunghezza e arrotolare in forma di nido, schiacciando con le dita ogni 3/4 cm.

Lasciare asciugare per almeno 12 ore, quindi friggere in olio caldo.

Sgocciolare e intingere nel vincotto di uva in ebollizione (o in alternativa, nel miele).

Quando iniziano a galleggiare, estrarle e disporle su un piatto, spolverando con confettini colorati.

Sprinkle the flour on a flat surface and knead with 250ml (1 cup) of olive oil and the wine. Add water as needed to produce a dough of medium consistency.

Divide the dough into smaller portions and roll into very thin circles.

Using a fluted pastry wheel, cut strips of approximately 4cm in width and approximately 20-30cm in length.

Fold each strip over on itself lengthways and form into a nest shape, pressing with your fingers every 3-4cm.

Allow to dry for at least 12 hours, then fry in hot oil.

Drain then submerge in the boiling vincotto (or in honey).

As soon as they float to the surface, remove and arrange on a plate. Sprinkle with the coloured comfits.

Vino Wine:
"Il Sava" - Primitivo di Manduria
DOC Dolce Naturale

227

Taralli dolci

Sweet biscuits

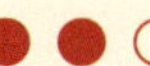

Ingredienti:
- 600 g di farina 00
- 4 uova
- 4 cucchiai di marsala
- 100 g di zucchero
- 4 cucchiai di olio extravergine d'oliva
- sale

Ingredients:
- 600g (4 cups) 00 flour
- 4 eggs
- 4 Tbsps Marsala
- 100g (½ cup) sugar
- 4 Tbsps extra virgin olive oil
- salt

Impastare la farina con le uova intere, un pizzico di sale, lo zucchero, l'olio e il marsala fino a raggiungere una buona consistenza.

Separare dalla massa dei pezzi da allungare in forma di cordone lungo 15 cm circa e unirne le estremità in forma di ciambella.

Calare i taralli in una pentola con abbondante acqua bollente e poco sale.

Estrarli non appena vengono a galla e disporli in una teglia leggermente oliata.

Cuocere in forno ben caldo per 20/25 minuti circa.

Mix the flour with the eggs, a pinch of salt, the sugar, oil and Marsala to form a solid dough.

Divide into smaller pieces and form into approximately 15cm long rolls. Join the ends to form rings.

Drop into abundant lightly salted boiling water.

Remove as soon as they float to the surface and place on a lightly oiled baking pan.

Bake in a hot oven for approximately 20–25 minutes.

Vino Wine:
"In Nomine Patris" - Puglia IGT Passito

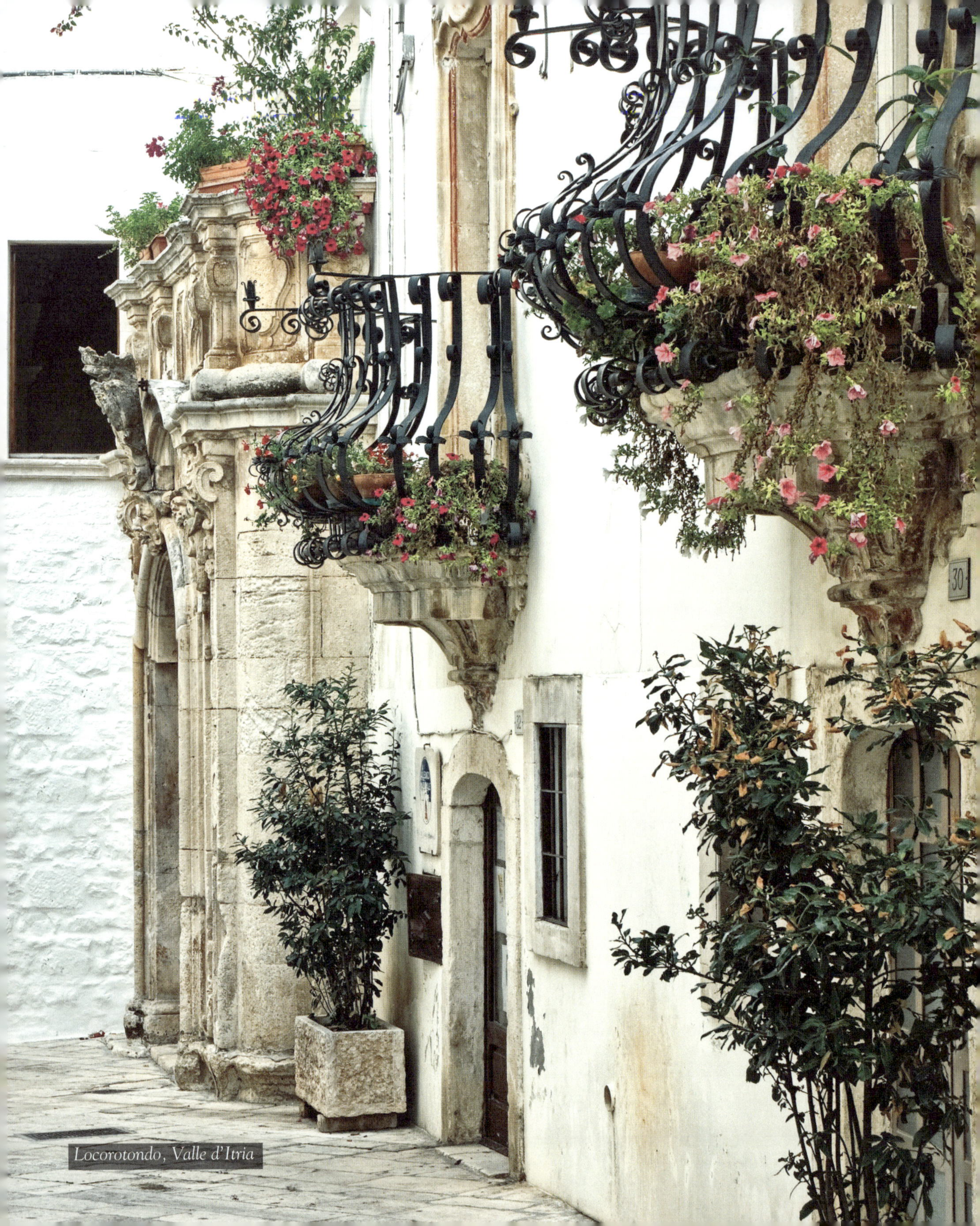

Locorotondo, Valle d'Itria

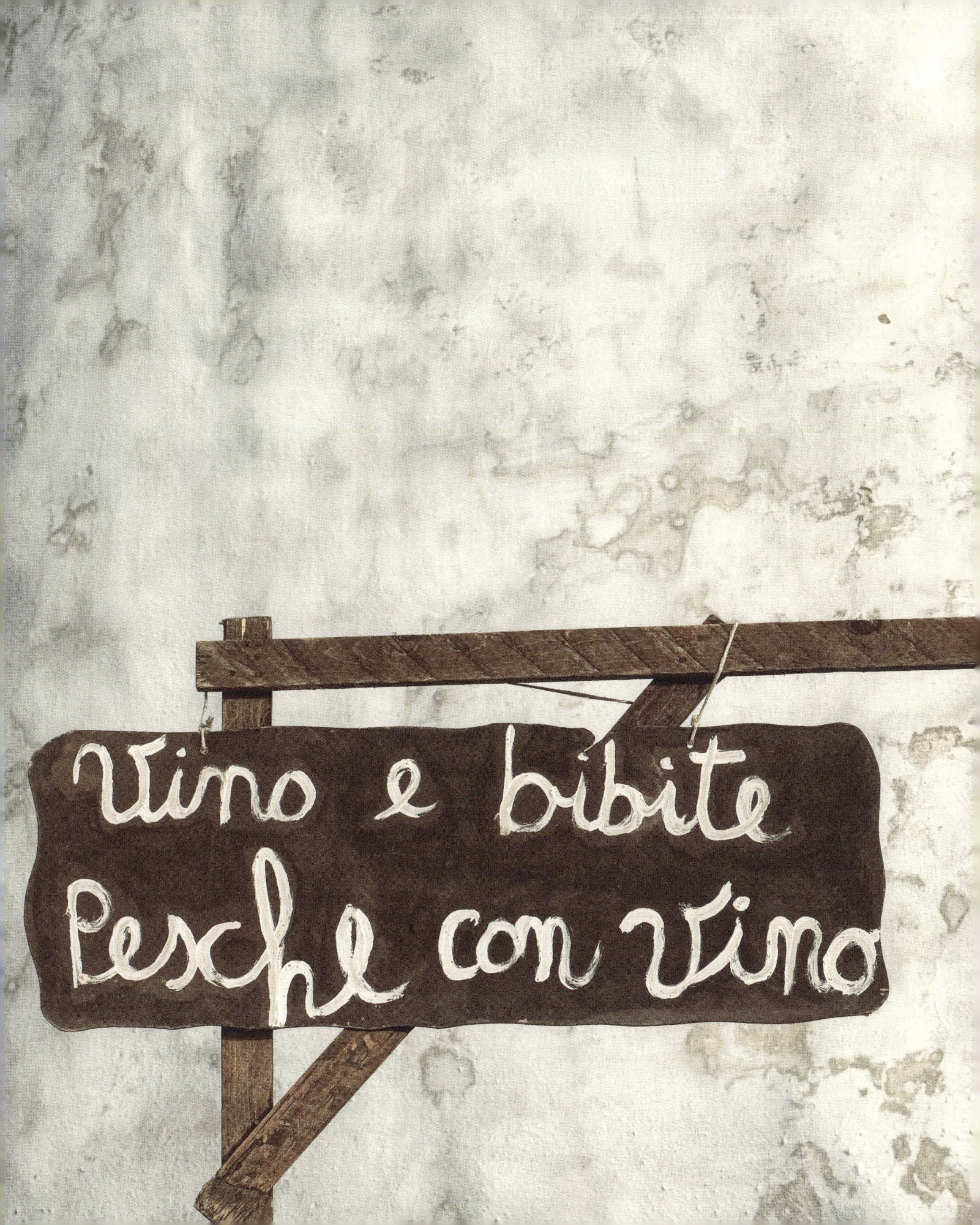

Vino e bibite
Pesche con vino

230

Pupatielli con il vincotto

Vincotto biscuits

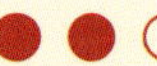

Ingredienti:
- **1 kg di farina 00**
- **250 g di zucchero**
- **3 uova**
- **250 g di mandorle tritate**
- **vincotto**
- **½ busta di ammoniaca per dolci**
- **½ bicchiere di latte caldo**
- **1 bicchiere di olio extravergine d'oliva**

Ingedients:
- **1kg (6⅔ cups) 00 flour**
- **250g (1⅓ cups) sugar**
- **3 eggs**
- **250g (3 cups) ground almonds**
- **vincotto**
- **10g (⅓ oz) baking ammonia**
- **½ glass warm milk**
- **1 glass extra virgin olive oil**

Preparare un impasto con la farina, le mandorle, lo zucchero, le uova, ½ bicchiere di olio, l'ammoniaca sciolta nel latte caldo e il vincotto fino a renderlo morbido.

Formare delle strisce di 5x4 cm.

Cuocere in forno a 160 °C per 10 minuti.

Ricavarne dei biscottini, tagliando le strisce a pezzi in senso obliquo.

Disporre in una teglia e continuare la cottura per altri 10 minuti.

Combine the flour, almonds, sugar, eggs, ½ glass of olive oil, the baking ammonia dissolved in the warm milk, and the vincotto to form a soft dough.

Form into 5x4cm strips.

Bake at 160°C (325°F) for 10 minutes.

Make the biscuits by cutting the strips into pieces at an angle.

Place on a baking tray and continue cooking for another 10 minutes.

Vino Wine:
"Estasi" - Trani DOC Moscato

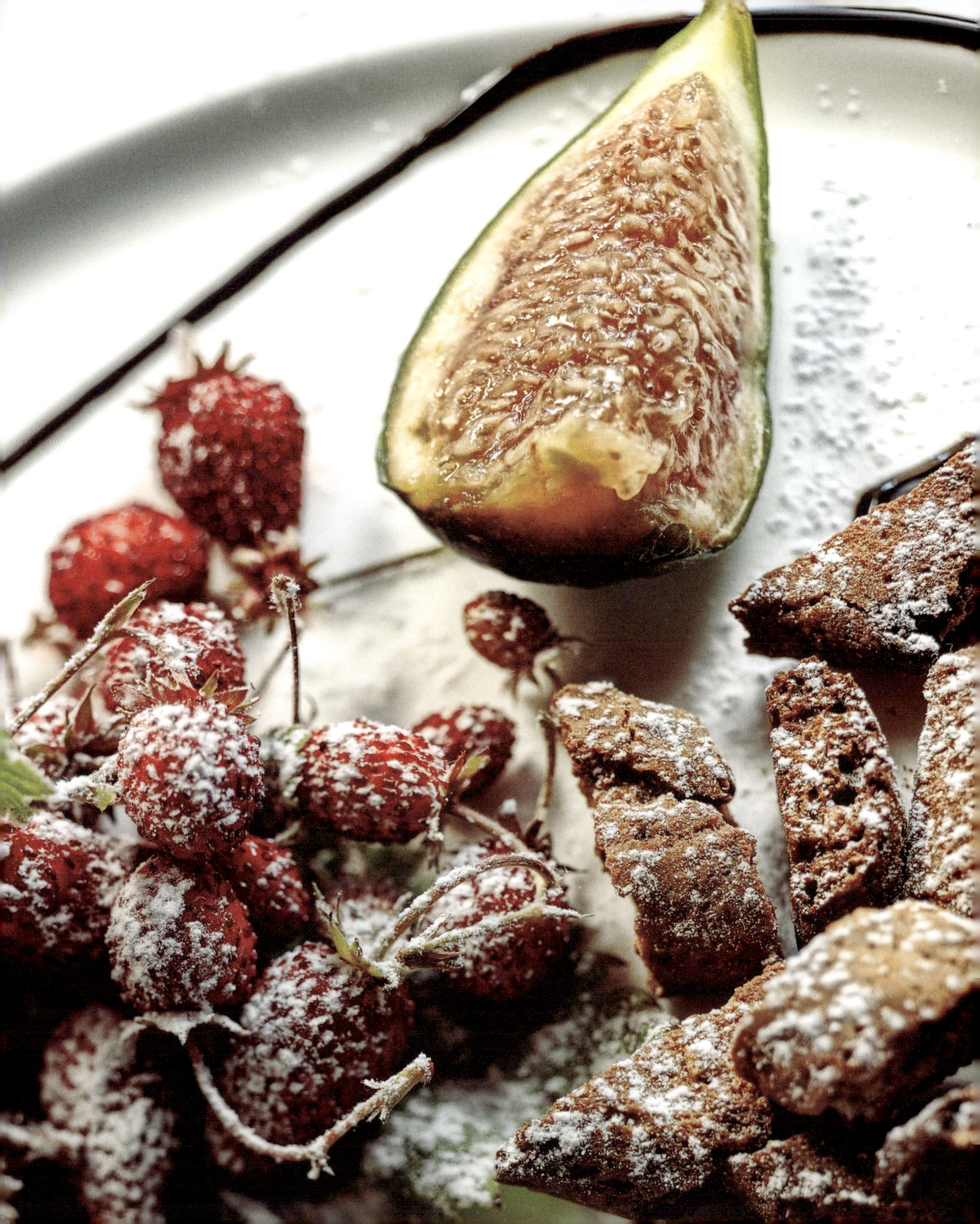

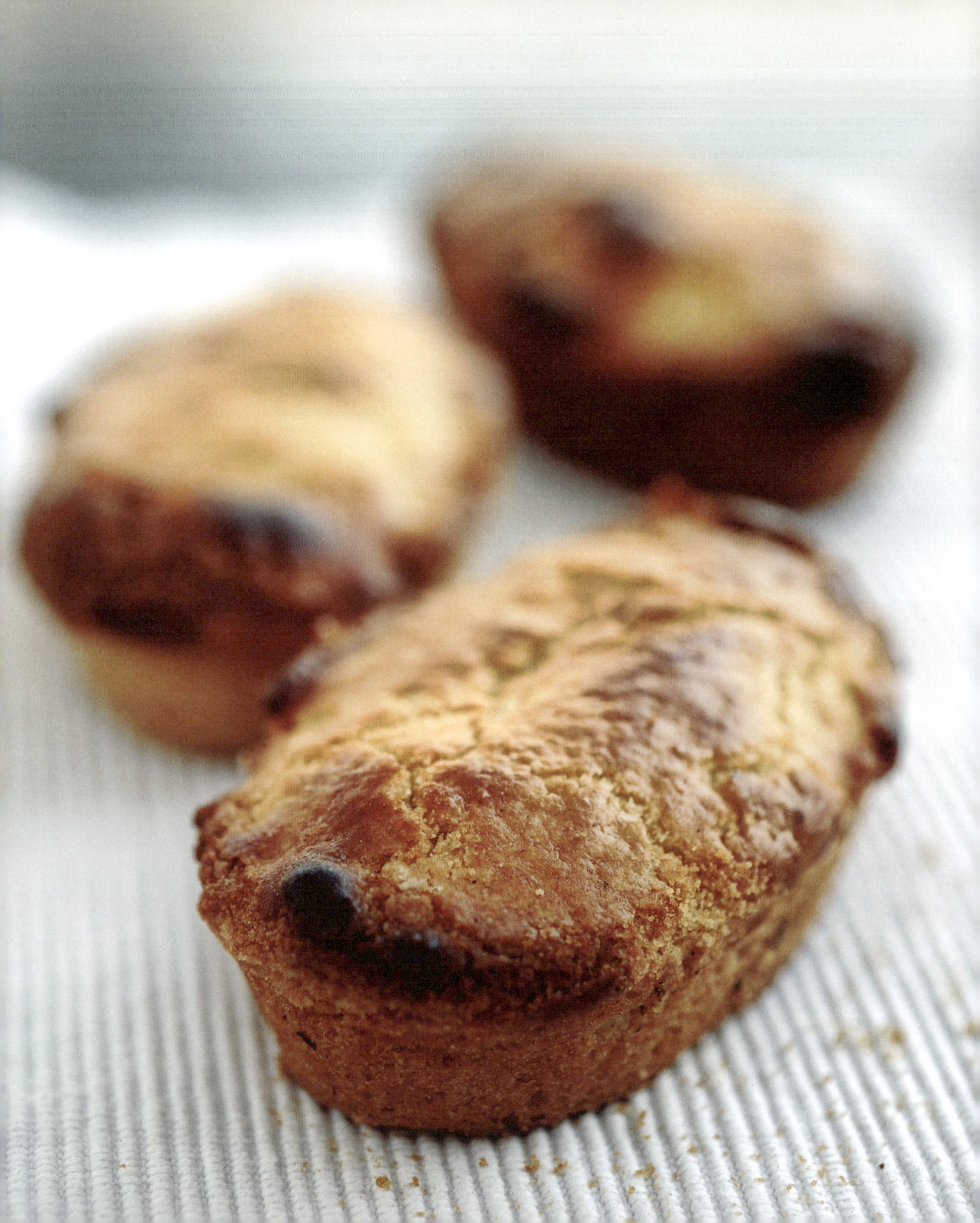

233

Pasticciotto leccese

Lecce-style pie

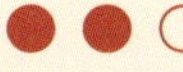

Ingredienti:
Per la crema pasticciera:
- 3 cucchiai di farina
- 3 cucchiai di zucchero
- 2 tuorli d'uovo
- la buccia di un limone
- ½ l di latte

Per la pasta frolla:
- 500 g di farina
- 200 g di zucchero
- 200 g di burro
- 2 tuorli d'uovo
- ½ bustina di lievito

Ingredients:
Custard cream:
- 3 Tbsps flour
- 3 Tbsps sugar
- 2 egg yolks
- zest of 1 lemon
- 0.5l (1 pt) milk

Pasta frolla:
- 500g (5 cups) flour
- 200g (1 cup) sugar
- 200g (7 oz) butter
- 2 egg yolks
- 8g (1⅓ tsps) yeast

In un recipiente preparare la crema amalgamando la farina allo zucchero e ai tuorli. Unire progressivamente il latte e continuare a mescolare.

Unire la buccia di limone, trasferire in pentola e cuocere a fuoco lento fino a completo addensamento.

In un altro recipiente preparare la pasta frolla, unendo lo zucchero alle uova, al burro e al lievito. Unire progressivamente la farina e impastare con cura su una superficie piana.

Stendere la pasta con l'ausilio di un matterello e ricavare dalla pasta dei rettangoli per foderare uno stampo.

Riempire con crema pasticciera, quindi ricoprire con un secondo strato di pasta frolla, rifilando con cura il bordo e sigillando.

Bagnare con latte o chiara d'uovo, spolverare con un pizzico di zucchero e infornare a 180 °C per 20 minuti circa.

Prepare the cream in a bowl by mixing the flour, sugar and egg yolks. Gradually combine the milk while stirring.

Add the lemon zest. Transfer to a saucepan and cook over a low flame until completely thickened.

In another bowl, prepare the pasta frolla by combining the sugar and eggs, then the butter and yeast. Gradually combine with the flour and knead thoroughly on a flat surface.

Roll out the dough using a rolling pin and cut into rectangles to line a tin.

Fill with the custard cream, then cover with a second layer of dough, trimming and sealing the edges carefully.

Moisten with milk or egg white, sprinkle with a pinch of sugar and bake at 180°C (350°F) for approximately 20 minutes.

Vino Wine:
"In Nomine Patris" - Puglia IGT Passito

234

Torta rosata

Almond cake

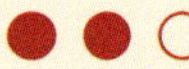

Ingredienti per 4 persone
- 250 g di mandorle pelate
- 200 g di zucchero
- 6 tuorli d'uovo
- 3 albumi
- 1 buccia di limone
- burro

Serves 4
- 250g (1½ cups) peeled almonds
- 200g (1 cup) sugar
- 6 egg yolks
- 3 egg whites
- 1 lemon peel
- butter

Tritare le mandorle con lo zucchero fino a ridurle a una farina sottile.

Mettere il composto sul fuoco in una pentola con ½ bicchiere d'acqua fredda e mescolare per 10 minuti circa.

Spegnere il fuoco e aspettare che il composto si raffreddi, quindi aggiungere la buccia di limone grattugiata e i tuorli.

Montare gli albumi a neve e aggiungerli al composto.

Mescolare con cura e versare il tutto in una teglia precedentemente imburrata.

Infornare a 180 °C per 30 minuti circa.

Grind the almonds with the sugar to a fine flour.

Put the mixture in a pan with ½ cup of cold water. While constantly stirring, heat for approximately 10 minutes.

Turn off the heat and wait for the mixture to cool. Then add the grated lemon zest and egg yolks.

Beat the egg whites until stiff and add to the mixture.

Mix well and pour into a buttered baking pan.

Bake at 180°C (350°F) for approximately 30 minutes.

Vino Wine:
"Moscato di Trani" - Trani DOC Moscato

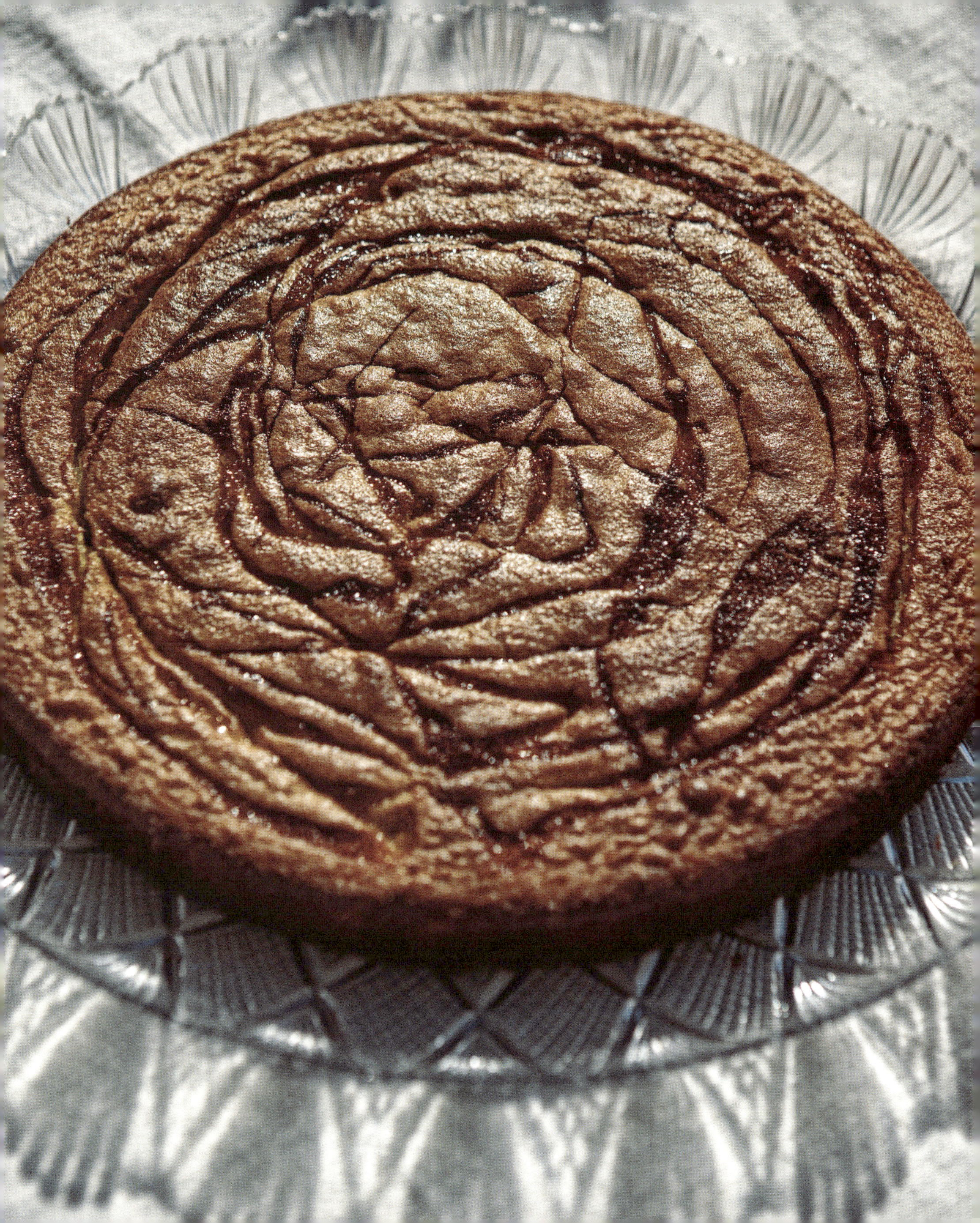

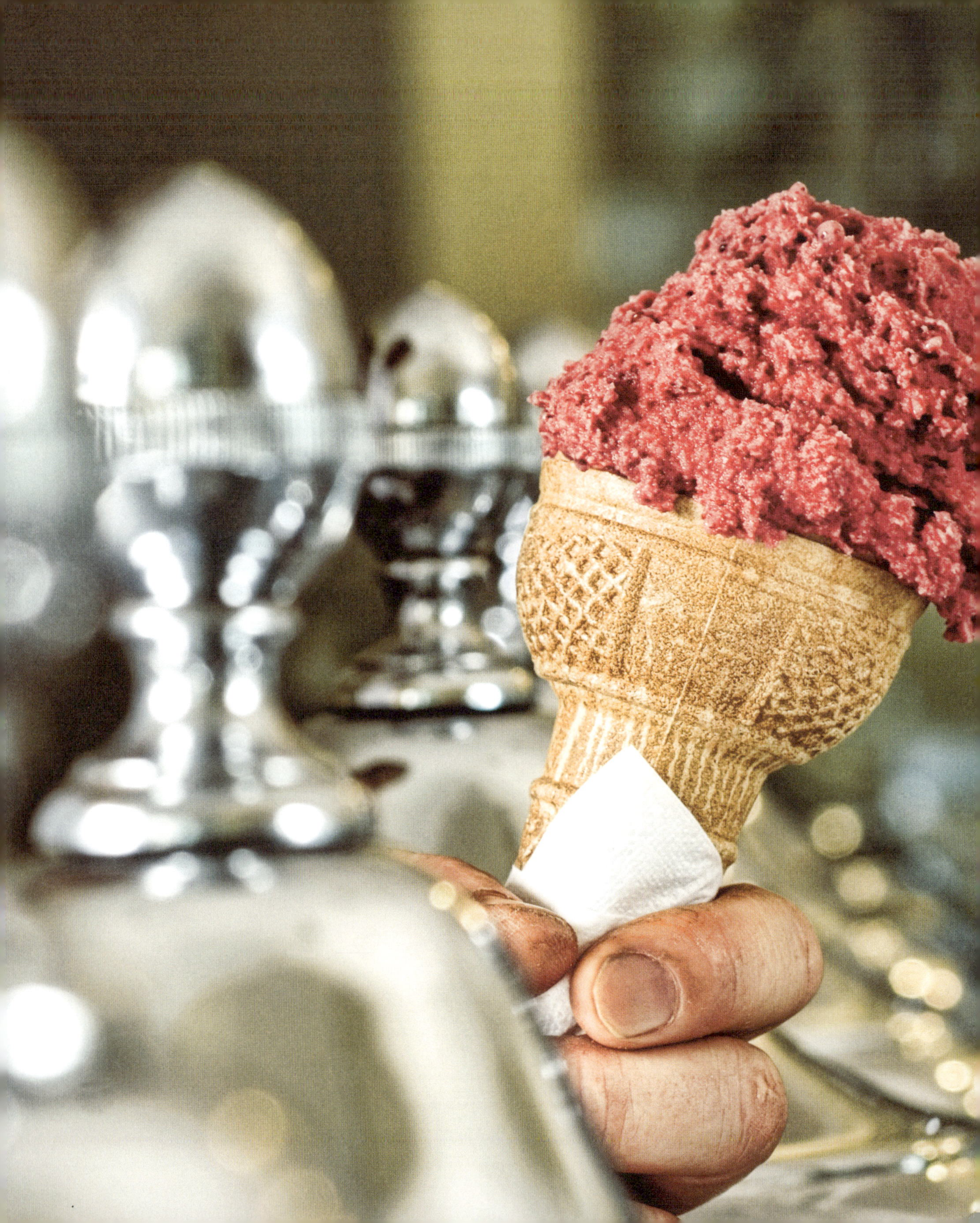

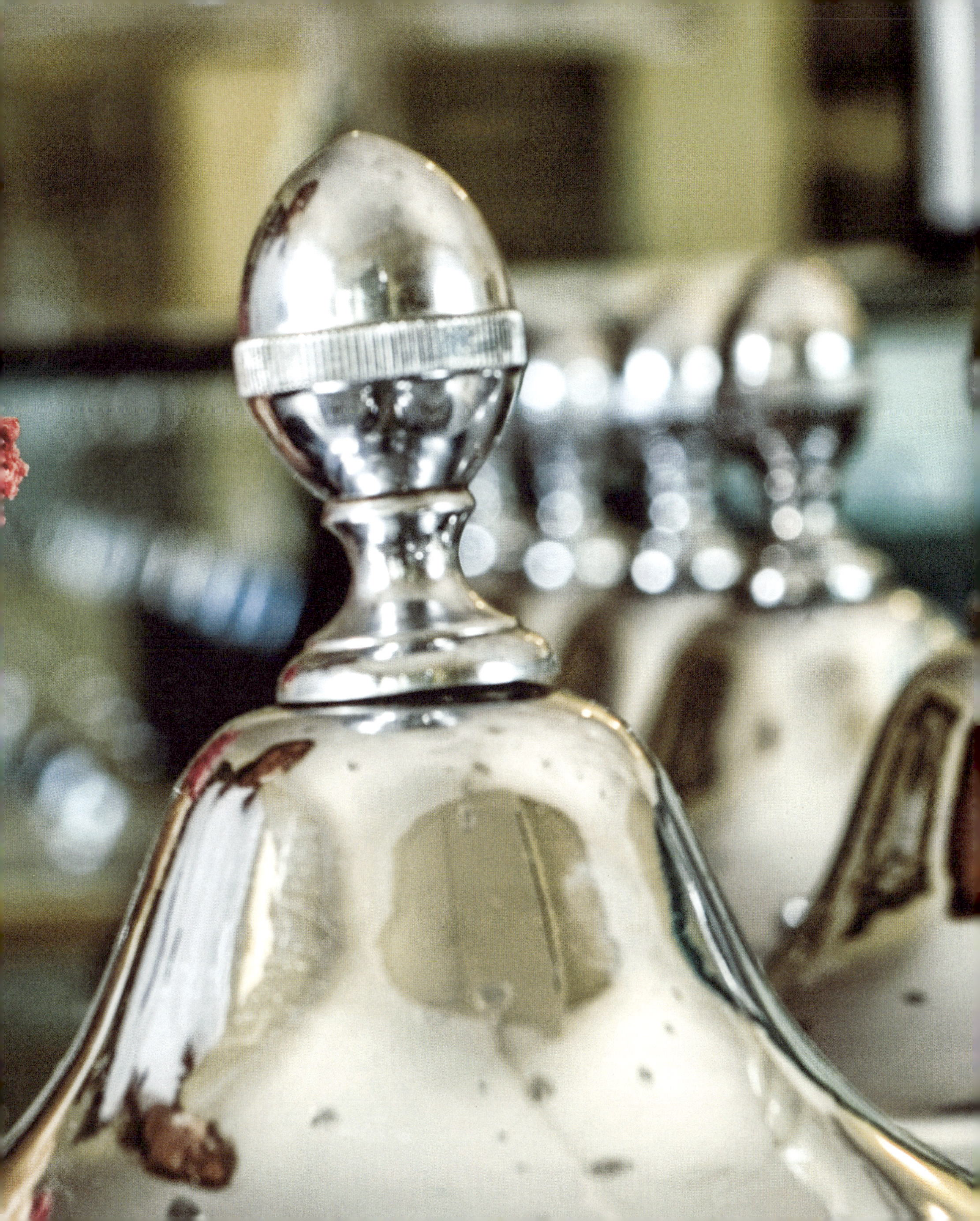

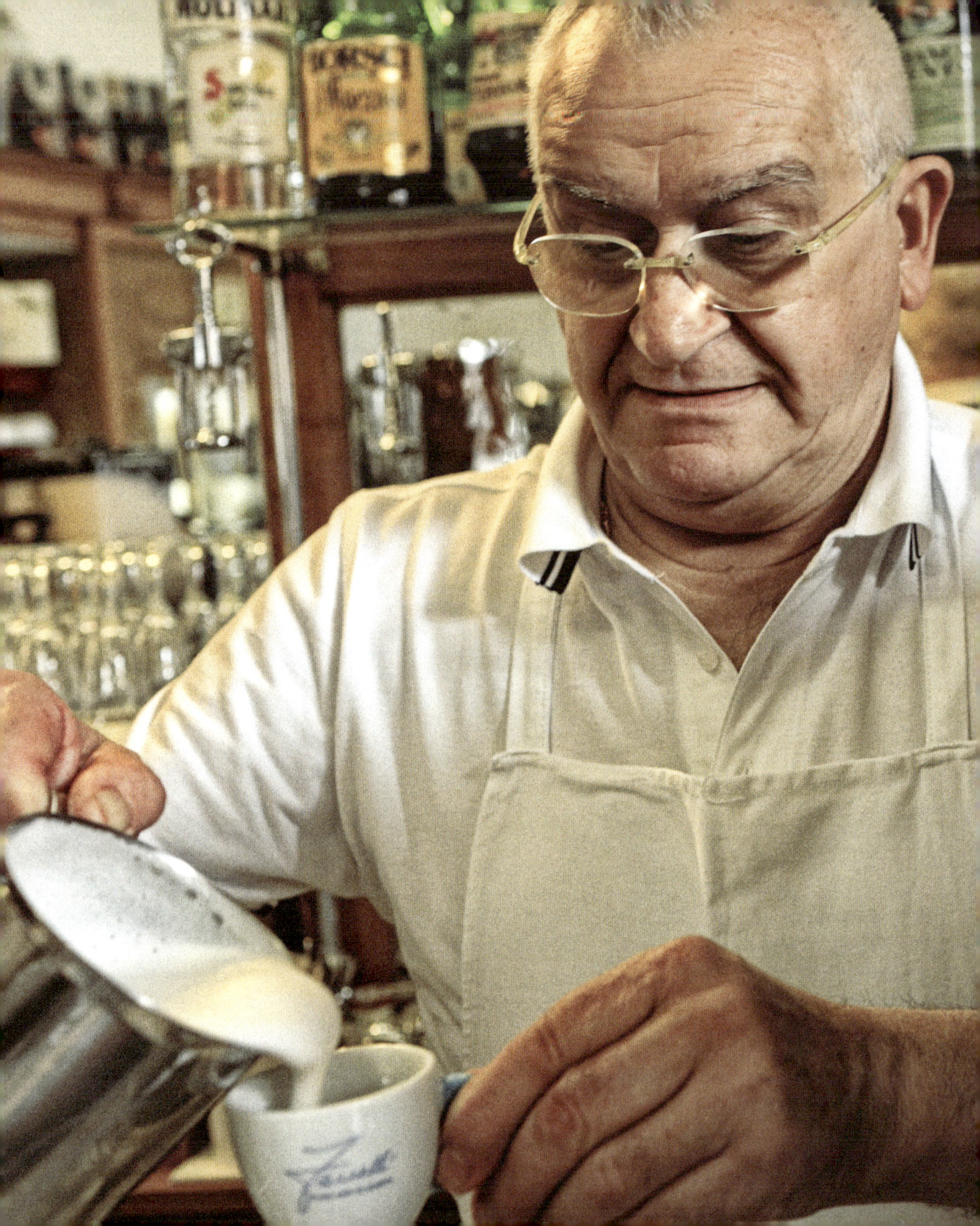

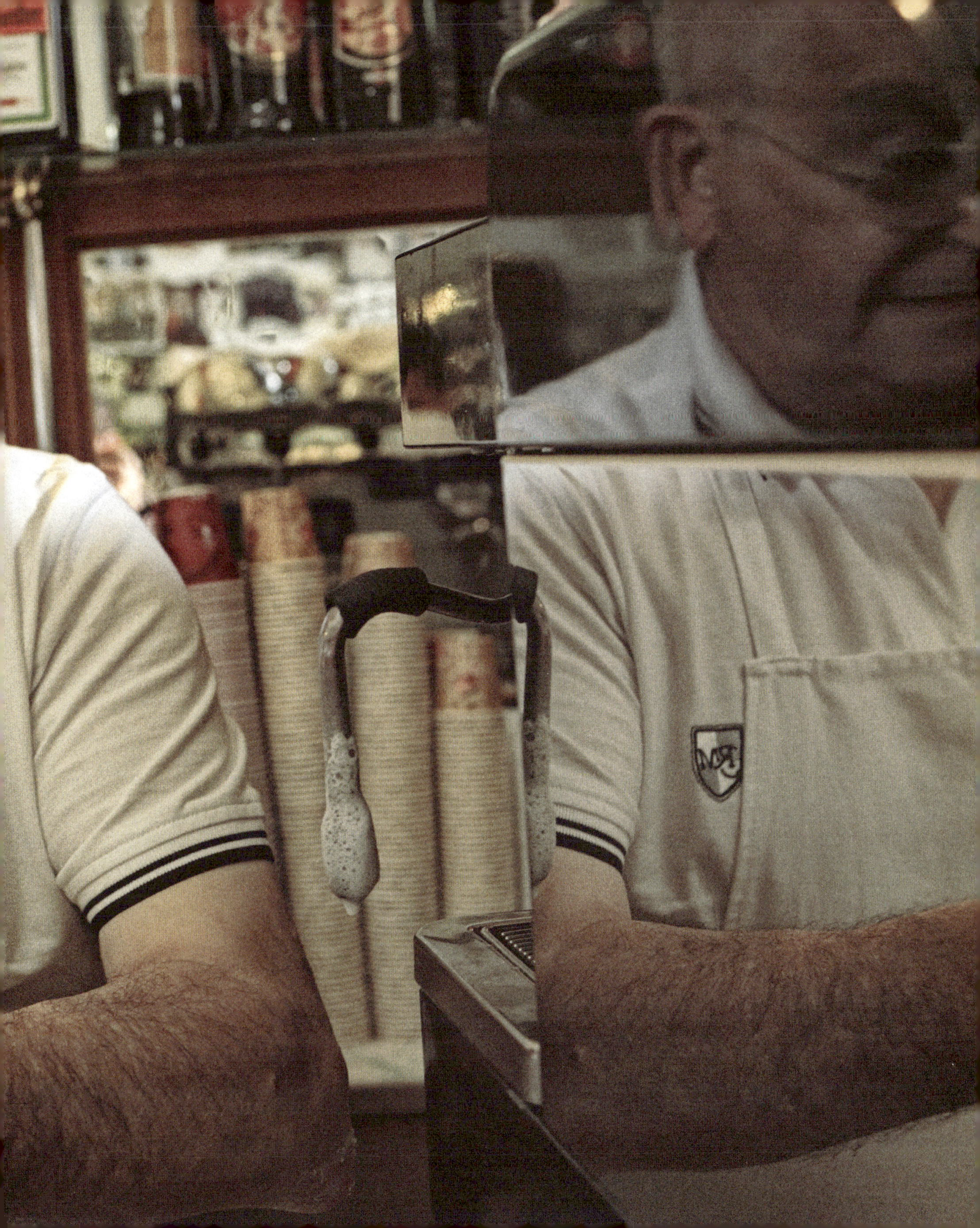

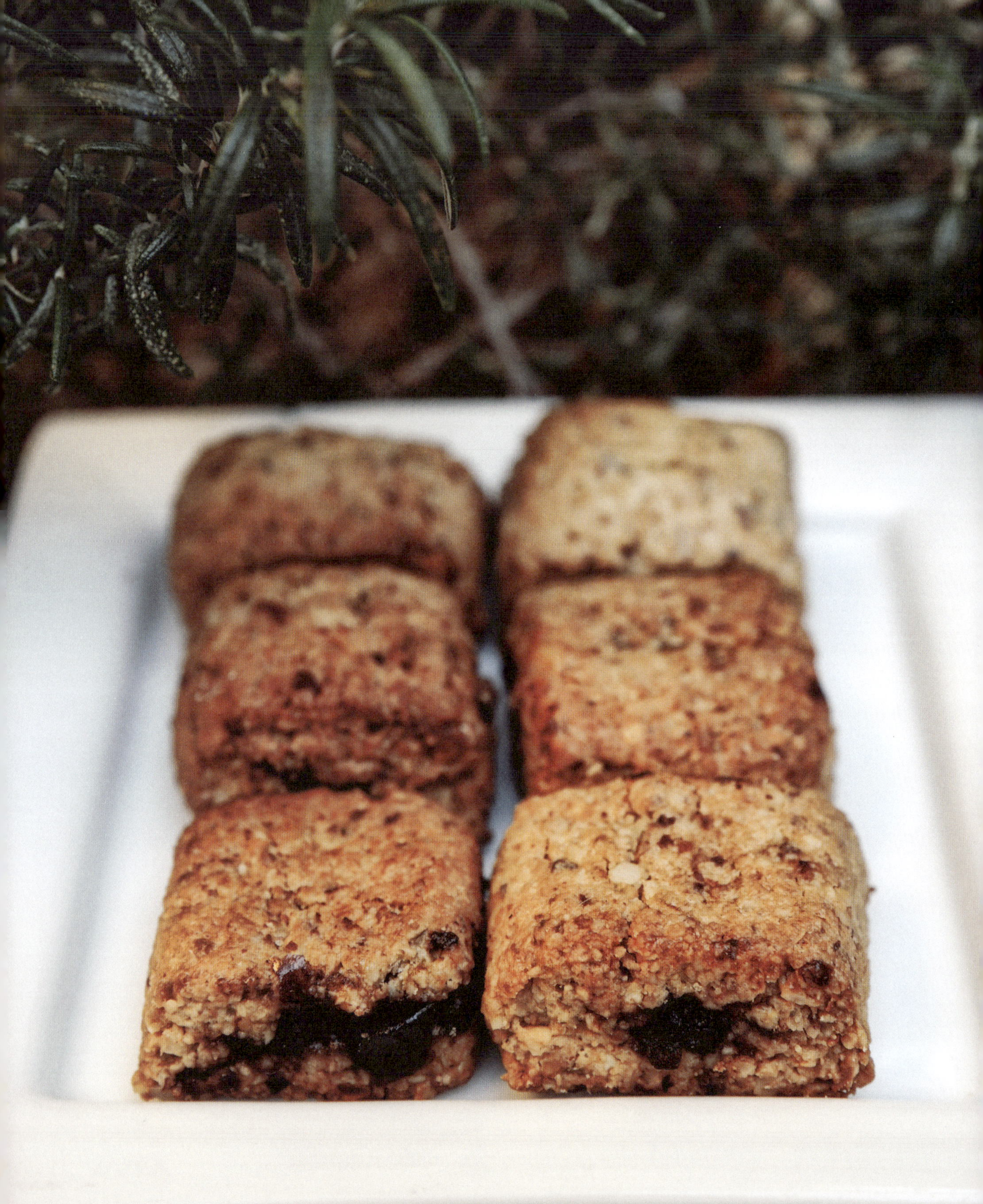

241

Biscotto cegliese

Ceglie Messapica-style biscuits

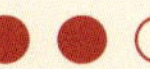

Ingredienti per 4 persone
- **500 g di mandorle**
- **una decina di mandorle amare**
- **200 g di zucchero**
- **4 uova**
- **2 cucchiai di liquore Strega**
- **la buccia grattugiata di 1 limone**
- **marmellata di amarena**

Serves 4
- 500g (3 cups) almonds
- a dozen bitter almonds
- 200g (1 cup) sugar
- 4 eggs
- 2 Tbsps Strega liqueur
- 1 lemon zest, grated
- black cherry jam

Sgusciare le mandorle, abbrustolirle e tritarle su un piano con una bottiglia di vetro.

Aggiungere lo zucchero, la buccia di limone, il liquore, le uova intere e amalgamare fino a rendere il composto duro e compatto.

Preparare con le dita un lungo biscotto, schiacciarlo e allungarlo sulla spianatoia fino a ridurlo a uno spessore di 4 cm circa.

Disporre al centro la marmellata e ripiegare il biscotto su se stesso.

Tagliare dei dadini di 4 x 4 cm circa.

Oliare e spolverare di farina una teglia da forno, posizionarvi i biscotti e infornare a 180 °C per 5 minuti circa.

Peel and roast the almonds, then crush on a hard surface with a glass bottle.

Add the sugar, lemon zest, liqueur and whole eggs, and combine to form a solid dough.

Using your fingers, squash and stretch the dough on a pastry board to reduce its thickness to approximately 4cm.

Put the jam in the middle and fold the dough over on itself.

Cut into small squares of approximately 4x4cm.

Oil a baking tray and sprinkle with flour. Place the biscuits on it and bake at 180°C (350°F) for approximately 5 minutes.

Vino Wine:
"Primitivo di Manduria Dolce Naturale" - Primitivo di Manduria DOC

242

Fichi d'India

Prickly pears

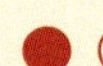 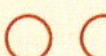

Tagliare la calotta superiore e quella inferiore senza staccarle dalla buccia, cercando di evitare il contatto delle dita con le spine.

Effettuare un'incisione in senso verticale intaccando la buccia
e spingendosi fino al frutto.

Sollevare i due lembi della buccia
ed estrarre il frutto.

Top and bottom the prickly pears without removing the peel (avoid touching the thorns with your fingers).

Slice through the peel lengthways and into the flesh.

Lift the edges of the skin and remove the fruit.

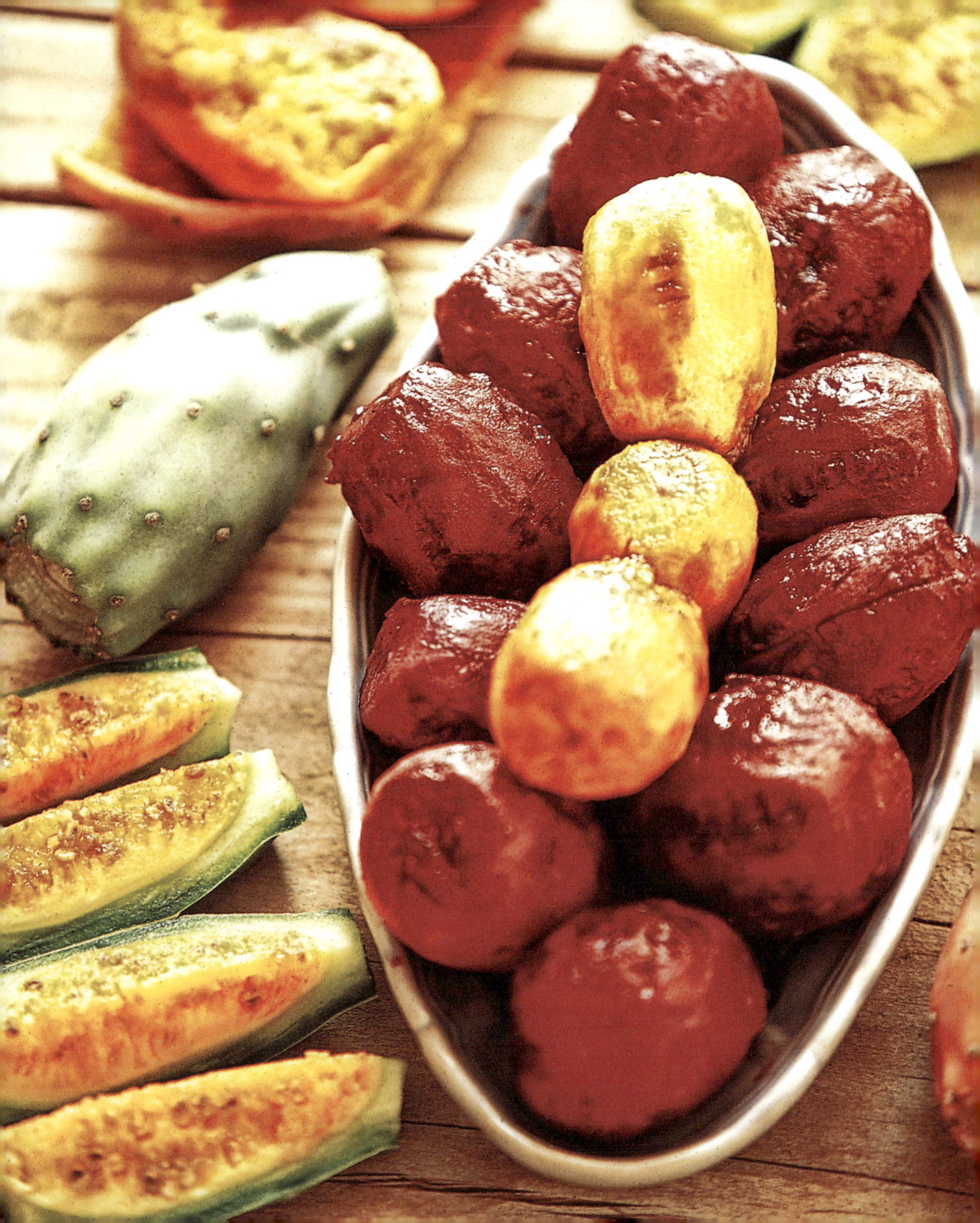

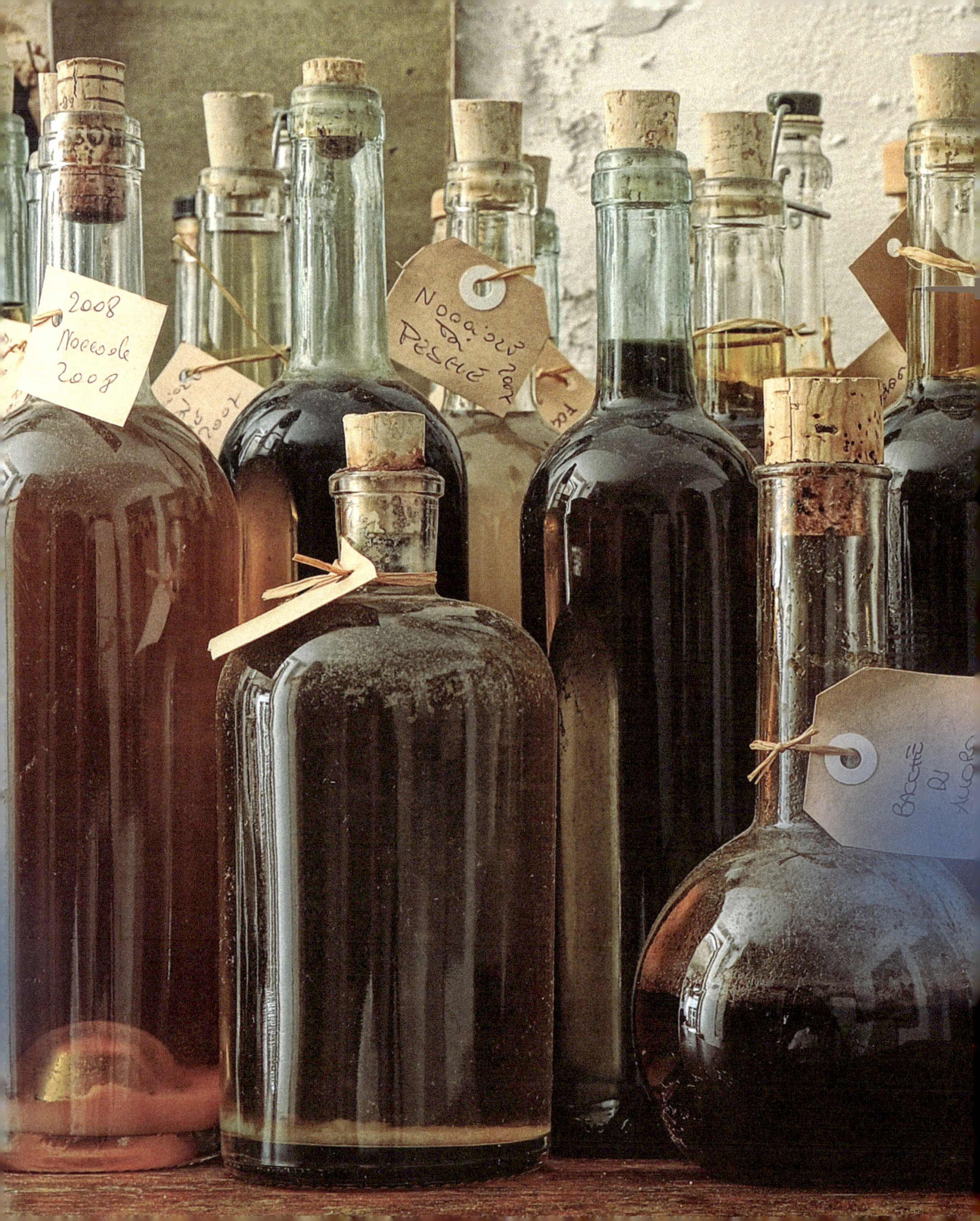

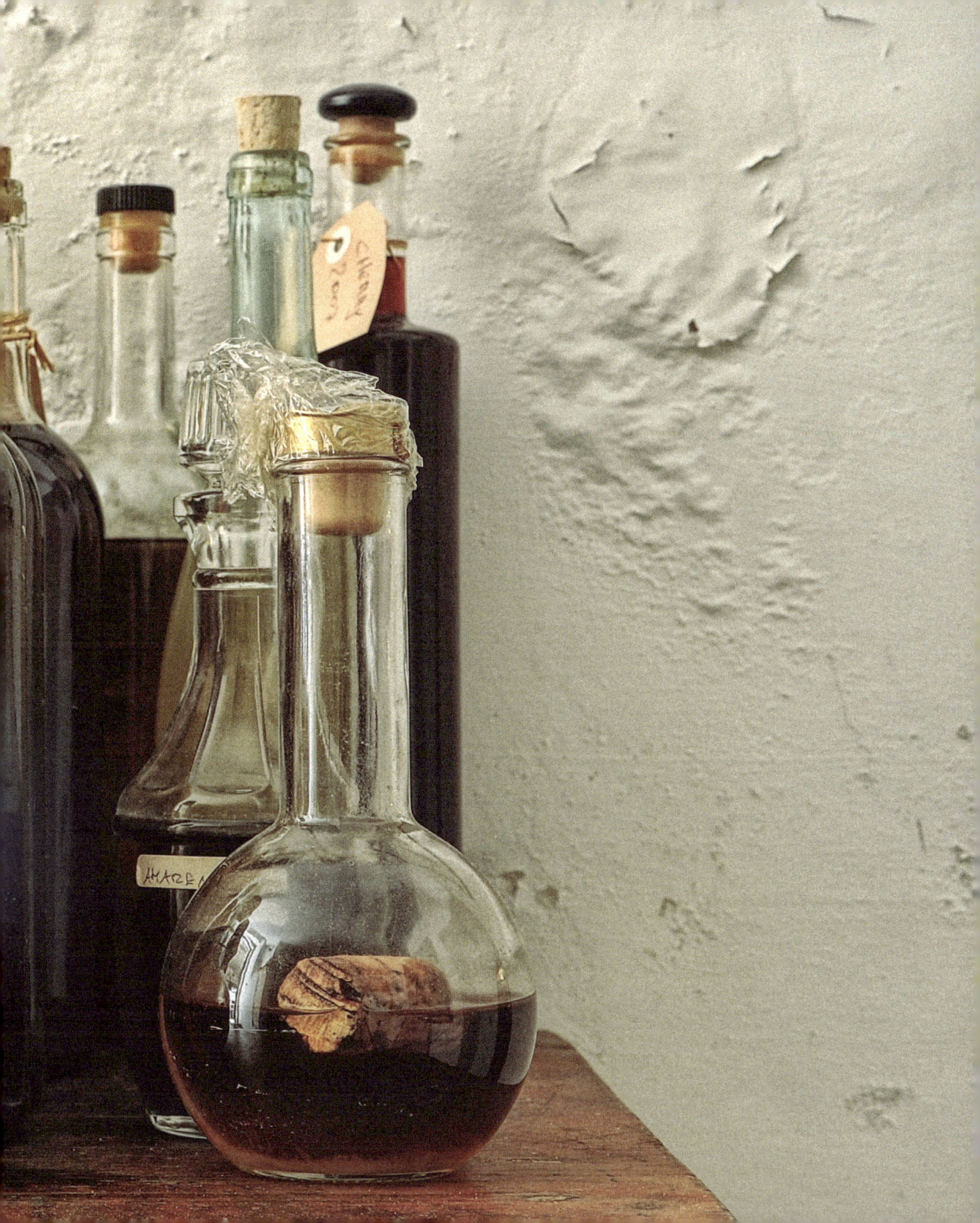

Nella terra dei vini corposi (e non solo)

The land of full-bodied reds… and more

Insieme alle sterminate distese di ulivi, i vigneti disegnano con regolarità le geometrie del paesaggio pugliese. Praticata da millenni anche in queste terre, la coltivazione della vite e la produzione del vino sono voci molto importanti per l'economia regionale. Subito dopo il Veneto, è la Puglia la maggiore produttrice nazionale. Il vino rappresenta da qualche anno anche una sorta di "bandiera" di una ritrovata identità regionale. Dopo il **Primitivo di Manduria**, finalmente riconosciuto a livello nazionale come uno dei vini più interessanti (e ad alta gradazione), decine di altre produzioni meritano di essere ancora scoperte e valorizzate adeguatamente. Ma la strada imboccata sembra essere quella giusta, grazie alla rivalutazione dei vitigni autoctoni (**Negroamaro, Primitivo, Nero di Troia, Malvasia nera** e **Aleatico** tra i neri; **Verdeca** tra i bianchi) e all'audacia e all'operosità degli imprenditori locali. Sembrano lontani i tempi in cui i vini pugliesi servivano esclusivamente per "tagliare" i più rinomati vini piemontesi e toscani. Sono ben 28 le DOC pugliesi, disseminate dal Gargano al Salento, passando per la Terra di Bari, il Brindisino e il Tarantino; ammontano

Combined with the region's seemingly endless olive groves, Puglia's vineyards trace out geometric patterns right across the countryside. Practised for millennia in the region, grape growing and winemaking are key elements of the local economy. In fact, Puglia is the biggest producer in the country after the Veneto region. For some years now, wine has symbolized a renewed sense of regional identity. Alongside **Primitivo di Manduria** – which has finally gained international recognition as a quality (and high alcohol) wine – there are dozens of other wines that are still waiting to be discovered. Thanks to the determination and hard work of local business people, this is on the verge of happening, with many native varieties now being widely recognized – **Negroamaro, Primitivo, Nero di Troia, Malvasia Nera** and **Aleatico**, among the reds, and **Verdeca** among the whites. The time when wines from Puglia were only used to blend with more famous wines from Piedmont and Tuscany seems a very long time ago. From Gargano to Salento, Puglia now makes no fewer than 28 DOC (registered designation of origin) wines, including Terra di Bari, Brindisino and Tarantino.

invece a 6 i riconoscimenti IGT (Indicazione Geografica Tipica). Tra le DOC sono i rossi a fare la parte del leone, ma la Puglia non difetta di ottimi bianchi e i rosati sono in grande ascesa nel gradimento generale. Da tenere presente anche che la Puglia è terra di vini dolci. Tra essi, gli **spumanti** prodotti nella zona di San Severo e il **Moscato di Trani**, celeberrimo passito da dolce.

It also produces 6 wines with IGT (typical geographical indication) classification. The DOC wines are mainly reds, but there's no lack of excellent whites in Puglia. Its rosés are also becoming extremely popular. But remember that Puglia is also a land of sweet wines, including the **sparkling varieties** produced around San Severo, and Trani's extremely famous raisin **Muscat**.

DOC Denominazione di Origine Controllata Registered designation of origin (equivalent of the French *appellation d'origine contrôlée*)
IGT Indicazione Geografica Tipica Typical geographical indication (equivalent of the French *vin de pays*)

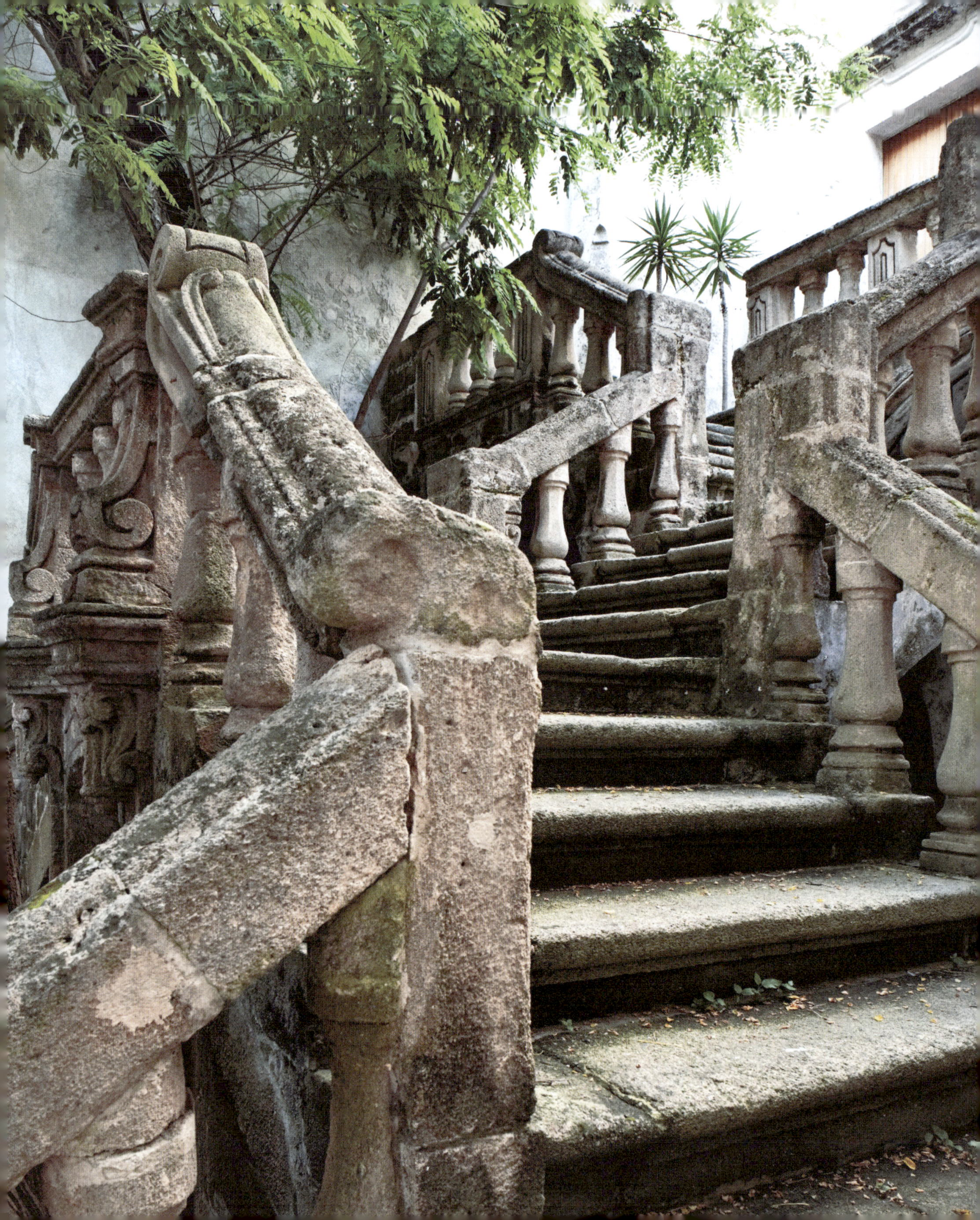

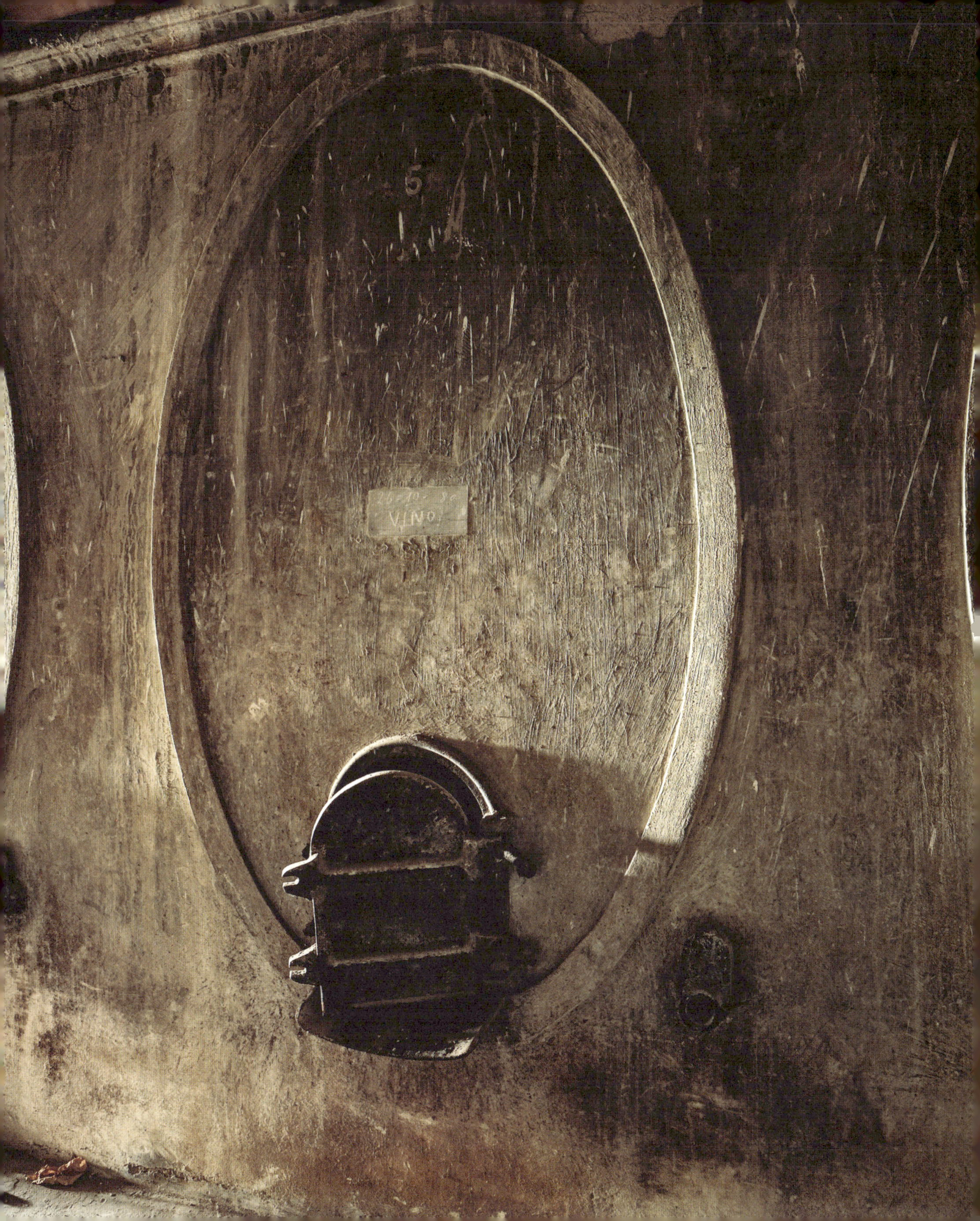
5
VINO

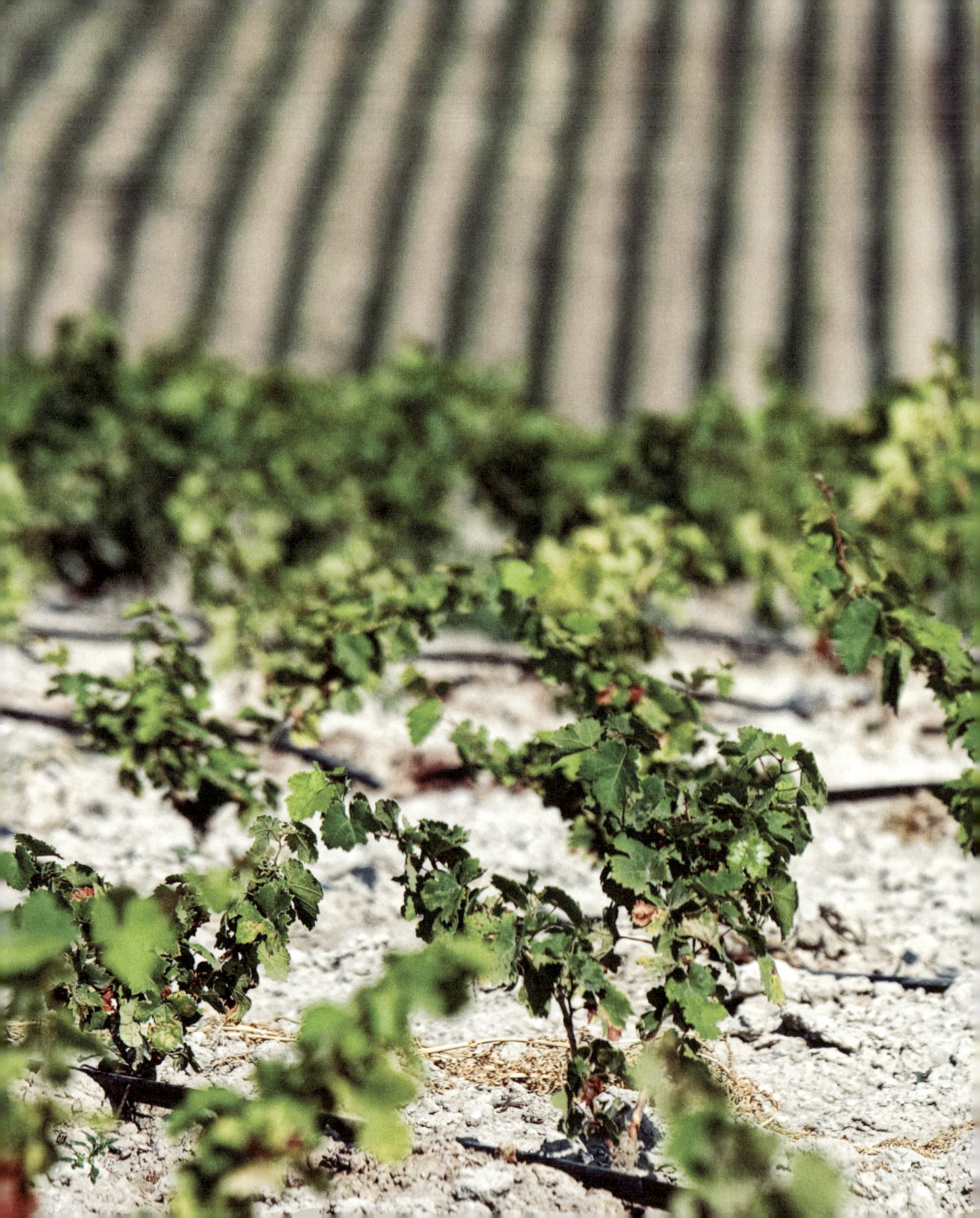

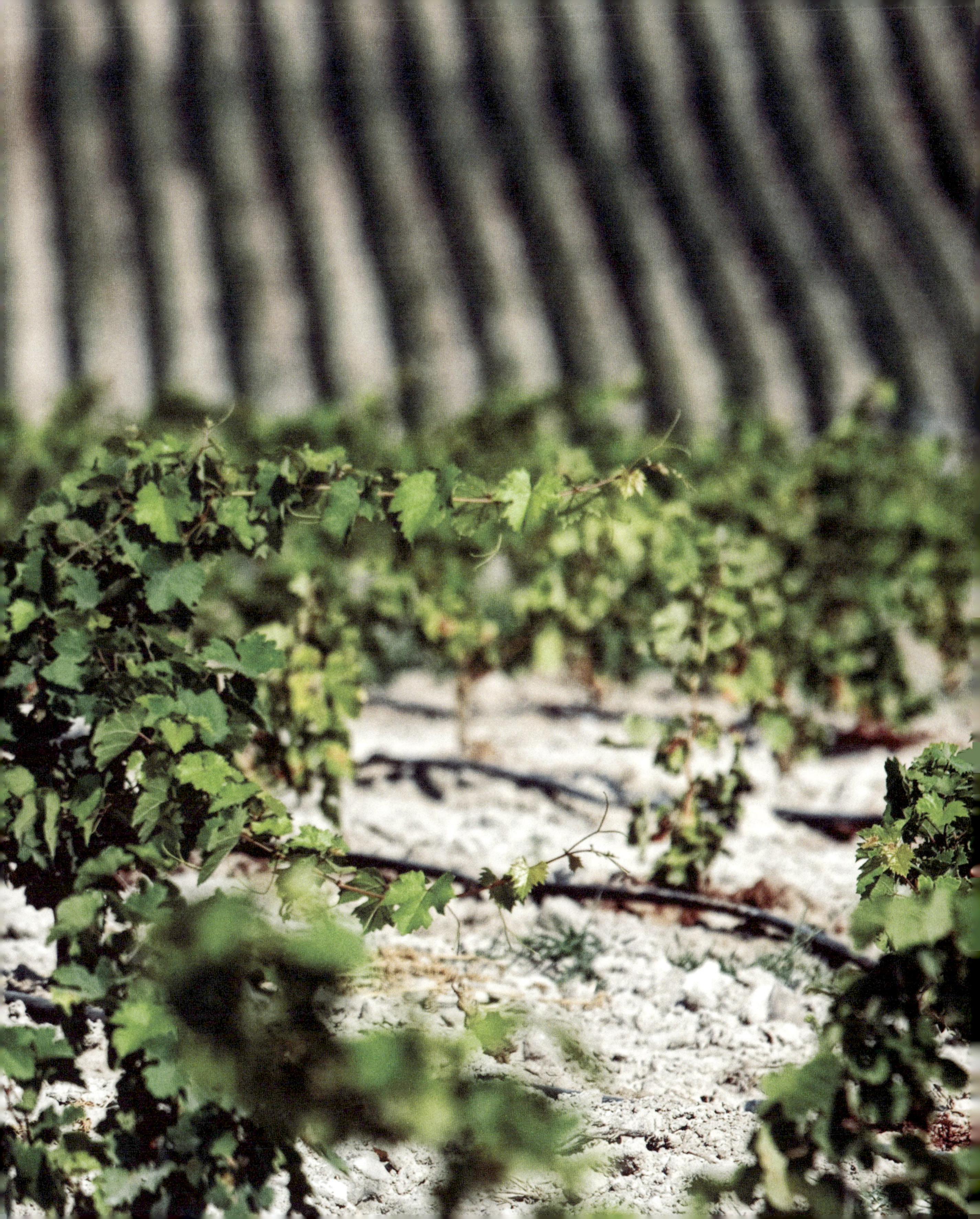

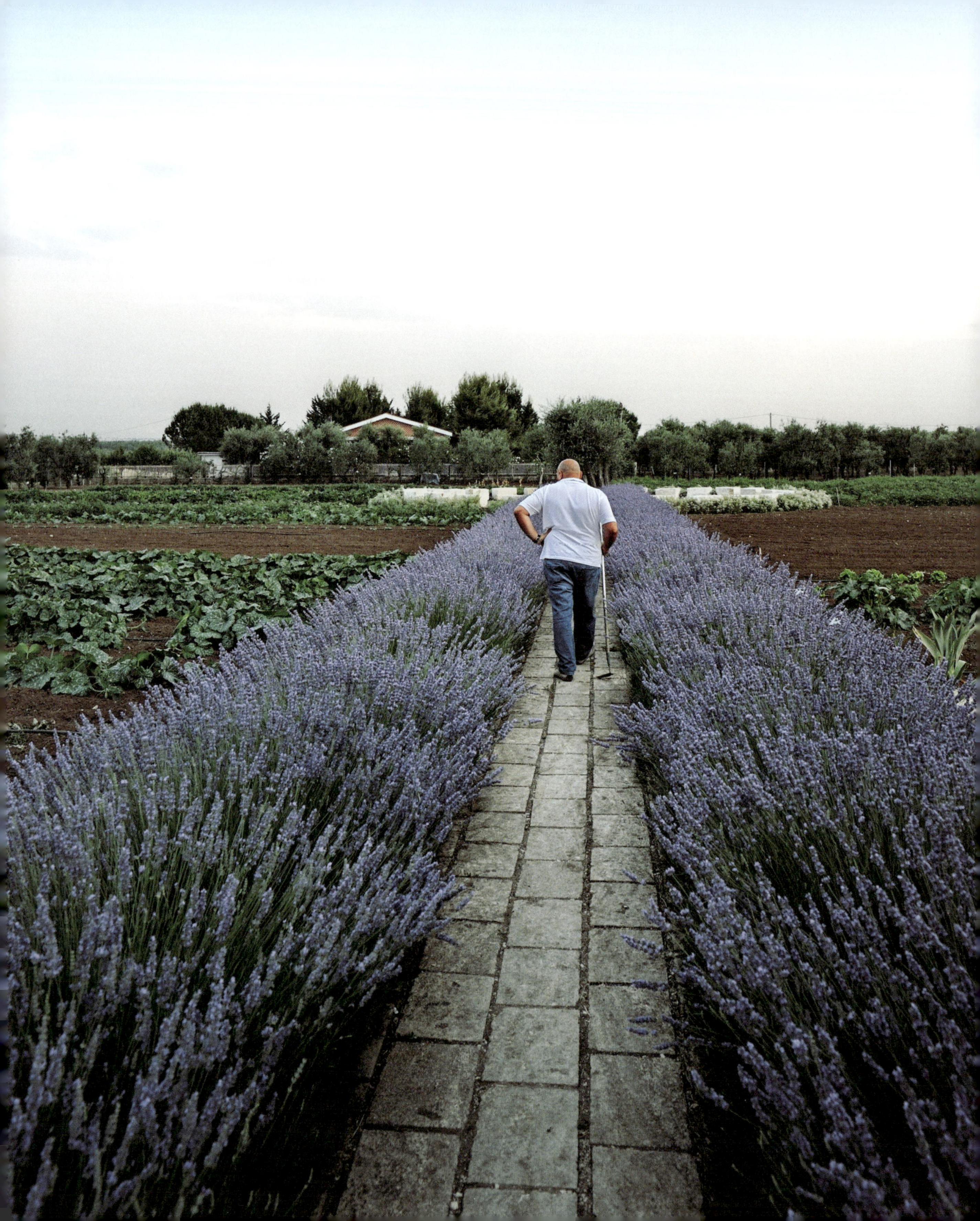

Trattorie, ristoranti, masserie...

Trattorias, restaurants, farmhouses...

Antichi Sapori
Montegrosso di Andria, piazza S.Isidoro, tel. +39 0883569529, www.pietrozito.it
«Conoscere il prodotto, rispettarlo e averne cura fin dalla semina» recita l'adagio dello zio, fatto proprio da Pietro Zito. Uno chef? No, un perito agrario, con una decisa passione per la cucina. E per la sua terra, vorticosamente cambiata dai tempi moderni. Ma lui ha voluto ricreare una sorta di Eden agricolo nel suo grande orto, dal quale provengono i sapori. Qui non troverete pesce e carni e i formaggi provengono da piccoli produttori ai quali è richiesta tutta la vicenda dell'animale.

Cibus
Ceglie Messapica, via Chianche di Scarano 7, tel. +39 0831388980, www.ristorantecibus.it
Un antico convento trasformato in un tempio del gusto: ma Lillino Silibello e sua moglie non incutono la soggezione dei luoghi "sacri", accogliendo gli ospiti con piacere autentico. Accanto ai piatti tradizionali, risultato di una notevole mole di ricette popolari, curiosità e pratiche culinarie in disuso, il menu è

Antichi Sapori
Piazza S. Isidoro, Montegrosso di Andria, tel. (+39 088) 3569529, www.pietrozito.it
Pietro Zito's uncle used to say that you need to 'Know your produce, respect it, and look after it from the seed'. Zito has made this philosophy his own. So, is Zito a chef? No, he's a qualified agriculture expert with a passion for cooking and for his part of Italy, which has changed dramatically under the influence of the modern world. Zito has set out to create a kind of Garden of Eden with his sprawling vegetable farm, where he grows all the vegetables served in his restaurant. You won't find any fish or meat here, while the cheeses come from small producers who must provide the complete history of each animal.

Cibus
Via Chianche di Scarano 7, Ceglie Messapica, tel. (+39 0831) 388980, www.ristorantecibus.it
Although Cibus occupies an ancient monastery transformed into a culinary temple, chef Lillino Silibello and his wife don't put on any airs or graces, and welcome diners with genuine warmth. Alongside the regional specialties – the product of an impressive collection

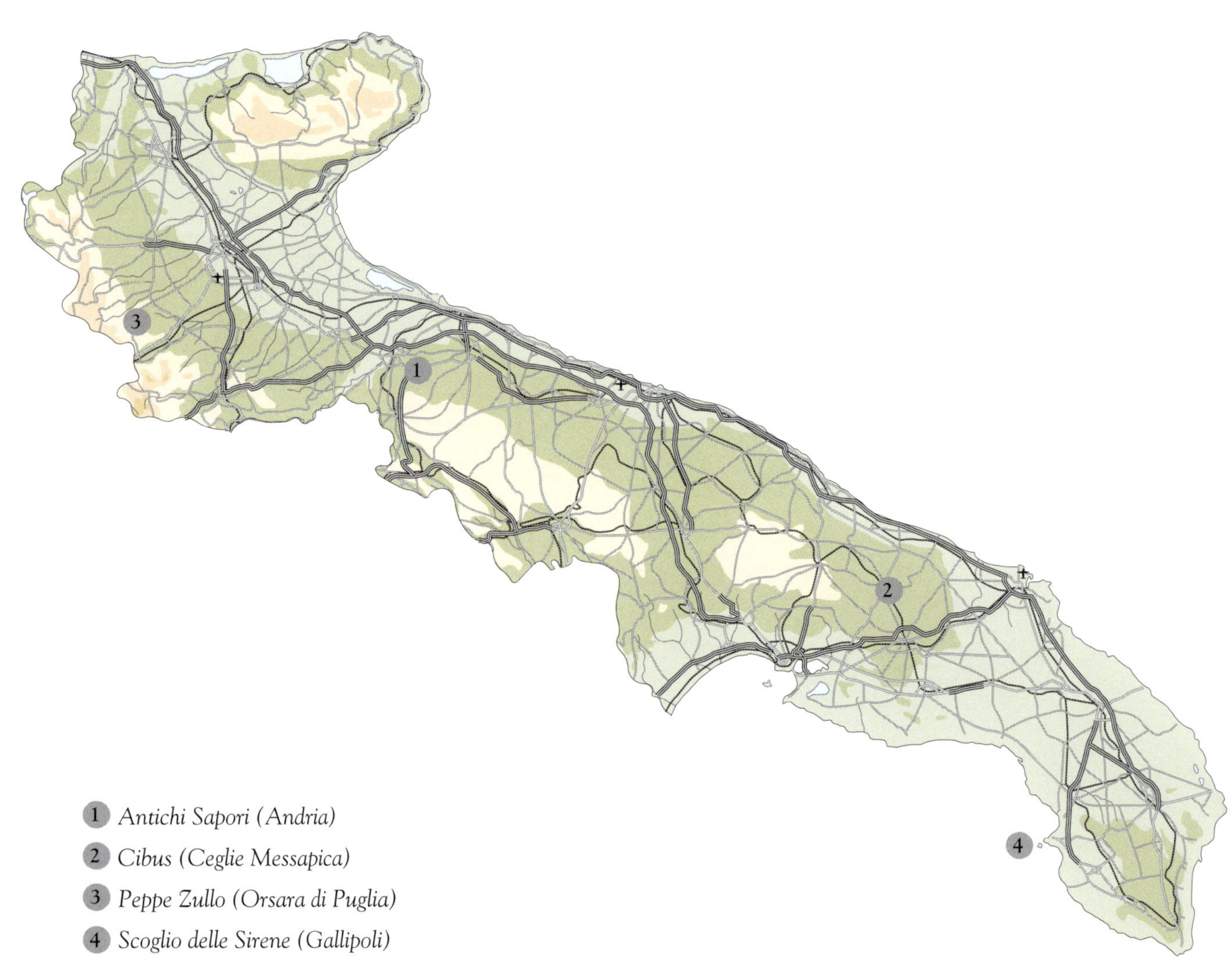
3
1
2
4
1 Antichi Sapori (Andria)
2 Cibus (Ceglie Messapica)
3 Peppe Zullo (Orsara di Puglia)
4 Scoglio delle Sirene (Gallipoli)

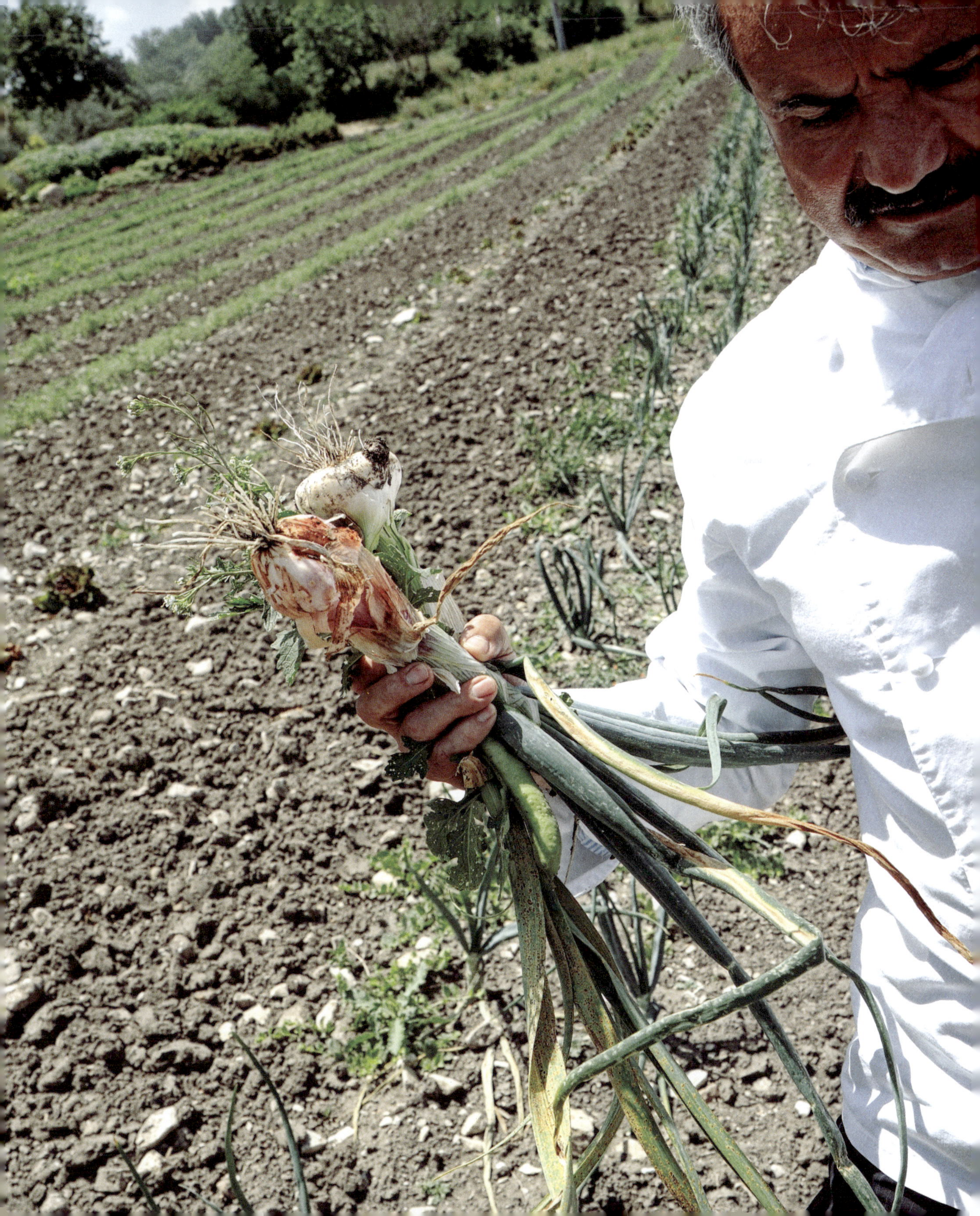

aggiornato costantemente con le ultime "invenzioni". Memoria storica e anima pulsante è mamma Giovanna, che ha dedicato la vita al recupero dell'antica tradizione cegliese, innovandola sapientemente.

Peppe Zullo
Orsara di Puglia, via Piano Paradiso
tel. +39 0881964763,
www.peppezullo.it
Dalla minuscola Orsara di Puglia agli Stati Uniti e al Messico e ritorno! E dove, se non in un luogo chiamato Piano Paradiso poteva concretizzarsi l'avventura gastronomica di Peppe Zullo? Sembrano luoghi più da fiaba che reali anche l'Orto dei Sapori e il Bosco dei Sapori Perduti, da cui provengono tutti gli ingredienti di una cucina intimamente legata al territorio, che qui si carica di sapori "di montagna".

Scoglio delle Sirene
Gallipoli, Riviera Nazario Sauro 83,
tel. +39 0833261091,
www.scogliodellesirene.com
Dalla terrazza che guarda a tutto lo Ionio l'affaccio non potrebbe essere più suggestivo. E i sapori non sono da meno. Inutile dire che il mare

of traditional recipes, cooking techniques of yesteryear and general curiosity – the menu is constantly updated with Silibello's latest creations. The heartbeat and connection to yesterday of the restaurant is Silibello's mother, Giovanna, who has dedicated her life to selectively reviving the ancient culinary traditions of her hometown.

Peppe Zullo
Via Piano Paradiso, Orsara di Puglia, tel. (+39 0881) 964763, www.peppezullo.it
Peppe Zullo's culinary travels have led him from the tiny town of Orsara di Puglia to the United States, to Mexico and back home again. And it's more than fitting that he should end up in a place called Piano Paradiso (Paradise Plain). His Orto dei Sapori (Garden of Tastes) and Bosco dei Sapori Perduti (Forest of Lost Flavours) seem more like fairytale realms than real places. And yet they're the source of all the ingredients in a cooking style with close ties to this land and its mountain flavours.

Scoglio delle Sirene
Riviera Nazario Sauro 83, Gallipoli,
tel. (+39 0833) 261091,
www.scogliodellesirene.com
With its terrace overlooking the Ionian Sea, the outlook here couldn't be more

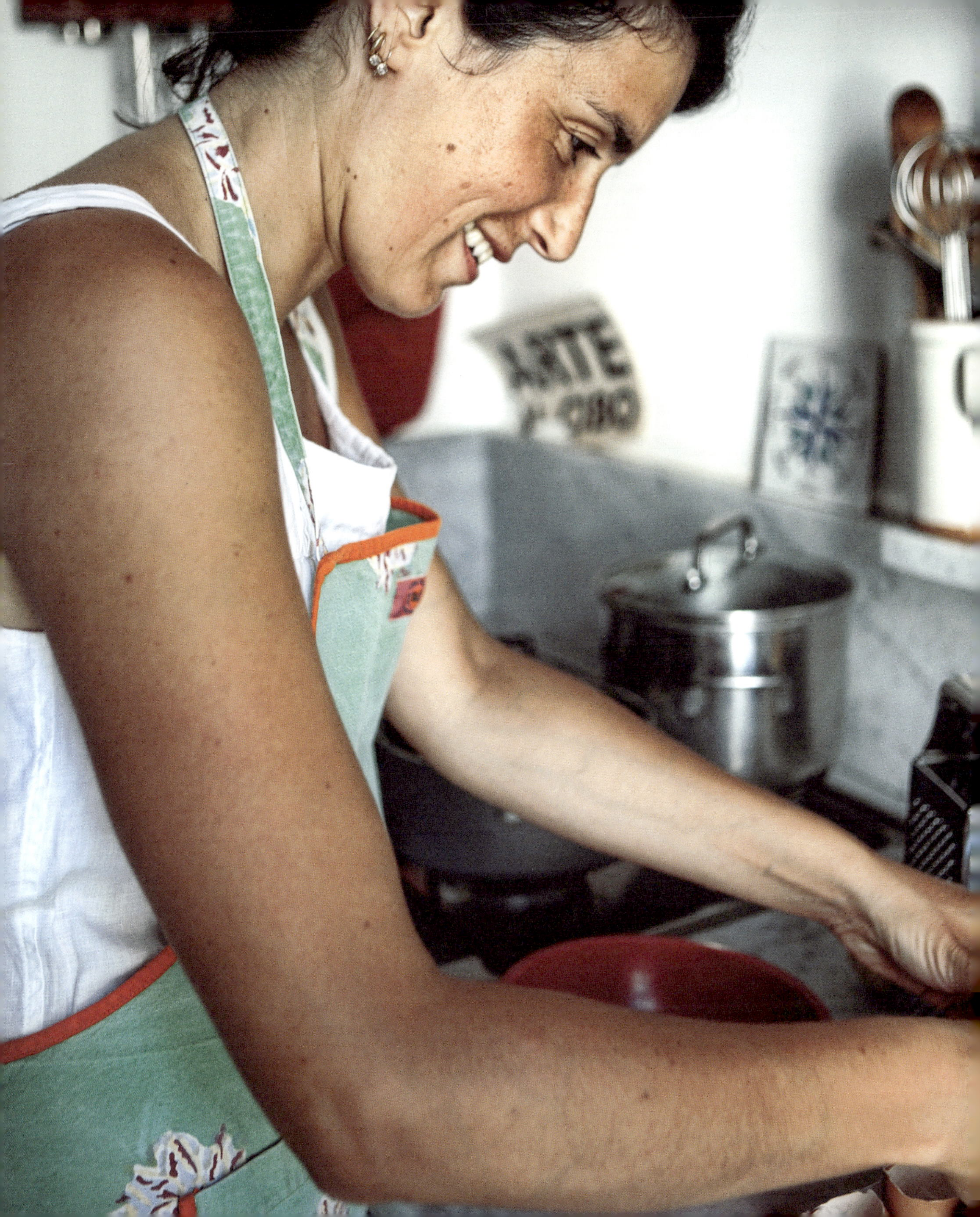
ARTE

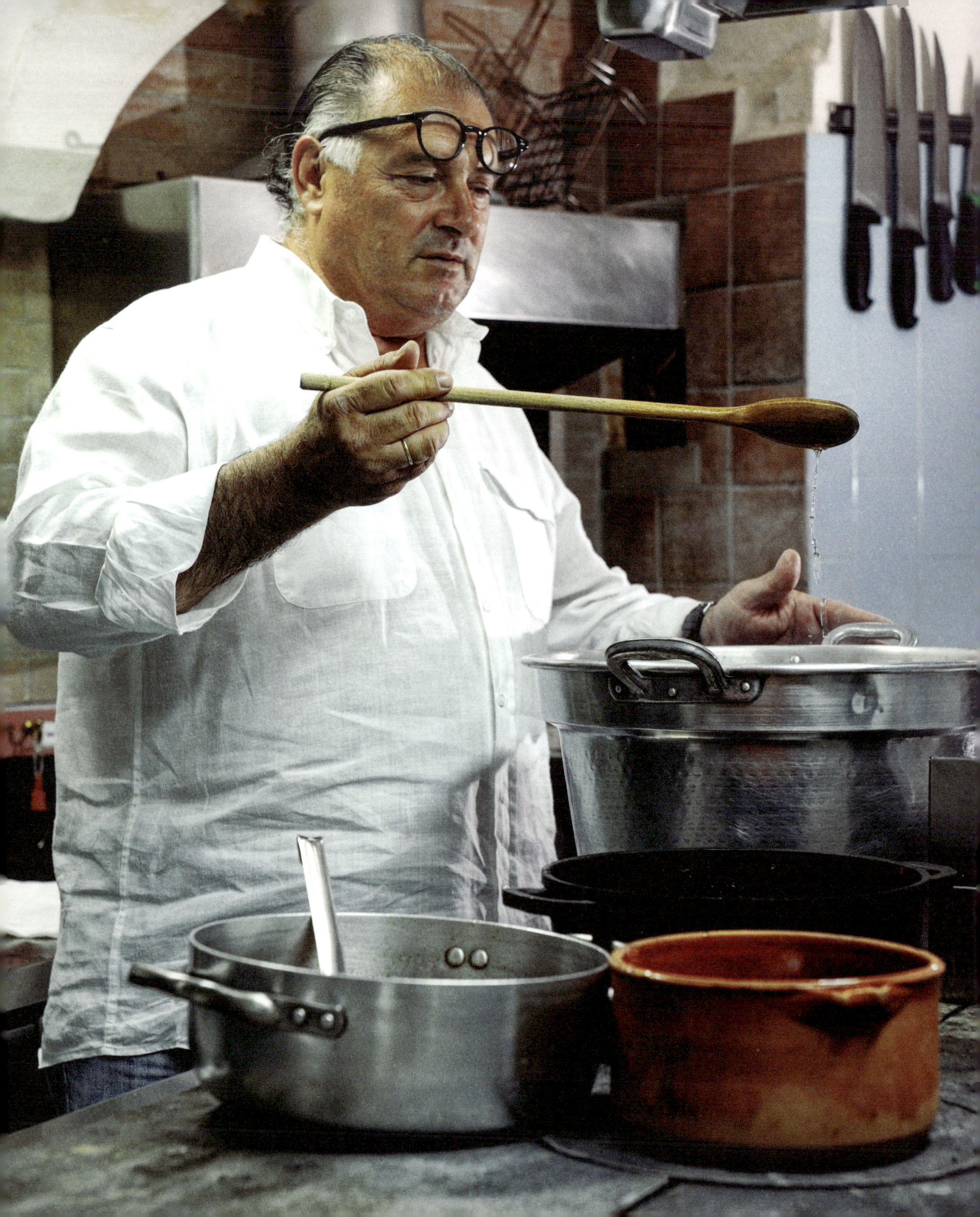

è protagonista assoluto con tutta la sua infinita gamma di prodotti e la varietà delle preparazioni.

Tittacucinaitinerante
Milano, +39 3482701602,
IG: @ tittacucina
@ tittacucinaitinerante
Dopo anni passati in cucina ad annotare i segreti della nonna, Titta ha deciso di diventare una cuoca a domicilio e di portare la cucina pugliese in tutte le case di Milano! Aperitivi, cene, feste e merende si animano così con ricette tradizionali, realizzate con ingredienti che arrivano direttamente dalla Puglia, scelti assecondando il ritmo delle stagioni.

breathtaking. And the flavours of the food live up to the view. Needless to say, the sea also stars on the menu, with its infinite variety of dishes.

Tittacucinaitinerante
Milan, tel. (+39) 3482 701 602,
IG: @ tittacucina
@ tittacucinaitinerante
After spending years writing down her grandmother's secrets in the kitchen, Titta decided to become a mobile chef and bring the cuisine of Puglia to homes in Milan. Her traditional recipes, all made with ingredients sourced from Puglia according to the seasons, bring a breath of fresh southern Italian air to pre-dinner get-togethers, dinners, parties and even snacks.

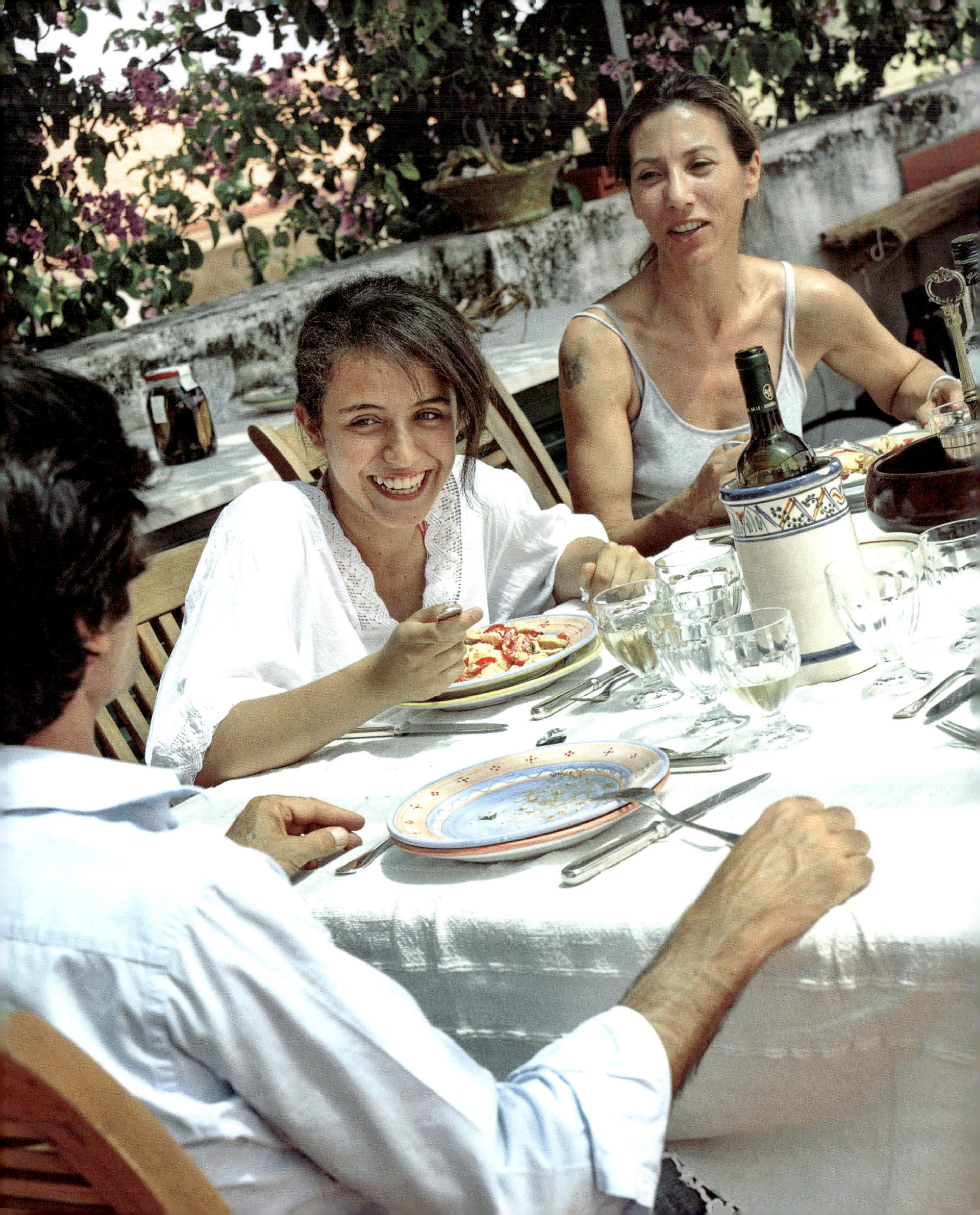

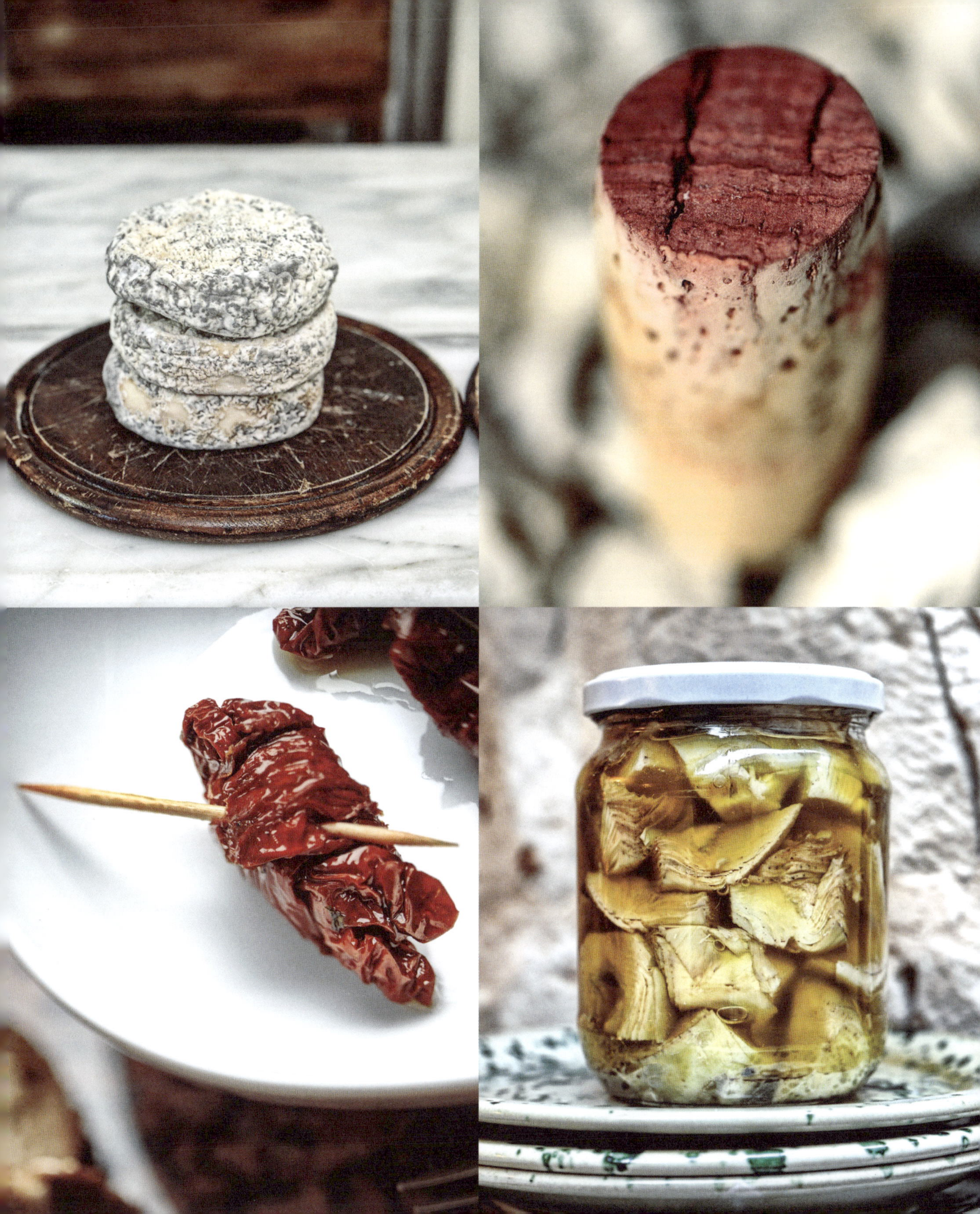

Glossario

Glossary

• **Acquasale (cialledda)**
Preparazione a base di pane raffermo e bagnato, condito con pomodoro, olio d'oliva e sale e, a piacere, con cetriolo affettato e cipolla rossa.
Moistened old bread seasoned with tomato, olive oil and salt, sometimes served with sliced cucumber and red onion.

• **Allievi**
Minuscole seppioline da mangiare crude e condite con un goccio di limone.
Baby squid eaten raw with a squeeze of lemon.

• **Arraganare**
Gratinare: es. le cozze arraganate (ovvero gratinate).
Au gratin.

• **Barattiere**
Ortaggio di forma sferica e dalla polpa verde e croccante, ideale per insalate o da mangiare crudo e senza condimento.
Round vegetable with green flesh, ideal for saladsor eating raw with no seasoning.

• **Burrata**
Formaggio fresco di latte vaccino di forma sferica, con morbido cuore di pasta filata e panna e involucro di pasta filata.
Fresh cow's milk cheese ball with a stretched curd and cream heart, and a stretched curd covering.

• **Caciocavallo**
Formaggio semiduro di latte vaccino a pasta filata, a forma di pera e a crosta sottile, con sapore dal delicato al piccante. Varietà: caciocavallo podolico dauno.
Pear-shaped semi-hard stretched curd cow's milk cheese with flavour ranging from delicate to spicy. Variety: caciocavallo podolico dauno.

• **Cacioricotta**
Formaggio fresco di latte ovino, caprino o misto, a forma cilindrica, dal sapore delicato; stagionato, si presta a essere grattugiato su primi piatti.
Cylindrical fresh cheese made from sheep's or goat's milk, or both, with a delicate flavour. Aged, it's ideal for grating on first courses.

• **Cardoncello King oyster mushroom**
Fungo dal colore variabile e dalla carne soda e biancastra, ideale per conserve, come contorno e nella preparazione di numerosi piatti.
Mushroom found in different colours but with firm white flesh. Ideal preserved or as a side dish. Used in many dishes.

• **Carteddhate**
Dolce tipico della tradizione natalizia, composto da strisce di pasta arrotolate e fritte, disposte in forma di nido e farcite con vincotto o miele.
Traditional Christmas cake, made from stripsof fried dough in the shape of a nest, filled with vincotto or honey.

• **Cavatelli**
Pasta fresca o secca di forma affusolata e arrotolata, incavata con l'ausilio di tre dita.

A thin fresh or dried pasta, rolled with the fingers to form a cavity.

• **Chiancarelle**
Variante tarantina per le orecchiette (→).
Taranto variant of orecchiette (→) pasta.

• **Cialledda**
Variante locale per acquasale (→).
Local variant of acquasale (→).

• **Ciambotta**
Stufato di verdure o di carne o di pesce.
Stew made of vegetables, meat or fish.

• **Fedda rosse**
Variante barese per indicare la frisella (→) al pomodoro.
Bari variant of frisella (→) with tomato.

• **Frisella**
Ciambella dura di orzo o di grano, liscia da un lato e ruvida dall'altro.
Hard bread ring made of barley or wheat, which is smooth on one side and rough on the other.

• **Giuncata**
Formaggio fresco di latte vaccino, ovino, caprino o misto, di forma cilindrica o rettangolare e dalla consistenza molto morbida e delicata.
Cylindrical or rectangular fresh cheese made from cow's, sheep's or goat's milk, with a very soft, delicate texture.

• **Grano arso**
Grano duro tostato e macinato, ottenuto in passato dalla macinazione dei chicchi raccolti dopo la bruciatura delle stoppie.
Roasted and ground durum wheat, once made by grinding grains collected after burning stubble.

• **Gnumarieddhi (→ turcinieddhi)**

• **Intorchiate**
Treccine dorate di pasta di pane o, nella versione dolce, di pasta dolce cosparsa di zucchero semolato e farcite con mandorle.
Bread knot with a golden hue. The sweet version is sprinkled with sugar and filled with almonds.

• **Lampascione Tassel hyacinth**
Piccolo bulbo di colore rosaceo (Muscari comosum), dal sapore amarognolo, ideale per conserve o da consumare in insalate o fritto.
A small pinkish bulb *(Muscari comosum)* with a bitter taste, ideal for preserving, salads or fried.

• **Manteca**
Formaggio a pasta filata a forma di pera con un cuore di burro.
Pear-shaped stretched curd cheese with a butter heart.

• **Minchiareddhri**
Maccheroncini tipici del Salento.
Small macaroni typical of the Salento area.

• **Mozzarella**
Formaggio fresco a pasta filata ottenuto da latte vaccino, di forma sferica, a bocconcini, trecce o nodini e dal sapore lievemente acidulo.
Fresh stretched curd cow's milk cheese made in large and small balls, braids and knots, with a slightly tart flavour.

• **Mostaccioli**
Dolci di forma circolare e dalla consistenza morbida, generalmente aromatizzati con chiodi di garofano, cannella, scorza di limone e di arancia.

Round sweets with a soft texture, generally flavoured with cloves, cinnamon, and lemon and orange peel.

• **Mugnoli (Mùgnuli)**
Ortaggio simile ai broccoli, ideale per numerose preparazioni.
Vegetable similar to broccoli, used in numerous dishes.

• **Orecchiette**
Pasta fresca o secca in forma di piccoli dischi a cupoletta.
Fresh or dried pasta shaped like small indented disks.

• **Panzerotto**
Calzone di pasta fritta e ripiena di pomodoro e mozzarella o di altri ingredienti a piacere.
Fried pocket of dough stuffed with mozzarella and tomato or other ingredients as desired.

• **Pignata (Pignatta)**
Recipiente di terracotta adatto alla cottura di carni, pesci o legumi.
Earthenware pot used to cook meat, fish or legumes.

• **Pìttule (Pettole)**
Frittelle di pasta lievitata cosparse di zucchero; nella versione salata, all'impasto si può aggiungere baccalà, acciughe o cavolfiore.
Leavened dough fritters sprinkled with sugar. A savoury version is made with salted cod, anchovies or cauliflower added to the dough.

• **Puccia**
Pane rotondo tipico del Leccese.
Round bread typical of the Lecce area.

• **Purceddhruzzi (o sannacchiùdere)**
Dolci tipici del periodo natalizio, sono gnocchetti di pasta fritti e cosparsi di miele e confettini colorati.
Fried dough dumplings covered in honey and coloured comfits, traditionally eaten at Christmas time.

• **Ricotta**
Formaggio fresco ottenuto da siero di latte vaccino, ovino, caprino o misto, dal sapore delicato. Variante: ricotta forte ('skuant): di consistenza morbida, cremosa e spalmabile e dal sapore piccante.
Fresh cheese made from the whey of cow's, sheep's or goat's milk, or a mixture, with a delicate flavour. Variant: ricotta forte (*'skuant)*: A soft, creamy and spreadable version with a spicy flavour.

• **Sagne 'ncannulate**
Pasta fresca o secca in forma di lunghe lasagne arrotolate.
Fresh or dried pasta like twisted lasagna sheets.

• **Scaldatelli**
Taralli (→) allungati tipici del Foggiano, aromatizzati al finocchio oppure al pepe, alla cipolla, al peperoncino.
Long taralli (→) typical of the Foggia area, flavoured with fennel or pepper, onion and chilli pepper.

• **Scapece**
Preparazione a base di pesce consistente nella frittura e successiva marinatura.
Dish using fish that is fried and then marinated.

• **Scarcella**
Dolce tipicamente pasquale, composto in forme fantasiose e inglobante una o più uova sode.
Traditional Easter dessert made in a variety of imaginative shapes and containing one or more hardboiled eggs.

• **Sgagliozze**
Tocchetti di polenta fritti in olio, tipiche di Bari vecchia.
Cubes of polenta fried in oil, typical of Old Bari.

• **Stacchiodde**
Versione brindisina delle orecchiette (→).
Brindisi version of orecchiette (→).

• **Strascinate**
Tipo di pasta simile alle orecchiette (→),
ma non rivoltata.
Type of pasta similar to orecchiette (→) pasta, but flatter.

• **Taralli**
Anelli croccanti di pasta realizzati con farina di grano tenero, olio d'oliva, vino bianco e aromatizzati con spezie, generalmente semi di finocchio.
Crisp bread rings made with soft-wheat flour, olive oil and white wine, and flavoured with spices – generally fennel seeds.

• **Tiella (Taieddha)**
Nome di un recipiente da forno passato poi a rappresentare preparazioni a più strati (es. t. di riso, patate e cozze o t. di agnello e patate)
Originally the name of an oven dish but now used to describe dishes in which the ingredients are layered (e.g. tiella of rice, potatoes and mussels, or tiella of lamb and potatoes).

• **Tria**
Variante salentina delle tagliatelle.
Salento variant of tagliatelle.

• **Troccoli**
Pasta fresca in forma di grossi spaghetti della lunghezza di 30/40 cm, tipici del Foggiano.
Fresh pasta in the shape of thick spaghetti, 30–40cm
in length, typical of the Foggia area.

• **Turcinieddhi (o gnumarieddhi)**
Interiora di capra e agnello (cuore, fegato, milza, polmoni) avvolte in budella e aromatizzate, da cuocere alla brace.
Lamb and goat offal (heart, liver, spleen, lungs) wrapped in intestines with herbs. Grilled.

• **Uliata**
Puccia (→) contente olive nell'impasto.
Puccia (→) with olives mixed into the dough.

• **Zeppola**
Ciambella di pasta bignè fritta e guarnita con crema pasticciera.
Fried puff pastry rings topped with custard cream.

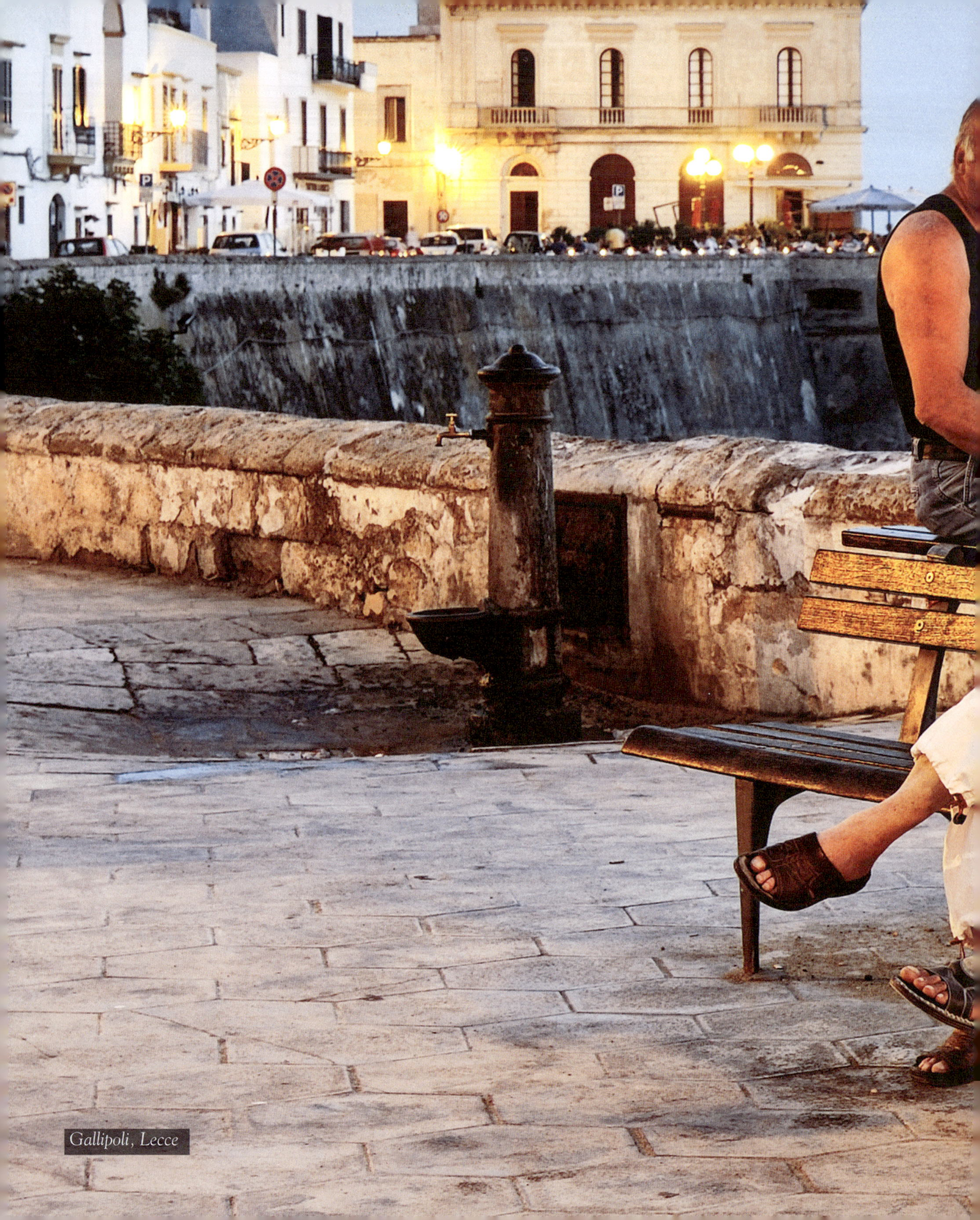

Gallipoli, Lecce

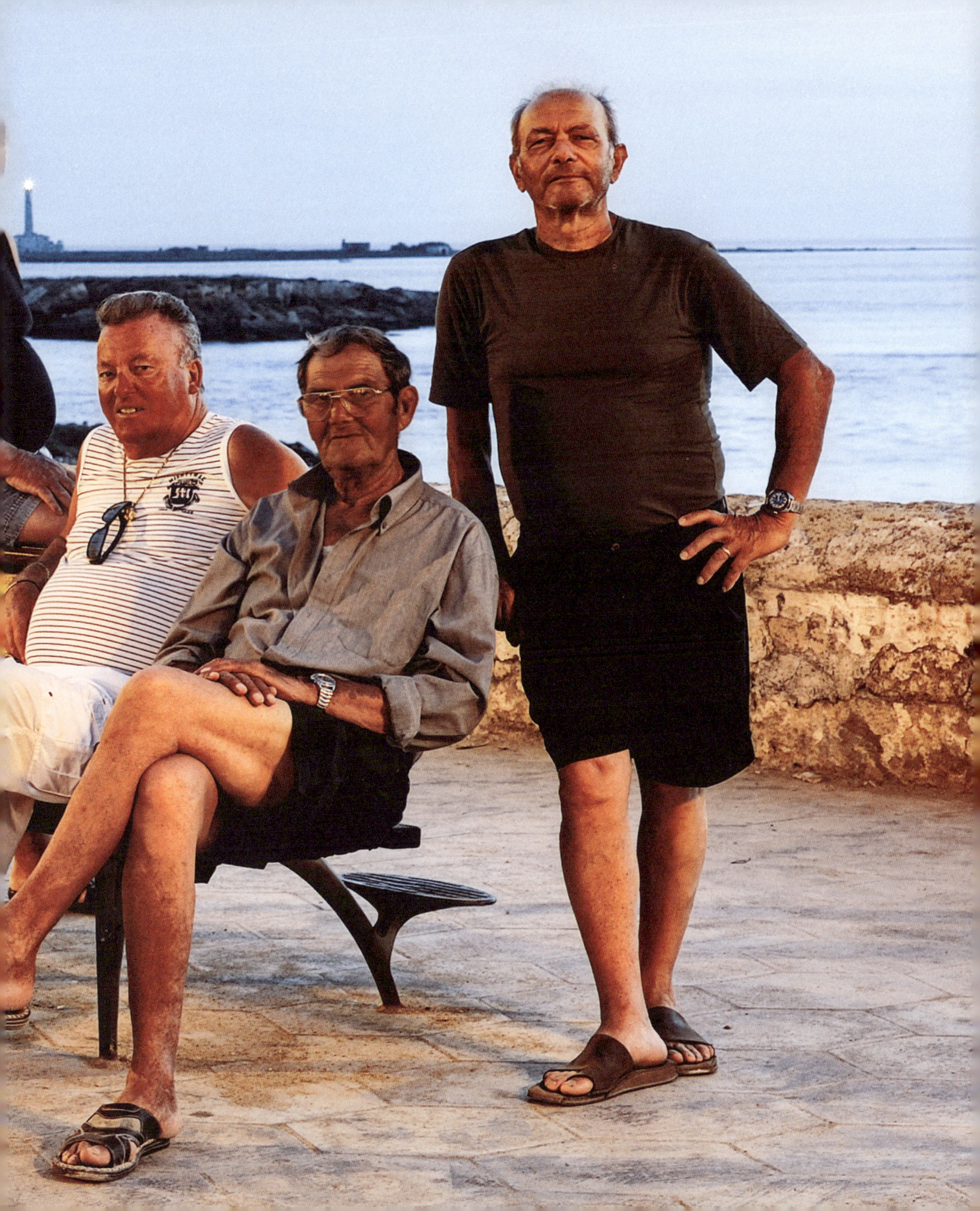

Indice delle ricette

Index of recipes

Crediti fotografici Photographs:

Tutte le immagini del libro sono di Colin Dutton ad eccezione di:
All images were taken by Colin Dutton except for:

Adriano Bacchella p. 16, p. 30, p. 65, p. 153, p. 165. p. 173. p. 189. p. 214, p. 243
Guido Baviera p. 2-3, p. 248
Massimo Borchi p. 150, p. 176
Pietro Canali p. 96 (1)
Matteo Carassale p. 179
Franco Cogoli p. 135
Johanna Huber p. 8-9
Veronique Leplat p. 18 (1)
Lisa Linder p. 44-45, p. 53, p. 96, p. 229
Roberto Manzotti p. 29, p. 78, p. 143, p. 148, p. 175, p. 186, p. 235, p. 257
Ugo Mellone p. 224
Aldo Pavan p. 13 (1)
Marco Pavan p. 250-251
Massimo Ripani p. 90-91
Stefano Scatà p. 6, p.7, p. 36, p. 61, p. 62, p. 82, p. 97 (1), p. 122, p. 218, p. 228, p. 236-237
Giovanni Simeone p. 12, p. 19, p. 22-23, p. 24-25, p. 63, p. 80-81, p. 94-95, p. 96 (1), p. 108, p. 109, p. 110-111, p. 118, p. 138-139, p.158, p. 161. p. 205, p. 211, p. 238-239
Riccardo Spila p. 52, p. 119
Stefano Torrione p. 68-69, p. 75, p. 84, p. 168, p. 169, p. 177

Le foto sono disponibili sul sito
Images are available at **www.simephoto.com**

Coordinamento editoriale
Giovanni Simeone
Ricette fornite da
Vittoria Ceci (Villacasadangelo), Titta Gramegna (Tittacucinaitinerante), Angelo Silibello (Cibus), Cosimo Tricarico (Scoglio delle Sirene), Pietro Zito (Antichi Sapori), Peppe Zullo
Redazione
William Dello Russo
Traduzione
Chris Turner
Grafica
WHAT! Design - Jenny Biffis
Impaginazione
Jenny Biffis
Controllo qualità
Fabio Mascanzoni

Ringraziamenti:
Un ringraziamento particolare a Nicola Campanile (www.radicidelsud.com) per la preziosa consulenza nella selezione dei vini.

V Ristampa 2023
Prima Edizione Gennaio 2011
ISBN 978-88-95218-19-9

SIME BOOKS
www.simebooks.com

Distribuito da Atiesse Rappresentanze
customerservice@simebooks.com - T. e Fax (+39) 091 6143954

Distributed in US and Canada by Sunset & Venice
www.sunsetandvenice.com - T. 323.522.4644

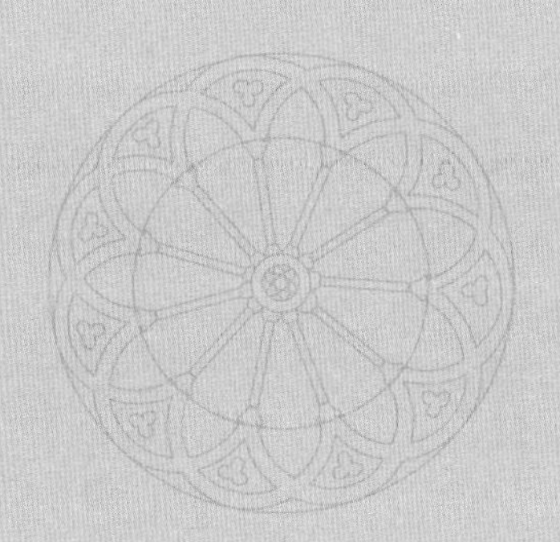